《非通用语研究》编委会

非通用语研究

（第四辑）

主　编 / 谌华侨

副主编 / 黄进财

四川大学出版社
SICHUAN UNIVERSITY PRESS

图书在版编目（CIP）数据

非通用语研究．第四辑 / 谌华侨主编．-- 成都 : 四川大学出版社，2024. 11. -- ISBN 978-7-5690-7442-0

Ⅰ．H09

中国国家版本馆 CIP 数据核字第 2025B8E612 号

书　　名：非通用语研究（第四辑）
　　　　　Feitongyongyu Yanjiu （Di-si Ji）
主　　编：谌华侨

选题策划：刘　畅
责任编辑：刘　畅
责任校对：于　俊
装帧设计：墨创文化
责任印制：李金兰

出版发行：四川大学出版社有限责任公司
　　　　　地址：成都市一环路南一段 24 号（610065）
　　　　　电话：（028）85408311（发行部）、85400276（总编室）
　　　　　电子邮箱：scupress@vip.163.com
　　　　　网址：https://press.scu.edu.cn
印前制作：四川胜翔数码印务设计有限公司
印刷装订：成都金阳印务有限责任公司

成品尺寸：185mm×260mm
印　　张：17.25
字　　数：397 千字

版　　次：2025 年 1 月 第 1 版
印　　次：2025 年 1 月 第 1 次印刷
定　　价：88.00 元

本社图书如有印装质量问题，请联系发行部调换

扫码获取数字资源

四川大学出版社
微信公众号

前　言

四川外国语大学重庆非通用语学院是学校紧紧围绕习近平总书记对重庆提出的“两点”定位、“两地”“两高”目标和“四个扎实”要求，着眼于非通用语国际化人文特色，于2018年9月成立的学院。学院践行“外语+”理念，采用“非通用语+通用语”“非通用语+专业”“非通用语+国别研究”的人才培养路径，推动教学科研复合、理论实践复合、产学研用复合，培养复合型、应用型、国际化非通用语精英人才。学院采用复语（非通用语+英语）、复专业［非通用语+外交学、新闻学（国际新闻）、法学（国际经济法）、国际经济与贸易或汉语国际教育］培养模式，并实行“2+1+1”培养方式，学生在大学三年级时有机会申请国家留学基金管理委员会项目资助，前往非通用语对象国交流学习。

随着对外开放的持续推进，中国的海外文化交流、经贸活动在世界范围内逐步拓展，急需大量非通用语人才处理对象国相关事务。鉴于此，相关高校纷纷组建非通用语专业，大力培养复合型非通用语人才。然而，国内非通用语研究尚处于起步阶段，亟需专门研究非通用语的出版物，以支持非通用语学科专业建设、人才培养和学术研究，据此，四川外国语大学创设《非通用语研究》，以满足非通用语学科发展的需求。

《非通用语研究》内容包括非通用语语言研究、非通用语文学研究、非通用语语言文化研究、非通用语翻译、非通用语区域国别研究、非通用语跨文化研究、非通用语教育教学研究等板块。

《非通用语研究》自第二辑起所刊登的内容可以在中国知网查阅。

谌华侨
四川外国语大学西方语言文化学院院长
重庆非通用语学院副院长
《非通用语研究》主编

目 录

非通用语语言研究

非通用语文学研究

非通用语翻译研究

非通用语跨文化研究

非通用语教育教学研究

非通用语语言研究

基于ITT真题平行语料的汉韩反义词共现互译研究[①]

谢　华　李斯宇　阳　颖[②]

摘要：近年来，反义词共现研究逐渐成为反义关系研究的新热点，但尚未有从翻译学角度进行的研究。本文采用Jones（2002）的方法，对ITT真题平行语料中的汉韩反义词共现的语篇功能及其翻译进行分析，发现该语料中汉语习语性反义所占的比例较高，可能与该语料的性质有关。另外，汉语的习语性反义在翻译的过程中出现较大变动，其他语篇功能几乎未出现变化。反义词共现及语篇功能互译过程中的变化可分为：功能未变但反义词对发生了变化，语篇功能发生转换、消失及出现等几类。最后，本文总结了韩汉反义词共现互译时使用的翻译策略与方法，希望对汉韩反义词共现的对比研究、翻译研究以及翻译能力提升有所帮助。

关键词：反义词共现；语篇功能；汉韩互译；ITT真题平行语料

一、引言

反义是一个典型语义关系。研究证明，反义不仅是纵聚合关系，也是横组合关系。各类反义词在语篇中共现的频率皆远远高出预期。目前关于反义词共现的研究主要集中在反义词共现的频率、反义词共现的句法结构及语篇功能、反义词共现与非规约性反义词、反义词共现的排序规律、反义词共现的神经认知研究及反义词共现的跨语言研究等六个方面。（吴淑琼2014：9）

反义词共现在翻译的过程中是否会保留？其语篇功能会有怎样的变化？目前尚未

① 本文系2023年度重庆市教委人文社会科学规划项目“汉韩反义词共现研究”（项目编号：23SKGH199）及2023年四川外国语大学重点学科研究生科研创新项目（项目编号：SISU2023XK015）的研究成果。

② 谢华，女，1980年生，博士，四川外国语大学东方语言文化学院副教授，主要研究方向：韩国语语言学、中韩互译；李斯宇，女，2000年生，四川外国语大学东方语言文化学院硕士，主要研究方向：中韩互译；阳颖，女，2000年生，四川外国语大学东方语言文化学院硕士，主要研究方向：中韩互译。

有从翻译学的视角对反义词共现进行考察的研究。

鉴于此，本研究基于ITT真题汉韩平行语料库对汉韩反义词共现进行梳理，在此基础上考察反义词共现及其语篇功能在汉韩互译中会出现怎样的变化，探究其背后的原因，并总结一些翻译策略及方法，以期丰富对汉韩反义词共现现象的比较研究，为反义词共现研究提供翻译学新视角。

二、研究综述及研究方法

反义词共现语篇功能的相关研究始于英语（如Justeson & Katz 1991，Mettinger 1994等），Jones（2002）最具有影响力。该研究基于庞大的英语书面语语料库，整理出了八大反义词的语篇功能及各功能常用的句法结构。后来的学者在Jones（2002）的基础上，将反义词共现语篇功能的研究拓展至其他语言及跨语言、跨语域研究上。①

目前对汉语反义词共现语篇功能的研究主要有Hsu（2015，2017，2019）、LIU（2016），汉语与其他语言的对比研究有张静静（2016）、陆天天（2020）及卢晓莉（2020）等。韩语反义词共现的相关研究主要有反义词共现的频率及反义词目录的制定（이광호 2009），反义词共现的句式结构（이광호 2009，이민우 2012），由反义词构成的合成词的语序及语义（임지룡 2015，이선영 2016），用事件框架分析反义词共现的语义功能（임채훈 2009，이민우 2012）等。韩语反义词共现语篇功能的研究有谢华和吴淑琼（2024）。该研究使用Jones（2002）的方法，基于韩语语料库整理出了韩语反义词共现的主要功能、次要功能及其他功能。

汉韩反义词的对比研究主要集中在汉韩反义词素合成词的对比（张慧贞 2010，顾琳 2013）、反义词联想（李思皎 2013）及个别反义词的对比研究上（田美花 2006）。尚未出现汉韩反义词共现语篇功能的对比及翻译的研究。

本研究从ITT真题汉韩平行语料中，筛选汉语及韩语原文中含有反义词共现的句子。②该语料由ITT韩语翻译考试真题及答案构成，共有224 699个字符，包括韩中两国的经济、政治、科技、生态环境、社会领域的新闻文本。③然后按照Jones（2002，

① 反义词共现的跨语言研究，目前有英语与瑞典语（Murphy et al. 2009）、日语与英语、瑞典语（Muehleisen & Isono 2009）、塞尔维亚语与英语、日语、荷兰语以及瑞典语（Kostic 2011）以及基于多个语料库对不同语式和语域中的英语、日语和瑞典语（Jones et al. 2012）

② 本文中的反义词不仅包括符合词典定义的规约反义词，也包括由语境产生的非规约反义词。考虑到在翻译的过程中或多或少会受到原文的影响，在分析汉语及韩语反义词共现语篇功能时仅选取了汉语及韩语的原文。

③ ITT韩语翻译考试（全称Interpretation & Translation Test），是韩国法务部认可的韩语翻译资格证考试，该资格证由韩国社团法人国际通翻译协会（IITA）颁发，是目前唯一的国际中韩翻译资格证考试，也是首尔大学、高丽大学、延世大学等韩国著名院校外语类专业的毕业标准之一。其考试真题具有一定现实反映价值与权威性。该语料中汉语原文为55 979个字符，韩文译文为112 833个字符；韩文原文为34 101个字符，中文译文为21 786个字符。

2012）提出的分类，将所有反义词共现词对按照其语篇功能进行分类、标注、统计。[①]最后考察汉韩反义词词共现及其语篇功能在翻译的过程中发生的变化，并探究背后的原因，总结翻译注意事项。

三、汉韩反义词共现的语篇功能分布

在汉语和韩语原文中共筛选出反义词共现句子149句，其中汉语91句，韩语48句。其语篇功能整理见表1。

表1　汉语及韩语原文中反义词共现的语篇功能分布

汉语原文			韩语原文		
语篇功能	数量	比例	语篇功能	数量	比例
并列	26	28.5%	并列	17	35.3%
习语	15	16.5%	辅助	12	24.9%
转换	12	13.2%	及物	5	10.4%
辅助	11	12.1%	习语	3	6.3%
及物	7	7.7%	区分	3	6.3%
比较	5	5.5%	原因	3	6.3%
否定	5	5.5%	否定	2	4.2%
区分	4	4.4%	转换	1	2.1%
详述	4	4.4%	比较	1	2.1%
冲突	1	1.1%	矛盾	1	2.1%
等价	1	1.1%			
合计	91	100.0%	合计	48	100.0%

从表1可以看出，该语料中汉语反义词共现共有11种语篇功能，其中主要语篇功能为并列功能、习语功能、转换功能及辅助功能。并列功能数量最多，占比28.5%，与其他语言相似。习语性功能位居第二，远高于在英语及韩语中所占的比例。[②]辅助功能所

① Jones（2002，2012）所整理的语篇功能包括并列反义（coordinated antonymy）、辅助反义（ancillary antonymy）、比较反义（comparative antonymy）、鉴别反义（distinguished antonymy）、过渡反义（transitional antonymy）、否定反义（negated antonymy）、极限反义（extreme antonymy）、习语性反义（idiomatic antonymy））及物反义（transitive antonymy）、详述反义（specification antonymy）、冲突反义（conflict antonymy）及等价反义（simultaneity antonymy）等。

② Jones（2012）因习语性功能数量较少，将其划为其他功能。

占的比例为12.1%，低于并列功能。汉语原文中习语性功能所占比例较高，可能与该语料的类型有关。ITT汉韩互译语料选取的是ITT翻译考试的真题，主要考察译者的翻译能力。而习语是汉韩翻译的重点及难点，所以出现的频率相对较高。汉语中发挥次要功能的为及物功能、比较功能、否定功能、区分功能、详述功能，而冲突功能及等价功能的占比都在正常范围内，与英语等其他语言相似。

该语料中，韩语反义词共现有10种语篇功能，其中主要功能为并列功能及辅助功能。辅助功能明显低于并列功能。次要功能为及物功能、习语功能、区分功能、原因功能及否定功能。其他功能为转换功能、比较功能及矛盾功能。

整体来看，韩语的主要语篇功能为并列功能及辅助功能，但汉语则有四个主要语篇功能，除并列功能及辅助功能之外还包括习语功能及转换功能。汉语的习语功能占比超过了辅助功能。两种语言中，并列功能数量均最多，但韩语中的占比明显高于汉语。及物、比较、否定、区分等功能在两种语言中虽然比例略有差异，但都有出现。韩语语料中未出现详述、冲突和等价功能。汉语中未出现冲突功能。

下面来看一下各种语篇功能的例子。并列功能是指包括反义词对的两个词之间的所有部分，表示规模的详尽性和包容性，如包括了（1a）中的“南北”及“인상”、“하락”；而辅助功能在一个有两对对立词语的句子中，共现的反义词对促进了另外一对词语之间的对立，如（1b）中的“衰退”和“崛起”促成了“美国和西方发达国家”与“中国”，间的对立，“감소하다”和“늘다”促成了“갈등”和“대화”之间的对立。习语性功能是指反义词对出现在成语、熟语或谚语等习语当中（如1c）。转换功能则是由一种状态或事物转变为与之相反的状态或事物（1d）。

（1）a[1]. 在联合国框架下促进南南合作和南北合作，推动实现普遍繁荣和共同发展。

a[2]. 이들은 주택 가격이 오를 때 저금리를 바탕으로 무리하게 대출을 받아 집을 마련했지만 금리 인상과 주택 가격 하락으로 큰 손해를 보고 있는 사람들로, 겉보기엔 중산층이지만 원리금 상환 부담 때문에 경제적으로 어려운 상황에 놓여 있다.

b[1]. 导致美国和西方发达国家的衰退和中国以及新兴经济体国家的崛起。

b[2]. 지난 20년 동안 세계의 **갈등**은 감소했고 **대화**가 늘고 있으며, 내부 갈등이 국제 중재에 의해 해결되는 사례도 늘고 있다.

c[1]. 生物能源的开发与利用可以说是人类拆东墙补西墙的愚蠢行为。

c[2]. 계모의 구박과 학대를 견디다 못해 연못에 투신자살한 두 자매의 혼령이 고을 사또를 찾아가 하소연하면서 원한을 풀게 된다는 내용으로 다분히 권선징악적이다.

d[1]. 事实上，一个人的责任、担当与情感，总是按照家庭伦理、由近及远扩散开来。

d[2]. 숙련된 직원이 빠져나간 자리를 비숙련 근로자**로 대체하**는 악순환이 계속되기 때문이다.

及物功能主要指的是反义词对中一个为主语、另一个为宾语，如（2a）。比较功能是一种事物、状态与与之相反的另一种事物、状态的比较，如（2b）。否定功能是对一个词进行肯定，而对其反义词进行否定，如（2c）。区分功能主要是借助表示区分的动词或名词来表述反义词对之间的区别，如（2d）。

（2）a[1]. 据报道，有70%的女性要求男性年收入在400万日元以上，而实际上74.9%的男性年收入在400万日元以下。

a[2]. 한 부모는 열 자녀를 **키울** 수 있어도, 열 자녀는 한 부모를 못 모신다는 옛말이 있다.

b[1]. 很多患者身心饱受摧残，确实会有生不如死的感觉。

b[2]. 흡연자는 비흡연자**보다** 채소나 과일류의 섭취량을 늘려야 한다.

c[1]. 尤其近两年以来，中美两国在日趋广泛的领域开展合作并取得进展，并且这种趋势正在加强而非削弱。

c[2]. 이런 상황이 지속되는 한 외국인 투자 유치는**커녕** 국내 투자수요마저 해외로 빠져나갈 것이다.

d[1]. 理想与现实始终存在差距。

d[2]. 아날로그 시대에는 종이와 문자가 지식과 문명의 씨앗이 었지만, 디지털 시대에는 축적되는 정보의 양과 질에서 큰 **차이**가 있기에 그것을 어떻게 이용하느냐가 더 중요한 요소가 되었다.

下面这几种功能只出现在汉语中。详述功能是指通过一些数据等信息来对反义词进行更加详细的描述，如（3a）中的两个百分比对“女性”和“男性”进行了详细的说明。冲突功能则是借助一些表示冲突类的动词或名词来表示反义词对之前的冲突，如（3b）。等价功能是使反义词对两个词语的意义等同，如（3c）。

（3）a. 去年日本女性劳动参与率为66%，低于欧美等发达国家，而日本男性的这一数据达到84.9%，几乎为世界之最。

b. 考虑到半岛南北军事对峙的地理环境等特点，用“萨德”反导系统来防备朝鲜对韩国的攻击，似乎有些“大材小用”。

c. 垃圾可以说是放错位置的资源。

原因功能和矛盾功能仅出现在韩语原文中。原因功能指反义词对中的一个处于表示原因的句子中，另一个处于表示结果的句子中，如（4a）。矛盾功能是用两个极端对立的反义词同时形容一个主体，如（4b）。

（4）a. 자연은 매년 그 절반 정도를 흡수하지만, 흡수 능력이 계속 감소하고 **있어서** 대기 중 온실가스 양은 지속적으로 늘고 있다.

b. 그러나 화학 물질로 만든 제품은 인류 최고의 발명품**이면서** 또 최악의

발명품이 될 수 있는 이중성을 갖고 있다.

四、汉韩反义词共现语篇功能与翻译

（一）反义词共现语篇功能在翻译中的变化

通过对原文与译文的分析与对比发现，绝大部分反义词共现的译文能够与原文相对应，语篇功能也基本不变。另外，也存在部分译文的语篇功能与原文不相对应的情况，即原文中出现的反义词对未能体现在译文当中，而是以其他表达方式进行了替换，如表2。其中，汉译韩、韩译汉各有一个句子原文中使用了并列反义，但是在译文中却没有使用。汉译韩中还存在一个原文中未使用反义词共现，但是在译文中使用了并列反义的句子。在翻译的过程中，变动最大的是习语功能。汉译韩中，汉语的15个句子在译为韩语时竟有12个句子未使用习语功能。汉译韩的3个句子中也有1个句子未使用习语功能，还有2个原文中未用反义词共现，但在译文中却使用了习语反义的例子。

表2　汉韩互译中反义词共现的变化

语篇功能	汉译韩			韩译汉		
	原文数量	译文减少	译文新增	原文数量	译文减少	译文新增
并列	26	1	1	17	1	0
习语	15	12	0	3	2	2

下面，笔者将从以下几个类别来具体探讨反义词共现语篇功能在翻译过程中的变化。

1. 语篇功能相同，但反义词发生变化

有的反义词共现的句子在译文中语篇功能虽然没有改变，但使用的词语却与原文的反义词对不同，如例（5）。

（5）a¹. 在联合国框架下促进南南合作和南北合作，推动实现普遍繁荣和共同发展。

a². 유엔이라는 프레임 안에서 개도국 간 협력 및 개도국·선진국 간 협력을 촉진하여 모두가 잘 살고 함께 발전할 수 있도록 해야 한다.

b¹. 参与创业创新的，不仅有大学生、农民工、留学归国人员，也有很多科研人员和企业的技术、管理骨干，可以说草根与精英并肩。

b². 대학생, 농민공（농촌 출신의 도시 노동자），해외에서 유학하고 귀국

한 인재들뿐만 아니라 많은 과학 연구원들, 기업의 기술 및 경영 임원들도 창업에 뛰어들고 있습니다.따라서 일반 서민들과 사회 엘리트들이 나란히 경쟁하고 있다고 할 수 있습니다.

c[1]. 生物能源的开发与利用可以说是人类拆东墙补西墙的愚蠢行为。

c[2]. 따라서 바이오 에너지의 개발과 이용은'아랫돌 빼서 윗돌 괴는'식의 어리석은 행동이라 할 수 있다.

（5a）中的“南北”根据上下文指的应该是“发展中国家与发达国家”，这两个词语在韩语中对应的词语分别为“개도국”与“선진국”。（5b）中的“草根”“精英”在韩文中对应的是“서민”及“사회 엘리트”。（5c）中的“拆东墙补西墙”属于中文中的俗语，而韩文中少有与“东墙”“西墙”且和“拆东墙补西墙”这一俗语完全对应的表达，因此译文选择了韩语俗语中的“아랫돌 빼서 윗돌 괴다”来表达原文的意思，这是因为在韩国已经存在与原文相对应的表达，为了使译文更加符合韩语语境及表达习惯，译文并未按照原文直译，而是选择了能传达相似意思的俗语进行代替。

2. 语篇功能的转换

反义词语篇功能中被转换的例子几乎都为习语功能，尤其是在汉译韩中。例文（6a）的“高不成、低不就”属于中文中的俗语，译文并没有直译，而是根据上下文的意思使用了“첨단산업은 할 수 없고, 노동집약형 산업은 하지 않으려는”将习语功能替换为辅助功能，从而传达原文意思。这是由于为了使译文更加符合韩语语境及表达习惯，译文并未按照原文直译，而是选择了更加具体化的表达进行代替。（6b）中的“取长补短”在译成韩语的时候对语义进行了解释。“取长补短”虽为习语，但是其内部具有辅助功能，在译为韩语的过程中仍然保留了内部结构，译文中的反义词共现功能为辅助功能。

（6）a[1]. 因此，如果不能顺利实现产业的转型升级，中国制造业将会陷入“高不成、低不就”的“三明治陷阱”。

a[2]. 따라서 만약 산업의 전환과 업그레이드가 순조롭게 진행되지 않는다면 중국 제조업은'첨단산업은 할 수 없고, 노동집약형 산업은 하지 않으려는'샌드위치 신세가 될 것이다.

b[1]. 但也可以相互取长补短，不断优化。

b[2]. 그러나 서로 장점은 배우고 단점을 보완하며 끊임없이 진보해 나갈 수도 있다.

3. 语篇功能的消失及出现

有部分反义词共现的部分语篇功能在翻译的过程中消失了。这种情况分为两种，一种是原文当中虽然使用了反义词共现，但是其表达的语义却与反义词的关系不大。

例如（7a）中的“좌지우지”所对应的汉字为“左之右之”，但在译文中却并没有出现任何反义词对，而是将其译为“变化”。（7b）中的成语“举足轻重”中原本有反义词对“轻重”，但在译成韩语的过程中则根据对整个成语意思的把握译为“매우 중요하다”。（7c）中的反义词对“비흡연자와 흡연자”在译入中文的时，其意思被整合为“人”。

（7）a¹. 다시 말해, 우리가 어떤 생각을 하느냐에 따라 우리의 느낌이나 감정이 좌지우지되는 것이다.
a². 也就是说，我们的感受和情绪会随着我们的想法而变化。
b¹. 中美对世界秩序的未来走向起着举足轻重的作用。
b². 따라서 중국과 미국은 향후 세계 질서의 방향을 결정하는 데 매우 중요한 역할을 한다.
c¹. 이들은 경고 그림 이 담배 소비를 줄이는 데 효과가 없으며 비흡연자와 흡연자 모두에게 과도한 혐오감을 준다고 주장하고 있다.
c². 他们主张警示图在降低烟草消费方面没有什么效果，反而让人反感。

还有的原文中是两个语篇功能在连用，但在译文当中却仅保留了一个。如（8a）中“矛”与“盾”、“攻”与“防”这两个并列功能在（8b）中就仅各保留了一个。这可能是因为“矛”与“盾”在这个句子当中和“攻”与“防”所要表达的语义是一样的。

（8）a. 美国欲在“矛”与“盾”、“攻”与“防”两方面都占据优势。
b. 미국은 공격전이든 방어전이든 늘 우위를 점하려 한다.

还有一些原文中没有使用反义词对，但是在译文中却出现了反义词对的情况。如（9a）中原文“波动”被译为“오르락내리락”，（9b）中的“변화”被译为“今非昔比”。

（9）a¹. 实际上，全球变暖是指全球年平均气温总体呈增高趋势，这并不意味着今年比去年高、去年比前年高，仍存在一定的波动。
a². 사실 지구온난화는 지구의 연평균 기온이 전반적으로 높아지는 추세를 말하는 것이기는 하지만 그렇다고 올해 기온이 작년보다 높고, 작년 기온이 재작년보다 높아지는 것을 의미하진 않으며, 어느정도 오르락내리락할 수 있다.
b¹. 이직에 대한 사회 인식의 변화
b². 对跳槽的态度今非昔比

（二）汉韩反义词共现互译技巧

根据上文的分析，笔者总结出汉韩反义词共现互译的几点技巧。

第一，注意汉语习语性反义的韩译。遇到这类反义时，首先要考虑是否可以直译。一般来说，如“惩恶扬善”（권선징악）、“有备无患”（유비무환）可以直译的习语反义不多。其次要考虑能否找到对应的习语表达，例如汉语“大材小用”可以对应到韩语的“소 잡는 칼을 닭 잡는 데 쓴다”。如果译入语中没有对应的习语表达，那么就该用解释的方法对其进行翻译。但在进行解释的过程中可以适当考虑能否保持反义词对的使用，如“取长补短”译为“장점은 배우고 단점을 보완하다”，“男大当婚，女大当嫁”译为“남자는 커서 장가를 가고，여자는 커서 시집을 간다”。但如果情况不允许，则可以对反义词共现进行删减。例如，汉语成语“举足轻重”“大惊小怪”“颠倒黑白”可以分别译为“매우 중요하다”“놀라다”“사실을 왜곡하다”；“一再推迟谈婚论嫁”译为“결혼시기를 계속 미루다”，其中“谈婚论嫁”译为“결혼”。

第二，韩译汉时，要考虑适当添加习语性反义词。例如，“안절부절 못하다”可译为成语“坐立不安”。

第三，要注意该反义词对在译入语中的常用表达是否与原语一致。不一致的要进行调整，如上文中提及的“草根”“精英”在韩语中对应的表达分别为“서민”“사회엘리트”。

第四，翻译过程中一定要结合上下文的语境，如（5a）中的“南北”及（6a）中的“高不成、低不就”。

四、结论

本文以Jones（2002）为基础，将ITT考试真题平行语料作为研究对象，考察了中韩反义词共现及语篇功能的翻译。

研究发现，在该语料中汉语反义词共现有11种语篇功能，韩语有10种。汉语反义词共现的主要语篇功能为并列、习语、转换及辅助功能，韩语反义词共现的主要语篇功能为并列及辅助功能。两种语言中，并列功能均居首位。汉语习语的翻译是汉译韩要考察的重点，因此汉语原文中习语反义数量较多。此外，两种语言中都存在及物、比较、否定、区分等功能，详述、冲突和等价等功能出现在汉语中，而矛盾功能则仅出现在韩语中。

考察发现，大多数反义词语篇功能在汉韩互译的过程中未发生变化。其中存在少数语篇功能未变，但对应的反义词对发生变化的情况，也存在反义词共现语篇功能在翻译的过程中转换、消失、出现等情况，这些情况主要发生在汉语习语性反义韩译的过程中。而出现这些情况通常是由于汉韩之间的语言表达习惯的差异，汉语使用习语较多。

本文整理了汉语习语反义如的何韩译、韩译汉时适当添加习语反义、注意反义词对在译入语中的正确表述以及翻译过程中考察上下文语境等原则及技巧，希望对汉韩反义词共现的对比研究、翻译研究以及提升译者翻译能力有所帮助。

参考文献

顾琳，2012. 汉韩反义合成方位词比较研究——以语料库语料为对象［D］. 南京：南京师范大学.

李思皎，2013. 中韩反义词联想比较研究［J］. 海南师范大学学报（社会科学版），26（05）：95-99.

陆天天，2020. 汉英反义共现构式语义结构的认知语用学研究［D］. 重庆：四川外国语大学.

卢晓莉，2020. 汉法反义词共现对比研究［D］. 南京：南京师范大学.

田美花，2006. 汉韩空间维度词“大/小”的语义对比［D］. 吉林：延边大学.

吴淑琼，2014. 国外反义词共现研究综述［J］. 外国语言文学，31（03）：152-160+168.

张慧贞，2010. 汉韩反义语素合成词对比分析［J］. 汉语学习（03）：80-89.

张静静，2016. 汉英反义词共现构式的认知解读［D］. 天津：天津工业大学.

LIU L，2022. 반의 공기（共現）사자격 성어의 구조 형식에 대한 연구［J］. 중국어교육과 연구（37）：93-123.

謝華，吳淑琼，2024. 한국어 반의어 공기의 담화기능 연구［J］. 중국조선(한국)어교육연구학회, 조선（한국）어교육연구（23），189-210.

이광호，2009. 코퍼스를 활용한 반의어의 총체적 목록 확보 방법에 대한 연구［C］. 국어학회，국어학（56）：281-318.

李民友，2012. 말뭉치 統計分析을 이용한 反意語連續構成研究［J］. 語文研究，40（1）：85-107.

이선영，2016. 반의어가 결합한 단어의 특징과 의미［C］. 어문론집（68）：37-58.

임지룡，2015. 대립어 작용 양상의 인지의미론적 특성［J］. 우리말연구（40）：65-99.

임채훈，2009. 반의관계와 문장의미 형성［J］. 한국어 의미학회（30）：한국어 의미학，231-256.

HSU C C，2015. A syntagmatic analysis of antonym co-occurrences in Chinese：contrastive constructions and co-occurrence sequences［J］. Corpa，10（1）：47-82.

HSU C C，2017. A corpus-based study on the functional distribution of different morphostructural antonyms in Chinese［J］. Language sciences（59）：36-45.

HSU C C，2019. A corpus-based study on the functions of antonym co-occurrences in spoken Chinese［J］. Text&talk，39（4）：535-561.

JONES S，2002. Antonymy：a corpus-based perspective［M］. New York：Routledge.

JONES S，MURPHY M L，PARADIS C，et al，2012. Antonyms in English：construals，constructions and canonicity［M］. Cambridge：Cambridge University Press.

JUSTESON J S，KATZ S M，1991. Co-occurrences of antonymous adjectives and their contexts［J］. Computational linguistics，17（1）：1-19.

METTINGER A，1994. Aspects of semantic opposition in English［M］. Oxford：Clarendon Press.

汉字音训转化法：中韩合作办学背景下的语言速成研究[①]

李振政[②]

摘要：参照中韩合作办学的既往经验可知，“语言”课程与“技能”（专业）课程的教育资源分配与结合问题亟待解决。语言是知识的载体、交流的工具，有较强的语言基础，才能更好地实现技能学习。如何在有限的学期时限内，既能学好语言，又能掌握技能，是一个难点。如果不科学地、妥善地解决好语言和专业技能的资源搭配问题，保证教育品质，合作办学很难取得扎实的、长足的进步。本文针对中韩合作办学中的语言障碍问题，通过对朝鲜半岛传统汉字音训体系的构成与转换分析，结合中韩两国的语言文字特质，活用汉字音训体系，建议从汉字音入手，由字及音，由音及意，逐步扩展，形成字—词—句—文章的学习模式，通过这种从小单位到大单位的利用汉字文化圈传统字词教法的“字本位”式习得方法，提高学习效率，使学生掌握自主学习、自主转换习得韩语的能力。

关键词：中韩合作办学；语言教育；汉字文化圈；韩国语；二语习得

一、序言

同属汉字文化圈的中国与韩国在进入近现代之后，传统“小学”识字教育逐渐被西方语言学理论取代，两国语言学界均引入、吸收了西方的现代语言学理论，并运用现代语言学理论构建起各自的现代语言学体系，这些理论自然地替代了传统的语言教学方法，广泛应用于国内外本国语教学。韩国国内现行的各种教材和教学方法大多以语音、词汇、会话教学为起点，中国国内的各种韩、汉语教材大多也采用这种模式。

---

① 本文为安徽省高校人文社会科学研究项目重点项目“对外汉语与海外汉学的链接与利用研究”（SK2021A0085）、2023年度中国青少年研究会研究课题（2023B32）、教育部语合中心国际中文教育研究课题（21YH06D/YHJC22YB107）的成果。

② 李振政，男，1983年生，文学博士，安徽师范师范大学国际教育学院讲师，研究方向：国际汉学、汉语国际教育。

这些教材以他国语言为母语的外国学习者为教学对象，一般以英语作为通用解释语言，部分教材也采用对象国本国语言进行注释的方法。从整体上看，这些教材的教授对象涵盖了所有外国学习者，属于世界通用性教材，但其针对性不足，即基本没有体现地缘文化差异下的学习者的语言背景和文化基础。

就像德语和英语的关系紧密，德国人学习英语要比东亚人更快、更容易；中国人、日本人和韩国人学习彼此国家的语言时往往也要比欧洲人容易很多。历史上，在近代之前，以中韩日越为代表的汉字文化圈国家及地区之间就出现了一种特别的沟通方式——“笔谈”，通过书写汉字的方式进行交流，留下了大量的笔谈记录，事实证明这种沟通方式畅快且有效。尽管现在两国之间的文字有了很大的变化，但历史积淀仍然深厚，存在很多可以利用的语言文化资源。同属于汉字文化圈的中韩两国，在语言上有大量的共同之处。据统计，汉字词占韩国语词汇总数的60%以上，学术文献中汉字词的比重在70%以上。同时，在书面语，即阅读和写作部分，存在大量的汉字词或混合词。这些都是学习对象国语言的有利条件，只要做好转化引导，以汉字为中轴，实现快捷转化，则无疑可以大大提高沟通效率。

以中国为中心的汉字文化圈的传统语言教育方法是以字为基本单位。进入近代后，这种教育方法往往只应用于本国人在本国语言的学习中，在对外语言教学中，普遍采用以印欧语系的以词为基本单位的外语教学法。这里有一个问题：印欧语是表音文字、字母文字，因此以“词”为基本单位；但汉语与印欧语有本质上的不同，汉字总体来看是表意文字，表音性并不强。因此，用表音文字的教学法来教授表意文字，并不是特别匹配。

法国汉学家白乐桑（Joel Bellassen）与中国学者张朋朋于1989年，徐通锵、潘文国等于1991年逐步提出并建立的“字本位”理论，原本是针对汉语教学的理论，尽管这个理论在汉语教学法中还需要进一步深化及推敲，但这种以字为基本单位，由小到大的“字本位”理论的习得思想在法国已经取得了成功，既然在非汉字文化圈都可以取得辉煌的成绩，那么，在汉字文化圈内同样具有极大的适用可能性。中韩两国语言学习者可以利用汉字资源学习对方国家的语言，将双方语言文化中所共有的汉字遗产转化为语言学习资源。

根据CNKI数据统计，截至2022年6月，中韩合作办学的相关普通期刊论文共计50余篇，相关硕士学位论文5篇，尚没有核心期刊和博士论文的发表成果。在已发表的期刊论文中，高职院校的中韩合作项目总结式论文占极大比例，几乎所有总结中都提及了语言问题，较有代表性的有：高纯斌（2020）在介绍吉林工程技术师范学院与韩国庆一大学合作开展的电气工程专业项目办学经验时，指出“沟通障碍是限制教学效果提高的主要瓶颈”，该校尽管为合作办学班学生设立了韩国语课程，但实际效果是学生“无法适应全程韩语授课”，故拟配备韩语教师担任翻译以解决沟通障碍。钱丽丽（2017）通过对八一农垦大学与韩国江陵大学的食品专业课程体系、课程设置差异的比较，认为“教师所面临的最大问题将是两国的语言问题，可否采用双语（汉语和韩语）教学或英语教学还有待于在实践中验证”。刘帆（2014）坦陈“所在单位早在2009年就开始与韩国进行了长期不定形式的合作交流，但没能形成良好的发展态势”，分析其原因主要有“教学管理不科学、中介误导及传达不畅、外方师资力量薄弱、教学手段单一、专业特色不明显”等。娄小琴（2010）以浙江旅游职业学院应用韩语（中韩合作办学项目）为例，指出“韩语课程的教学质量直接影响中韩合作办学项目目标的实现”，从课程设置、授课方式、师资力量等方面对应用韩语合作办学模式的进行了相关探讨分析。

此外，陈柳燕（2019）、郭俊英（2017）、周云楠（2017）、白明爱（2016）、魏文萍（2016）、张亚伟（2015）、陈楠（2015）、卢丽（2014）等分别对各自的中韩合作办学项目的实施情况和障碍问题进行了阐述、分析和探讨，除管理问题外，语言沟通问题是较为普遍、突出的问题。

二、语言速成的过程与方法

韩语中存在大量的汉字词，不仅如此，还有大量与汉字、汉文相关的表达和表述。这些语言单元的基本构成单位是韩国汉字的“音训”，“音”指的是汉字的韩文表音，“训”指的是汉字的韩文字义。

韩国的汉字应用体系和日本有极大的相似性，但又有很多不同。韩语中的汉字和日语中一样都具有音训，但韩语中的汉字除了极少部分的多音字，绝大部分是一字一音，一个汉字对应一个音节，每个汉字对应的音是固定的。这对于我们学习和记忆是非常有利的。由于近代韩国语言文字的改革和调整，现代韩语基本采用韩文书写，是一种表音符号系统，汉字元素主要以韩文音节拼写的方式出现。一般中国人韩语学习者，在积累了的一定韩语词汇之后就会发现汉字词中汉字的发音规律。我们将这种认识深入扩展，从音、字对应入手，进行摸索和练习。记忆的方法有很多，因人而异，这里推荐采用类似于“词根”记忆的方法进行单字记忆。在熟悉单字、掌握汉字音之后，扩展到词汇，再扩展到句子及文段，结合韩国的汉文化传统，习得方法总结如下。

1．掌握汉字音

掌握汉字音，即记忆常用汉字的韩国汉字读音，韩国语初级阶段的发音练习时可以兼顾。

校교 九구 國국 軍군 金금 南남 女녀 年년 難난 俗속
大대 東동 六육 萬만 母모 士사 門문 民민 僑교 族족
白백 父부 北북 四사 山산 韓한 生생 西서 間간 市시
先선 小소 水수 室실 十십 五오 博박 法법 心심 愛애

韩语中共有513个汉字音（包括多音字、生僻字的字音），而根据韩国常用汉字1800字、韩国高丽大学汉文教养所扩充的需掌握的2100字以及韩国语文会1级所规定的

3500字汉字进行统计，常用汉字与次常用的汉字音在310～330个之间。从逻辑上讲，只要掌握300多个汉字音，将汉字音组合，即可掌握大量的汉字词。

2. 同字扩展

同字扩展指以一个字为中心，与其他字结合来组词。因为汉字音是固定的，那么以相同字开始组合成词，进行扩展，同时通过扩展也可以进一步熟悉汉字音。例如，

“民”：难民 난민 民主 민주 民生 민생 民族 민족
国民 국민 民間 민간 民俗 민속 僑民 교민
民法 민법 民心 민심 民族 민족 市民 시민
“博”：博覽 박람 博愛 박애 賭博 도박 博士 박사...

3. 同音扩展

同音扩展指以一个字音为中心将相同的音进行归类来记忆。汉语同音字在韩国语中也大多同音，如：

장：將 奬 蔣 壯 裝 蔣 狀 牆
망：亡 芒 茫 忙 妄 忘 邙 望 罔 網
고：古 枯 苦 姑 固 痼 故
방：方 芳 訪 房 彷 妨 肪 枋 紡 坊 放 防 倣 傍 滂 膀 磅 枋 謗
성：成 城 誠 盛

韩国汉字的音特别是形声字发音比较整齐有规律，一般声旁相同的同音，但也有例外，这一部分汉字字形不同，但韩国汉字音也是同音的，如：

한：汉 韩 翰 汗

有的字发音有所不同，但可以按照分类的方法，分为2类，一般不超过3类，如：

유：唯 惟 維—추：錐 推 椎
개：皆—해：偕 諧 楷 階
갈：曷 葛 喝 渴 竭—게：揭—헐：歇

4. 音训读扩展（固有词复合词）

音训读扩展是在掌握汉字音的基础上，进一步掌握汉字的韩国式的解释，重点是掌握与汉字相对应的固有词。

利用韩语的音训读，掌握韩国的固有词。传统课本中有千字文，如天［하늘（천）］、地［땅（지）］、國（나라 국）、年（해 년）、先（먼저 선）、小（작을

소）、水（물 수）、室（집 실）、十（열 십）、五（다섯 오）。

有很多词既存在汉字词也存在固有词，如真露（참이슬）、秋夕（한가위）、支柱（버팀목）、表音文字（소리글자）。

韩语中汉字词与固有词并行由来已久。书面语中汉字词仍然相对较多，而口语中则常用固有词。所以这种学习方法对书面语与口语的区分也有一定的帮助。

5. 成语与俗谚扩展

成语与俗谚扩展是将汉字的音训进一步扩大，通过成语与俗谚掌握成语和相对应的韩国语句法结构的基本形式。

两国通用的成语，通过韩国语的表音很容易辨认，如雪上加霜（설상가상）、袖手傍觀（수수방관）、有備無患（유비무환）、一網打盡（일망타진）、自暴自棄（자포자기）。

同时也有许多中国并不使用而韩国固有的、正在使用的成语，如果没有汉字标注是很难理解的。如果先标注汉字，再写成汉字音的韩国语形式，理解起来要简单得多。如愛之重之（애지중지）、初志一貫（초지일관）、山戰水戰（산전수전）、十人十色（십인십색）、一擧手一投足（일거수일투족）、盡人事待天命（진인사대천명）、십시일반（十匙一飯）。

还很多来源于汉文的俗谚，与汉字词固有词训一一对应，记住词源对记忆俗谚也非常有帮助，如：

猫項懸鈴：고양이 목에 방울 달기
猫 項에 懸鈴

这类俗谚还有：

三歲之習，至于八十：세 살 버릇이 여든까지 간다
無足之言，飛于千里：발 없는 말이 천리 간다
鯨戰蝦死：고래 싸움에 새우 등 터진다

背诵成语和俗谚的方法不仅有助于熟练掌握汉字体系，还在一定程度上也与韩国语的语法建立了联系，从而形成字—词—句的脉络。

6. 韩汉混用文与全韩文的转换与理解

通过将韩汉混用文转换为韩文的方法来深化前面的内容，如：

“漢字專用을 하던 朝鮮王朝가 망했다.당시의 極端적인 漢字專用정책은 물론 좋지 않았다.그 當時 한국인의 視野에는 中國밖에 없었으니，그것은 어느 정도 이해할 수 있다.그러나 이제 開放時代에 와서 極으로부터 極으로，漢字를 완전 排

除하고 한글專用을 하고 있으니，이것은 잘 이해가 안 간다.漢字專用이나 한글專用이나，두가지가 다 姑息的이고 편벽된 정책비전이 아닐 수 없다.”

한자전용을 하던 조선왕조가 망했다.그 당시의 극단적인 한자전용정책은 물론 좋지 않았다.그 당시 한국인의 시야에는 중국밖에 없었으니，그것은 어느 정도 이해할 수 있다.그러나 이제 개방시대에 와서 극으로부터 극으로，한자를 완전 배제하고 한글전용을 하고 있으니，이것은 잘 이해가 안 간다.한자전용이나 한글전용이나，두가지가 다 고식적이고 편벽된 정책비전이 아닐 수 없다

通过混用文，理解汉字语与固有词的组合方式，然后将汉字词转换为汉字音。将上述汉字转化为韩文发音也是韩国大学的教养汉文中常见的命题，而反观现行的各种教材，这一部分大多处于缺失状态。随着韩国语学习的深入，汉字读音的掌握是一个不可回避的问题。在这一层面，如果我们通过汉字音训法来进行韩语学习，可以直接达到韩国高等教育（大学程度）的学习境界。

7. 记忆韩国语固有词词根

通过记忆韩国语固有词词根，完善字本位的学习体系。掌握汉字词的同时应该交叉学习韩国固有词。对于固有词的学习，一个是通过音训读的方法，一个是通过韩汉混用文。此外，本环节还将专项学习固有词的词根。韦旭生、许东振在《韩国语实用语法》中归纳总结了韩国固有词的构词法，将其归纳为附加法、词根合成法、词类转换法、语音变换法四类。其中，前两种构词法形成的词可以加以利用。

（1）前缀。

날有“生的，未加工的”的意思，它合成的词有날고기、날가죽、날고추、날김치、날감자等。

맞有“相对，对面”的意思，它合成的词有맞단추、맞은편、맞바람、맞대꾸等。

헛有“白白，没用”的意思，它合成的词有헛걸음、헛고생、헛소리、헛일等。

홑表示“单”，它合成的词有홑이불、홑바지、홑옷等。

（2）后缀。

질表示“行为”，它合成的词有바느질、도둑질、마당질、마치질等。

매表示“样子”，它合成的词有눈매、옷매、몸매等。

韩国语固有词根不太多，但在口语以及以口语为基础的文体中比较常见，所以这一部分也不能忽视。

除了声母与韵母的差异，入声（ㄱㄹㅂ）、介音（i）也是中韩汉字音差异的主要原因。关于入声，可以将当代声韵学家陈伯元（新雄）先生的记忆入声的方法与韩语汉字音相结合进行记忆。背诵汉字音，虽然看上去有点复杂，但在实际的学习中往往会形成语感，一旦突破了难点，也就是熟悉了与汉语发音差别较大的音后，基本都可以类推生字的发音或者发音范围。这种能力可以一直延伸到掌握生僻字的汉字音，对于将来从事深层研究也是有帮助的。

此外，习得法还要注意头音法则、繁体字、构词方式以及语言使用环境等问题。

（1）头音法只在韩国通用，朝鲜则不使用。

（2）除极少数韩国的固有汉字外，韩国使用的汉字为繁体字，与中华民国时期通用的标准汉字基本相通。

（3）韩国语引进日系词较多，特别是在科学、法律、经济学等方面的汉字词与中国不同，学习时要背诵并熟悉这一部分词语。同时一些基本的生产资料和生产活动大多使用固有语，应该根据不同的情况来选用词汇和语句。

三、结语

通过上述的学习步骤，有初步韩国语基础的中国学习者可以迅速掌握大量词汇，在阅读、写作领域有让人欣喜的进展。基于汉字音训的转换习得法，是一种结合传统“小学”的新学习方法，与现行教育方法不同，它符合中韩语言文化特质。这种方法现阶段并不是要代替现行的学习或教育方法，而是作为一种辅助、补充的手段，和现行的教育方法相结合，提高学习效率。

基于汉字音训的转换习得法的核心是汉字，可以以汉字为中轴双向转化，正如我们可以把汉英词典活用为英汉词典，如果把上述习得法的一般过程进行反向调整，它便变成了汉语学习法。当然这里所说的反向调整并不是机械的逆向调整那么简单，而是要针对韩国人学习汉文的诸多特征进行转换。例如，要根据学习者本身的汉字素养以及教育程度进行调整，如繁体字和简体字的转换认知，以及现代汉语表音字（虚字）和表意字（实字）的辨别训练等。不管是正向还是反向理解，都需要一个内化的过程。在现实生活中，实际上这种内化的过程已经在掌握中韩双语的群体中实现了，在词汇以及一些句子的表情达意上，两种语言常常只是语音或者形式上的转化；长期从事双语工作的人，在学习的过程中，自然会归纳出两种语言的众多转换法则，如同乔姆斯基的转化生成语法所主张的，人本身有完善的语言机制，习得语言是人的一种本能。在这一层面的意义上，本习得法可以说只是中国人学习韩语时，在遇到众多同源语素后进行吸纳理解，将其转换内化的一种自然过程的描述。

参考文献

黄玉花，2012. 韩国语背景的汉语学习者母语迁移研究［J］. 浙江社会科学（5）：117–119+123+159.

胡翠月，2012. 韩国语固有语法对韩国语中四字成语用法的制约作用［J］. 扬州大学学报（人文社会科学版），16（2）：123–128.

李振政，2022. 互动模式视域下的对外汉语高级口语教学研究［J］. 红河学院学报，20（3）：148–152.

韩振乾，2003. 韩国语汉字成语论考［J］. 韩国学论文集（02）：127–132.

이준환，2006. 국어사와 한자음［J］. 漢字音 口蓋音化의 檢討，박이정.

이현선, 2008.〈東國正韻〉漢字音 淵源 硏究［M］. 이화여자대학교 대학원.
정경일, 2009. 한자음 표기와 한글의 위상［J］. 한국어학, 한국어학회.

韩国语“아니”的非否定用法及其预期语义实现

单清丛①

摘要：在韩国语中，“아니”是常见的否定标记，但并非在所有语境中都表否定，其确认、强调、预期等用法也颇为常见。“아니”之所以会出现非常规且多功能的非否定用法，与交际过程中言者与听者的立场视角、情感态度、情态认识以及预期语义中与说话人、听话人、社会共享预期相契合或背离有较为密切的关联。换言之，“아니”非否定用法的实现不仅受具体语境中隐喻、转喻机制的影响，也受交际主体在具体语境中进行语用推理的影响，并在高频使用过程中出现不同于语法表层形式的深层语义内涵。通过分析，我们期望能够在进行初步的单语本体研究的同时，为今后同汉语“不是”的对称性与否等研究提供对比分析。

关键词：非否定用法；아니；预期范畴；主观性

一、引言

一般来说，韩国语中的“아니”是一种十分典型的否定标记，表示对命题的否定。但是，与汉语“不是”相似，“아니”在口语中出现了不少非否定用法，例句如下：

아니！벌써 점심을 먹었어？（고려대 한한중사전）
啊！你已经吃过午饭了？
아니，어떻게 그럴 수가 있니？（에듀윌드 표준한한중사전）
啊！怎么可能发生那种事？

---

① 单清丛，女，1990年生，上海外国语大学博士研究生。主要研究方向：朝（韩）汉语言对比、朝鲜（韩国）语语法研究。

上述例句中，“아니”并不表示否定，更多表示的是言者的某种语气或情感态度。换言之，表示对命题否定的实义已经变得相当虚化，在句中不仅基本失去了否定功能，且逐渐虚化为主观程度很强的表达。除这种非否定用法之外，在相关例句中“아니”的反预期语义也十分明显。针对上述现象，本文主要对“아니”在共时平面上的非否定用法的主要类型以及预期语义的实现两方面进行初步分析。

二、前人研究

韩国语学界对“아니”的研究较为丰富，主要从话语标记的视角对“아니”进行分析。김미숙（1997）将“아니”的用法分为两类：第一，在对话结构中用作非优先标记或优先标记时的否定应答；第二，话语标记。이원표（2002）对将“아니”归类于意志感叹词（의지감탄사）表示怀疑，认为将“예”“글쎄”“아니”三种表达归类为“话语标记”更合适。신아영（2011）从韩国语教育的角度出发，分析了具有感叹肯定应答功能和否定应答功能的“네”“아니”“그래”的话语补助功能，并提出了相关的口语教育方案，认为“아니”主要有表现否定态度、呼应、集中注意功能、话语修正功能。선신휘（2012）针对学习韩国语的中国学习者，分析说明了“그래”“글쎄”“아니”的韩汉话语标记，并进行了对比。이한규（2012）从社会文化层面和语用层面分析了“아니”的多功能用法。从语用观点来看，该学者借助Grice的合作原则说明了“아니”所具有的多种语用功能之间的关联性，但文章并未对“아니”的句子位置、类型等方面进行分析。원해운（2014）主要对韩国语话语比标记“아니”与汉语“不是”进行了对比，认为从整体上看，韩国语“아니”比汉语“不是”的语用功能更多样，有表惊讶、不满、自我防御、打断别人谈话、自我修正、拒绝等功能，且具备拖延时间、补充说明、吸引注意力等多功能用法。此外，정희창（2010）将“아니”作为“아니요”“아니에요”等终结词尾的一部分进行讨论。整体来看，韩国语学界对“아니”的研究主要是将其作为话语标记展开研究，相关研究主要关注“아니”在不同语境中的用法功能，对其发展特点及关联性仍有进一步展开研究的空间。

本文主要借鉴了汉语学界对“不是”的非否定用法的研究框架，尝试对韩国语“아니”展开进一步的研究。尽管本文暂时不做韩汉对比的工作，但有必要对汉语学界对“不是”的研究情况做基本介绍。汉语学界对“不是”的常见研究思路主要是将其看作反问句的标记、否定意义虚化的结果、话语标记语、连词等。史金生（1997）认为反问句中的“不是”除了“副词+动词”的常规否定用法，还有两种不同的用法，一是表提醒，二是表确认。此外，不少学者认为“不是”除了对信息进行常规否定，还具有语用否定用法，且语用否定的表达形式同否定判断非常相近，“不是”除了常规的否定功能，还具有否定含义弱化的功能，如：张斌、张谊生（2012）在对非真值信息否定词“不”的附缀化倾向中提出“不”可以用作主观减量标记，也可以通过反诘表达强调或肯定，提出了“不”的主观减量标记的说法，承认了“不X”类反诘已超

出了否定功能的意义。近年来，陈禹（2018）在分析反意外范畴标记“还不是”的用法时，提及了其非否定用法，并借助立场三角的理论框架，论证了反意外范畴的功能是说话人通过制造与听话人不一致的立场来建立自身的立场优越感。汉语学界对“不是”的研究给我们较大启发，我们发现韩国语“아니”也有不少非否定用法及反预期/意外特征。

三、韩国语“아니”的非否定用法类型

本部分主要对韩国语“아니”在具体语境中浮现的非否定用法进行归类总结，初步可总结如下。

（一）反预期类非否定用法

这类用法中，“아니”主要用于提示反预期信息，带有言者或动作主体强烈的惊异态度，用来表示惊异语气的用法明显强于其否定用法。例如：

（1）**아니**！벌써 점심을 먹었어？（고려대 한한중사전）
啊！你已经吃过午饭了？
（2）**아니**，어떻게 그럴 수가 있니？（에듀월드 표준한한중사전）
啊，怎么可能发生那种事？
（3）**아니**，이게 어떻게 된 일이냐.（에듀월드 표준한한중사전）
啊，怎么会这样？
（4）**아니**，벌써 도착했니？（에듀월드 표준한한중사전）
啊，这么快就到了？

上述例句中，“아니”在句中发挥比较典型的反预期的非否定作用，表达言者因客观事件与自身预期不符而产生吃惊、意外的情感态度，且相关例句中多使用疑问表达，表示言者对客观发生的事情持有某种疑问或质疑。例（1）中，言者持有“还没到时间，听者应该还没有吃过午饭”的预期，但客观发生的事情与言者持有的预期不符或相反，即发生的客观事件“你（听者）已经吃过午饭”明显是与言者的预期和认知相反的，带有言者显性的惊讶、意外、吃惊的情感态度。例（2）—例（4）与例（1）相似，在客观事实发生之前，言者或动作主体已依据个人经验或百科知识推知了预期信息“不可能发生那种事”“不会那样”“不会那么快到”，但客观事实“已经吃过午饭”“发生那种事”“这么快到了”与言者或动作主体的预期是相反的，“아니”明显带有提示反预期信息的功能，且带有言者强烈的惊异情感。

（二）回应对方类非否定用法

这类用法中，“아니”用来回应对方的询问，本身还保留了相当的否定语义，称它为非否定用法并不完全准确，但“아니”已带有相当的表达个人情感态度的语气功能，例如：

（5）갑：무슨 일 있니?
을：<u>**아니**</u>，아무 일도 없어.（에듀윌드 표준한한중사전）
甲：发生什么事儿了?
乙：没有，什么事儿都没有。

（6）갑：이놈，네가 유리창을 깨뜨렸지?
을：<u>**아니**</u>，제가 안 그랬어요.（고려대 한한중사전）
甲：小崽子，你把窗户打破的吧?
乙：没，我没有。

（7）갑：민준이가 몇 살이지?
을：내년이면 학교 갈 나이예요.
갑：<u>**아니**</u>，그것이 벌써 그렇게 컸구나!（고려대 한한중사전）
甲：民俊几岁了?
乙：明年要上小学的年纪。
甲：啊，那小不点儿都长这么大了呀!

（8）갑：너 이 영화 보았니?
을：<u>**아니**</u>，보지 않았어.（에듀윌드 표준한한중사전）
甲：你看过这部电影吧?
乙：不，没看过。

上述例句中，“아니”的主要功能还是回应对方的询问，但不再局限于对命题的否定，而是表达言者漫不经心的态度。例（5）中，“아니”既是对“发生什么事”的否定回应，也是表现言者对可能发生的事情带有一种漫不经心、轻描淡写的语气。即言者既可以通过“아니”来否定事情的存在，也可能是言者在事情确实发生或存在的情况下通过“아니”来掩盖或弱化相关事实。例（6）—例（8）中的“아니”也有相似的功能，即既有否定事实的功能，又有言者故意掩盖或弱化事实的功能。如例（6）中的“아니”，既可以是乙否认打破了窗户，也可以是乙打破了窗户但通过否定来掩盖事实；例（7）中“아니”的语义相对前两例较弱化，表示对“民俊明年就要上小学”的一种回应，即言者认为“民俊还没到上学的年龄”，带有一定的惊异语气。例（8）中“아니”可以是对“看过这部电影”的否定，也可能是言者看过这部电影，但故意掩盖事实说没有看过，带有漫不经心、不愿回应的态度。

（三）自我修正类非否定用法

这类用法中，“아니”带有自我修正的功能，这种修正既可以是对先前认识的一种修正，也可以带有一定的递进语义。例如：

（9）나는 이것을 할 수가 없다.**아니**，죽어도 안 하겠다.（에듀월드 표준한 한중사전）

这种事我不能做，就算死也不会做。

（10）이 물건은 천만금，**아니** 억만금을 준다 해도 팔 수 없다.（진명출판사 뉴밀레니엄 한중사전）

即使给我千金，不，即使是万金，我也不能卖这件东西。

（11）그는 우리 나라에서，**아니** 세계에서 가장 훌륭한 과학자다.（진명출판사 뉴밀레니엄 한중사전）

他是我们国家，不，是世界上最优秀的科学家。

上述例句中，“아니”主要出现在自言自语的语境中，表示对前述信息的否定或者是在前述信息的基础上更进一步。例（9）中，“아니”在肯定前述信息“这种事我不能做”的同时，通过“아니”这种带有自我修正意义的表达，进一步强调即便是到“死”这样极端的程度，也不会做这样的事。例（10）中，“아니”在肯定前述信息“给我千金”的同时，其后的信息既有修正前述信息的作用，又有递进、程度更甚之义。例（11）中，“아니”通过自我修正使“他”所在的范围进一步扩大，从而进一步凸显了“他的优秀”。由此可见，该类型的“아니”表示的自我修正非否定用法是在其原有否定用法的基础上逐步发展而来的，其自我修正功能既可以是推翻前件信息，也可以是在前述信息基础上表进一步递进。

（四）提醒警示类非否定用法

这类用法中，“아니”具有提醒警示的功能，本身表示否定的用法已经大为弱化，主要用于提醒听话人注意某事。具体例句如下：

（12）**아니**，애들아，정신 차려라，응？（한국외대 한국어학습사전）

喂，孩子们，打起精神来哦，嗯？

（13）**아니**，애들아 이런 것 좀 시키지마.（웹수집）

喂，孩子们，别让我做这些了。

（14）**아니**，애들아 내 눈빛이 원래 좀 그런 걸 어케.（웹수집）

喂，孩子们，我的眼神本来就那样。

（15）**아니**，애들아 들어봐 들어보라고.（웹수집）

喂，孩子们，听我说，听我说。

上述例句中，“아니”主要表示言者提醒听者注意，基本不见它在句中的否定用法。例（12）中的“아니”表示提醒“孩子们打起精神”，其提醒警示的非否定用法较为突出。例（13）—例（15）与例（12）较为相似，主要借助“아니”来表示主观性较强的提醒或警示功能，即“提醒孩子们，别让我做这些事”“提醒孩子们眼神本来如此”“让孩子们集中注意力听言者说话”等。该类型“아니”的语气功能较强，在句中基本没有实际意义，语义较为虚化，主要表示言者主观的情感态度，具有较强的提醒对方注意的功能。

（五）原因询问类非否定用法

该类型主要是指“아니”引介的信息主要为言者对某一信息或情况的询问，表达言者对相关信息的质疑或询问，或者说言者希望能够寻得某种答案或回应。具体例句如下：

（16）<u>아니</u>，환율이 또 올랐어？（에듀월드 표준중중한사전）
怎么，汇率又升上去了？
（17）<u>아니</u>，어떻게 다 가버렸지？（에듀월드 표준중중한사전）
哎，怎么都走了？
（18）<u>아니</u>？네가 왜 회의에 가지 않았지？（에듀월드 표준중중한사전）
哎，你怎么没去开会？
（19）<u>아니</u> 어떻게 알았지？（네이버 중국어사전）
不是，你是怎么猜到的？

上述例句中，“아니”后引介的信息主要表示某种言者不知晓的原因，其后常带有疑问词，既表示言者的疑问又带有一定惊异、反预期语气。例（16）中，“아니”后是言者对“汇率上升”的质疑，或者说言者希望能够从听者处获得一定信息。例（17）—例（19）中“아니”引介的后一小句皆带有表示疑问的“어떻게”“왜”等，表示言者对相关情况的询问，如例（17）中言者询问“怎么都走了”的原因，例（18）中言者询问“没去开会”的原因，例（19）中言者询问“怎么猜到”的原因。由此可见，该类型的“아니”主要表示言者对某一意想不到情况的询问，又带有一定反预期的意外惊讶语气。

以上，我们对韩国语“아니”的非否定用法进行了大致的分类，主要分为反预期类、回应对方类、自我修正类、提醒警示类、原因询问类五种主要类型，当然这五种类型若说是完全的非否定用法也不完全准确，相关类型中仍保存否定语义。在否定语义的基础上相关表达在具体语境中出现不同语义功能，“아니”原有的否定义在不同功能类型中保留的程度也存在差别，如在五种主要类型中“回应对方类”保留的否定语义成分最多，在其他类型中开始逐渐虚化为带有言者强烈主观语气情感的表达，滞留的否定语义成分相对较少。我们按照滞留否定成分的多少将上述五种类型做出如

下排列：回应对方类>自我修正类>原因询问类>反预期类>提醒警示类。其中，越向左否定语义相对越多，但非否定的主观性语义也有所浮现；越向右否定语义相对越少，主观化程度越高。此外，若从（反）预期角度观察，五种类型涉及了不同指向的反预期类型。相对而言，否定语义滞留较多的“回应对方类”以及“自我修正类”基本可属于他反预期类型，即与听话人的预期相反；而否定语义滞留较少、主观性语义较强烈的“原因询问类”“反预期类”“提醒警示类”基本可属于自反预期类型，即客观事件与自身预期情况相反，从而触发强烈的意外、惊讶情感。

四、韩国语“아니”非否定用法的规约化及预期语义实现

（一）韩国语“아니”非否定用法的规约化

1. 礼貌原则

韩国语“아니”非否定用法的规约化与语用推导有密切关联。根据Grice的合作原则，量的标准是要求发话人必须提供充分而不多余的交际信息；质的准则要求会话双方要真实、真诚地说话，不提供虚假信息或缺乏足够证据的信息；关系准则要求交际双方提供的信息要相关、关联，在交际会话中遵循相关原则能够使会话顺利展开。礼貌原则在“아니”的否定功能逐步弱化的过程中发挥重要作用，如在例句中：

（20）**<u>아니</u>**！벌써 점심을 먹었어？（고려대 한한중사전）
啊！你已经吃过午饭了？

“아니”的本义表否定，意为“不是”，在例（20）所在的语境中，言者可能认为交际对象没有吃饭想请他/她吃午饭，但对方说已经吃过午饭了，言者进一步回应表示惊讶，这里的“아니”若直接表示否定，即言者的否定带有较强的责备意味，可能会损害对方的面子，显得不够恰当。而这里的“아니”解释为出乎意料的惊异语气，即只表达言者自身的情感态度，不涉及对方的面子或态度，整个会话则更为礼貌。交际会话中的礼貌原则是影响“아니”在不同语境中不断调节语义的重要因素。

2. 隐喻、转喻机制的作用

韩国语“아니”由否定用法向非否定用法转移、规约化过程中，隐喻转喻机制发挥了重要作用。或者说，在“아니”由典型否定义向非典型否定义再向非否定义发展过程中，隐喻、转喻机制在此过程中发挥了重要作用，如在该等级序列中“回应对方类>自我修正类>原因询问类>反预期类>提醒警示类”，回应对方与自我修正之间都可以视为向对方寻求一种应答，但区别在于这个对方是他人还是自己。在此过程中，认知主体借助隐喻/转喻机制将“对方”这一主体由他人转移投射至自己。这两种类型在前文提到，仍保留较多的否定语义，而在后三种类型中，其否定语义在具体语

境中受主观情感态度的影响已发生了较大磨损，在后三种类型中主要借助隐喻/转喻的作用由言者主观性相对较弱的类型逐渐向主观性相对较强的类型发展。这一过程也可以视为一个主观化的过程，即Traugott（1995）提出的主观化是一种语义-语用的演变，即“意义变得越来越依赖于说话人对命题内容的主观信念和态度，强调局部的上下文在引发这种变化所起的作用，强调说话人的语用推理过程。语用推理的反复运用和最终的凝固化，结果就形成主观性表达成分”，而在过程中隐喻/转喻等认知识解机制发挥了重要的桥梁作用。

（二）韩国语“아니”非否定用法的预期语义实现

1. “否定—反预期或意外—有界性”的语义关联

韩国语“아니”之所以可以由典型的否定转向非否定甚至反预期语义，与否定范畴、预期范畴之间的语义关联关系密切。范晓蕾（2019）在分析“差一点”的语义特征、句法后果、近义截连时，抽象出一个共性的语义关联“否定—反预期或意外—有界性”。其中，否定式往往具有反预期性，存在“否定→反预期或意外”的语义演变路径，这一路径具有一定语言共性。范晓蕾认为“否定→反预期或意外”的演变机制是“语义核心的转移”，该语义关联与演变机制同样适应于“아니”由较典型的否定语义发展为反预期性质的非否定语义。但与范晓蕾对“差一点”语义转移的分析不同的是，韩国语“아니”的语义转移是先经历主观化、强语气，逐步引发对反预期性的聚焦。换言之，“아니”自身的否定属性决定了其存在向反预期或意外发展的隐性基因。

2. 直接通达假说（direct access hypothesis）

直接通达假说是Gibbs（1986）提出的理论，主要强调语境在话语处理中的重要地位。当语境限制力强并指向某一种解释时，会即时与词汇处理过程相互作用，直接提取该解释，且在大多数情况下也是唯一激活并提取的解释。也就是说，语境对语义理解具有选择作用（刘正光，2002）。这种直接通达也体现在否定和反预期之间的转换过程中，两者在本质上具有高度的一致性，即两者都是对某一命题的否认或反驳，带有语义确定性，尽管反预期语义相较否定而言对命题否认或反驳相对间接，但其根源带有强烈的否定属性，即客观现实与预期发生偏离甚至相反，这种偏离或相反可以理解为客观现实对预期的一种否定。

五、结语

本文主要对韩国语中常见的否定表达“아니”的非否定用法进行了初步分类和分析，得出如下结论。

第一，我们主要对“아니”的非否定用法做了五种类型的划分，并根据否定语义

/虚化的典型性，进行如下排列：回应对方类＞自我修正类＞原因询问类＞反预期类＞提醒警示类，越靠左否定语义相对越多，但非否定的主观性语义也有所浮现；越向右否定语义相对越少，主观化程度越高。此外，若从（反）预期角度观察，五种类型涉及了不同指向的反预期类型。相对而言，否定语义滞留较多的“回应对方类”以及“自我修正类”基本可属于他反预期类型，即与听话人的预期相反；而否定语义滞留较少，主观性语义较强烈的“原因询问类”“反预期类”“提醒警示类”基本属于自反预期类型，即客观事件与自身预期情况相反，从而触发强烈的意外、惊讶情感。

第二，我们初步分析了“아니”的非否定用法的规约化及预期语义实现情况。“아니”的非否定用法主要是在主观化、转喻隐喻、礼貌原则的作用下规约化而来的，其预期语义的实现与“否定—反预期或意外—有界性”的语义关联以及直接通达假说都有较密切的关联，或者说，“아니”自身的否定语义与预期性有着天然的关联。

本文仅对韩国语否定表达“아니”进行了初步分析，并未从语言对比角度展开具体分析，今后笔者将对相关问题展开进一步研究。

参考文献

范晓蕾，2019.“差一点”的语义特征及其句法后果——兼谈否定、反预期、时体的关联［J］. 当代语言学（2）：207–237.

刘正光，2002. 分级显性意义假说——语义处理新理论［J］. 现代外语（2）：211–220+210.

彭水琴，郑娟曼，2022. 预期修正语“那倒是”的序列特征与规约化［J］. 汉语学习（5）：33–41.

齐沪扬，胡建锋，2010. 试论“不是……吗”反问句的疑问用法［J］. 上海师范大学学报（哲学社会科学版）（3）：105–113.

史金生，1997. 表反问的“不是”［J］. 中国语文（1）：25–28.

杨美琳，2018. 陈述会话中表非否定功能的“不是”［J］. 遵义师范学院学报（5）：96–99.

김미숙，1997. 대화구조로 본 ‘아니’ 의 기능［J］. 담화와 인지（2）：17–101.

선신휘，2012. 중국인 학습자를 위한 한국어 담화표지 교육 방안 연구- ‘그래’，‘글쎄’，‘아니’ 의 중국어 대응을 중심으로［D］. 서울：경희대학교.

신아영，2011. 감탄사를 활용한 한국어 말하기 전략 교육 연구：‘네’，‘그래’，‘아니’ 류의 담화기능을 중심으로［D］. 서울：세종대학교.

이원표，2002. 담화분석：방법론과 화용 및 사회언어학적 연구의 실례［M］. 서울：한국문화사.

이한규，2012. 한국어 담화표지어 ‘아니’ 의 의미［J］. 현대문법연구（67）：145–171.

원해운，2014. 한국어 담화표지 ‘아니’ 와 중국어 ‘不是’ 의 대조연구［D］. 서울：경희대학교.

정희창，2010. ‘아니요，아니에요’ 의 敬語法과 文法的 特徵［J］. 어문연구（4）：113–127.

教材《基础泰语（2）》的第一人称代词使用特征研究①

冯俏丽②

摘要：泰语第一人称代词是泰语学习者最先遇到的、在交际中识别自身与交际对象的首要知识点。由罗奕原主编、世界图书出版公司出版的《基础泰语（2）》教材注重实用性，课文内容以日常生活、社会生活场景为主，多以会话形式呈现，旨在培养学生运用泰语进行交际的能力。本文在归纳现代泰语第一人称代词的使用特征的基础上，以这部教材为研究对象，通过统计其中泰语第一人称代词的收词、词频和复现率，探究泰语第一人称代词在该教材中的使用特征，发现该教材巧妙地尽可能展现现代泰语第一人称代词的全貌。同时，本研究发现其中部分第一人称代词的使用不够灵活，对应的称谓功能未能充分展现，部分第一人称代词的使用范围比实际的使用范围窄等不足。

关键词：泰语第一人称代词；泰语教材；《基础泰语（2）》

一、引言

泰国最早的文字记载是公元1283年素可泰王朝时期的兰甘亨碑文，碑文中使用的第一人称代词有两个："ก ู"（我）和"เผือ"（我们），一个代表单数的第一人称"我"，另一个是代表复数的"我们"，其中，"เผือ"相当于"เรา"（我们）。在泰语第一人称代词的发展过程中，其复数形式有表达排除式的"เคา"和表达包括式的"เรา"；而在现代泰语中，已不再使用"เคา"指称"我们"，而用"เรา"替代，"เรา"既可用作排除式表达也用可用于包括式表达。经过一系列的演变，现代泰语的第一人称代词仍保留着多种表达形式。

---

① 本研究系"素可泰时期泰语碑文译介及研究"（2021—2023年，21FYY015）的阶段性研究成果。

② 冯俏丽，女，1987年生，广西民族大学东南亚文化学院博士研究生，南宁师范大学国际教育学院讲师。主要研究方向：壮泰语言与文化、比较文学。

人称代词是用于指代某个（些）人或物的代名词，泰语第三人称代词相对于第一、二人称代词而言，在男女性别区分方面并没有那么细致入微，因此在历来的代词研究中深受广大专家学者的关注。然而，对以泰语为二语的学习者而言，泰语人称代词的正确用法是基础学习阶段最应该掌握、最重要的实际交际使用常识，也是赴泰留学或实习期间交际过程中最先遇到的困难。而泰语第一人称代词的用法则是学习者在交际中识别自身与交际对象的首要知识点和交际技能。

关于泰语人称代词的研究成果，多为对汉泰语人称代词、汉泰称谓语的对比研究。张煜涵（2018）通过对汉泰称谓语对比及泰国学生汉语称谓语使用问题的研究，比较了汉泰称谓语的不同，通过自身的教学实践总结出泰国留学生在学习汉语称谓词时的易错点，进而提出对应的教学改进方法。张文杰（2019）从学习汉语的泰国留学生的视角，通过对比汉泰语称谓语及其文化内涵，分析了汉泰语称谓语使用不同的原因，并对汉语称谓词的学习提出相应的教学建议。程萌子（2021）在其硕士论文中，对北京语言大学BCC语料库和泰国国家语料库TNC中的现代汉泰语人称代词进行检索统计，归纳总结出各个类型中不同人称代词的使用率及所占比例，并对其分别进行横向对比和纵向比较，发现了人称代词在数量和分类等方面的特征，进而提出对泰汉语教学的建议。李静（2016）通过对比汉泰语第一人称代词，发现泰语的人称代词因年龄、身份、语境不同而产生更复杂的交际情况。笔者通过整理发现，针对泰语第一人称代词的相关研究还较少，针对泰语教材中第一人称代词的收录与使用的研究更少。

泰语第一人称代词作为泰语学习的基础内容，中国学习者对该阶段知识的学习基本均在国内修习，且多使用国内编写出版的教材。《基础泰语（2）》这部教材是学生继修完泰语基础语音知识之后，进入泰语简单会话、基本句式、句型学习的重要过渡阶段使用的教材。由罗奕原主编，世界图书出版公司出版的这部教材近十年来被广泛用于泰语专业、二外选修泰语的高校学生的教学中，同时备受对泰语感兴趣的自学者青睐。使用《基础泰语（2）》这本教材的泰语学习者会接触到大量泰语人称代词，从该教材（2011年版）的编写前言[①]可以得知其编写原则和特色是注重实用性，课文内容范围涉及日常生活、社会生活等生动场景，多以会话形式出现。教材努力为学习者营造语境，培养学生运用语言进行交际的能力，使学习者在掌握泰语语言技能的基础上开始接触基本的语法理论。而泰语人称代词，尤其是第一人称代词是初学者运用语言进行交际的重要基础之一。在明确现代泰语第一人称代词使用特征的基础上，了解该教材的泰语第一人称代词使用特征，有助于教师和学生在教材使用过程中更明确应增加和补充的知识点。

① “本书的编写原则和特色是注重实用性。全书共有二十二课，范围涉及日常生活、社会活动等生动场景，多以会话形式出现。随着难度增加，辅以短小课文，努力为学习者营造语境，精心设计内容，学练结合，涵盖了学生的听、说、读、写、译各个方面能力的全面发展，培养学生运用语言进行交际的能力。同时，每一课都设计了泰语基本语法知识，使学习者在掌握泰语语言技能的基础上开始接触基本的语法理论。”（罗奕原《基础泰语（2）》，世界图书出版公司，2011：前言）

二、泰语第一人称代词的使用特征

每一门语言的人称代词均有该遵循的使用原则，泰语的人称代词使用也不同程度地顾及人与人之间的上下尊卑关系，也就是势位关系。交际者应根据不同的势位关系选用人称代词。泰语的第一人称代词亦不例外，处于低势位的人选用**กระผม**、**ดิฉัน**、**หนู**、小名自称等作第一人称，高势位的人选用**ผม**、**ฉัน**、职业自称等作第一人称，以表示势差。人称代词除了具有指代功能，还有称谓功能。泰语人称代词的选用注重得体性，指人称代词的选用要符合一定环境场合下涉及的交际三方身份地位和社会角色，要根据交际环境场合和交际双方或三方彼此之间的关系来调整使用不同的人称代词。泰语中的人称代词有敬称、谦称、平称、俗称、昵称、鄙称等，交际关系中有上下级关系、长幼关系、尊卑关系、亲疏远近关系等，须根据不同阶级、不同身份、不同场合、不同亲疏程度选用不同的人称代词。泰语人称代词中普遍存在着谦敬称谓，比如第一人称中的**หนู**自称和小名自称，最典型的要属第二人称代词中的**ท่าน**（您）。因此，笔者结合现代泰语的实际使用，将男女性别均可使用的第一人称代词归为中性第一人称代词（除了男性和女性的使用区分），再结合单复数两个维度将其分类，即单数第一人称代词分为男性第一人称代词、女性第一人称代词和中性第一人称代词，复数第一人称代词不论性别，归纳如表1—表4。

表1　泰语的男性第一人称代词

人称代词	使用场合	称谓功能
ผม	是男性第一人称代词中使用最广泛的礼貌用语，任一男性不论身份地位及场合均可用作自称。值得注意的是，相对于其他的男性第一人称代词，**ผม**多用于较正式场合，与不熟悉的友人对话时作为自称的频率也较高。	平称
กระผม	男性在上级或长辈面前使用的谦称，以表恭敬，常用于正式场合。	谦称
ข้า	多用于口语，在现代泰语中被视为不雅的称谓。一般用于长辈对晚辈说话或训斥时，或用于同辈好友之间，以示亲密。	傲称/俗称

表2　泰语的女性第一人称代词

人称代词	使用场合	称谓功能
ดิฉัน	女性有礼貌地自称，常用于正式场合的自我介绍或发言。因过于正式，易显疏离感，同辈朋友间较少使用。	谦称/平称

表3　中性泰语第一人称代词

人称代词	使用场合	称谓功能
以小名自称	在泰语中，小名既可用于称呼他人，也可用作自称，作自称时常用于熟人之间。晚辈或下级一般以小名自称。女性使用更显乖巧亲切可人，男性使用更显谦逊有礼亲切。	谦称/昵称/平称

续表

人称代词	使用场合	称谓功能
以职业名称自称	泰国人常以职业名称自称，较常见的是医生（หมอ）和老师（ครู/อาจารย์）用作自称。	平称/昵称
以亲属称谓自称	泰国人喜以亲属关系论称呼，即便无血缘关系的人，也可使用这类称呼来辨别关系，以缩短说话双方的距离感。常见的有ตา（外公）、ยาย（外婆）、ลุง（伯父）、ป้า（伯母）、พ่อ（爸爸）、แม่（妈妈）、พี่（哥哥/姐姐）、น้อง（弟弟/妹妹）、ลูก（孩子）等。	昵称
ฉัน	口语中常读作"ชั้น"，除了用作女性第一人称代词，也可用于男性自称，以示亲切，常见于抒情歌曲或情侣夫妻间。	平称/昵称
เรา	本意为"我们"，作第一人称复数形式用，但在现代泰语中，也常作第一人称单数使用，即"我"，兼具包括式的"我"。因其使用尽显亲昵或亲切，使用频率很高。	平称
กู	古泰语的第一人称代词"我"，原无不雅之嫌。现被视为非礼貌用语，使用时不限年龄与性别，意为"老子"或"老娘"，多见于口语和网络用语中。在不同语境下有不同的解读：用于长辈对晚辈或同辈好友间以示关系亲密时，不含贬义或蔑视；用于口角争吵或非熟人间时，常带有贬义，表示厌恶、蔑视。	傲称/俗称
หนู	晚辈常用作自称，常见于儿童和女性。以หนู自称既表达了对长辈的恭敬，又尽显自身乖巧可人。	谦称/昵称
ข้าพเจ้า	意为"本人"，属正式官方用语，无性别、年龄、身份之分。	平称
เขา/เค้า	เค้า是เขา的口语音变，常用作第三人称。作第一人称用时，相当于汉语中自称"人家"，常见于恋人、夫妻或亲密好友间，以示亲密无间。多见女性使用，男性偶尔也使用。	昵称
ตนเอง	意为"自己，本身"，常作反身第一人称用，不分性别，男女皆可用。	平称
ตัวเอง/เอง	本意为"自己，本人"，还用于表达强调独自或亲自做某事。在现代口语中，也用作人称代词，可表示第一人称或第二人称，依语境可知作第一或第二人称代词，常用于恋人、夫妻或亲密好友间，或在撒娇时使用，以示双方关系亲昵。	昵称

表4　泰语中表示复数的第一人称代词

人称代词	使用场合	称谓功能
เรา	意为"我们"，是泰语中最常见的表示复数的第一人称代词。陌生人、熟悉友人、长辈、晚辈均可用作自称，无性别、身份、年龄的限制。	平称
พวกเรา	意为"我们"，用法同เรา，但พวกเรา略显正式。最大的区别在于พวกเรา仅能表示复数的第一人称代词"我们"，而เรา可同时表示单数的第一人称代词"我"的自称。	平称
พวกหนู	意为"我们"，是หนู的复数形式，用法同หนู。	谦称/昵称

综上所述，泰语第一人称代词共18个或18类①（其中เรา兼作单数的中性第一人称代词和复数第一人称代词用，数量上看作1个），包括男性第一人称代词3个、女性第一人称代词1个、中性第一人称代词11个（类）和复数第一人称代词3个。可见，现代泰语第一人称代词在不同的表达方式下，可以区别说话双方的性别、长幼尊卑、关系亲疏远近和交际场合。除了非礼貌用语的自称，泰语中多数第一人称代词的自称还展现了泰国的等级观念、惯于自谦并喜于通过称谓拉近说话双方的距离感，以显示关系亲密。而泰语中只有表示复数的第一人称代词的选用无性别、年龄、身份地位之别。

此外，泰语第一人称代词的语法功能与名词相似，可以作主语、宾语、定语。泰语第一人称代词还有其语法特征。在“数”的语法特征上，泰语第一人称代词分单、复数用词；在“性”的语法特征方面，泰语第一人称代词分男性、女性、中性用词。还有的第一人称代词是兼属两种或两种以上人称，兼具“数”和“性”的语法特征，如เรา可表示第一人称单数的“我”，也可表示第二人称单数的“你”，还能作第一人称单数的“我”和第一人称复数的“我们”，男女性皆可用。有的第一人称代词能实现两种或两种以上的交际功能，如自称หนู可表示谦称，亦可表示昵称。

三、《基础泰语（2）》中泰语第一人称代词的使用特征

经统计，该教材中的泰语第一人称代词共有14个（类）（见表5），其中男性第一人称代词3个，女性第一人称代词3个，中性第一人称代词6个（类），表示复数的第一人称代词2个；其中เรา既可作为中性单数第一人称代词，也可作为复数第一人称代词。

表5　《基础泰语（2）》中的泰语第一人称代词类别情况表

人称代词	单数	数量	复数
第一人称代词	男性：กระผม、ผม、ข้า	3个	เรา、พวกเรา，共2个
	女性：ดิฉัน、ฉัน、หนู（教材中用于女性）	3个	
	中性：ข้าพเจ้า、เรา、กู、以小名自称、以职业自称、以亲属称谓词自称	6个（类）	

可见，该教材收录的泰语单数第一人称代词共12个（类），相对于泰语实际使用的单数第一人称代词18个（类）较少，泰语第一人称代词复数的类别少了1个，即缺少了พวกหนู；覆盖面不够广，主要表现在中性第一人称代词的收录类别上少了ฉัน、หนู、เขา（เค้า）、ตนเอง和ตัวเอง/เอง，而女性第一人称代词有3个，含ฉัน和หนู在内，是因为在教材中ฉัน和หนู仅用于女性（待下文进一步论述）。

以教材《基础泰语（2）》中所含泰语第一人称代词为语料，归纳教材中使用各类

① 在以小名自称、职业自称和亲属称谓自称这三类中，每一类有多个自称可作第一人称代词用，如不同的小名、不同的职业名称和不同的亲属称谓，故按类统计。

第一人称代词的性别、身份、对象、场合等情况，其中，相同的使用情景只引一例为代表，见表6—表9。

表6 《基础泰语（2）》中男性泰语第一人称代词

人称代词	在教材中的使用情景（页码）	称谓功能
ผม	①与陌生同龄女性对话（第一课“打招呼”，第1页）； ②自我介绍（第一课“打招呼”，第8页）； ③与认识但不熟悉的女同学对话（第二课“家庭”，第9页）； ④与熟识的女同学对话（第五课“饮食”，第41页）； ⑤给陌生人打电话（第九课“打电话”，第86页）； ⑥同学、朋友或同事间（第十二课“季节”，第128页）； ⑦与好朋友的书信往来（第十七课“写私人信件”，第189页）。	平称
กระผม	教材中未出现**กระผม**的使用，而在第二课后的语法注释中以表格形式将**กระผม**列为单数的男性第一人称代词（第14页）。	无例句，无法分辨其称谓功能
ข้า	“เจ้านะเหรอ กล้าท้าแข่งกับข้า ฮะ...ฮะ...ฮะ...”主人公兔子因自己跑得快而骄傲自大、傲慢无礼，用**ข้า**自称，以表达对乌龟的蔑视（第十八课“兔子与乌龟”，第191页）。	傲称

经统计，教材中的男性第一人称代词大部分用**ผม**，仅有一处使用了**ข้า**，未出现**กระผม**的使用实例或情景（罗列在课文后归纳泰语人称代词的表格中）。在称谓功能方面，**ผม**均用作平称，**ข้า**用作傲称。

表7 《基础泰语（2）》中女性泰语第一人称代词

人称代词	在教材中的使用情景（页码）	称谓功能
ฉัน	与熟识的同学对话（第五课“饮食”，第41页）。	平称
ดิฉัน	①与陌生同龄男性对话（第一课“打招呼”，第1页）； ②自我介绍（第一课“打招呼”，第8页）； ③与认识但不熟悉的男同学对话（第二课“家庭”，第9页）； ④与熟识女同学对话（第十课“疾病”，第99页）； ⑤与陌生人（售货员）对话（第六课“购物”，第52页）； ⑥与尊敬的人（医生、上级）对话（第十课“疾病”，第100页）。	除了⑥为谦称，①—⑤均为平称

经统计，**ฉัน**较少出现在课文对话中（仅在第五课“饮食”与熟识同学的对话中出现），其余多出现在课文后“常用词、词组用法”的例子和课后习题中，均为单句，因此无法按语境归纳其使用场景。但通过斟酌该教材中各个单句，推测**ฉัน**的使用场景与**ดิฉัน**相似，基本可以通用。在称谓功能方面，**ฉัน**与**ดิฉัน**都用作平称，而**ดิฉัน**还可作谦称。

表8　《基础泰语（2）》中的中性泰语第一人称代词

人称代词	在教材中的使用情景（页码）	称谓功能
以小名自称	结合第二课“家庭”课后语法注释：“人称代词”的例句，归纳出其称谓功能（第15页）。如： นกเป็นคนไทยค่ะ. หมอวันนี้ติดธุระ/ครอบครัวของครูมี ๓ คน. หนูไปเถอะ ไม่ต้องห่วงแม่.	平称/昵称
以职业自称，如หมอ（医生）、ครู（老师）		平称/昵称
以亲属关系自称，如แม่（母亲）		昵称
กู	การใช้คำว่า"กู มึง"นั้น คนไทยถือว่าไม่สุภาพ（讲解ถือว่า用法的例句，第195页）.	无法推测
เรา	无表示中性第一人称的情况出现，均用作复数第一人称。	
หนู	①母女对话（女儿使用）（第四课“时间”，第29页）； ②师生对话（女生使用）（第十课“疾病”，第99页）； ③孙女给外公写信用（第十七课“写私人信件”，第181页）。	昵称/谦称
ตนเอง	熟识同学之间的对话（第十八课“兔子与乌龟”，第192页）。	平称
ตัวเอง	熟识同学之间的对话（第十八课“兔子与乌龟”，第192页）。	平称

经统计，因教材中出现的เรา不作第一人称单数用，所以教材中出现的中性第一人称代词共计6个（类）。其中，结合例句或上下文情境，以小名自称和以职业自称的称谓功能可以归纳为平称或昵称，以亲属关系自称的归为昵称，หนู的使用归为昵称或谦称，ตนเอง和ตัวเอง的使用都归为平称。

表9　《基础泰语（2）》中泰语的复数第一人称代词

人称代词	在教材中的使用情景（页码）	称谓功能
เรา	①同学之间对话（课后：第七课“问路”，第71页）； ②师生之间对话（教师用，表示包括式的“我们”）（第十五课“学泰语”，第154页）； ③叙事短文（第十六课“体育运动”，第165页）。	平称
พวกเรา	叙事短文（第十五课“学泰语”，第154页）。	平称

经统计，该教材中表示复数的第一人称代词有2个，即เรา和พวกเรา。在对话中出现เรา的情况较少，在课文正文中的叙事短文出现的次数次之，以课后注释的例句及课后练习的句子中出现เรา的情况最多。而พวกเรา没有在对话中出现的情况，仅在课文正文的叙述短文或课后注释例句中出现。在称谓功能方面，这两个词均用作平称。

综上所述，在该教材中出现的单数第一人称代词中，男性第一人称代词有3个，而“กระผม”仅以罗列形式出现，无例句或使用情景，无法推断其称谓功能。而在实际使用过程中，它常用于晚辈（下级）对长辈（上级）说话时的自称，以示自谦或尊敬，作谦称；也可用于不太熟悉的同辈之间，以示客气、有礼，作平称。女性第一人称代词出现3个（ฉัน、ดิฉัน和หนู），其中，ฉัน和ดิฉัน作平称，且ดิฉัน同时可作谦称；หนู用于晚辈女性的自称，作昵称。而在实际使用时，ฉันทั作中性第一人称代词，也就是男、女性都可用作自称，在称谓功能上，还可作昵称。教材中的中性第一人称代词无ฉัน的男性用法，即ฉัน仅用作女性第一人称代词；กู在现代泰语中属于不雅的用法，该教材巧妙地以例句形式呈现，解释该词被泰国人视为不雅、不礼貌的用法；有ข้าพเจ้า的罗列，但无例句或使用场景；无 เขา/เค้า 的出现及其使用例句或场景，有เรา的出现及使用，但不作单数的中性第一人称代词用，即教材中的เรา不属于中性第一人称代词。在称谓功能方面，教材中出现的中性第一人称代词的称谓功能与实际使用是相符的，即称谓功能覆盖比较全面。在复数的第一人称代词方面，该教材中未出现พวกหนู及其例句，除此之外，其中เรา和พวกเรา的称谓功能与实际使用一样，作平称。因此，可总结为教材中收录的第一人称代词数量少于实际使用中的现代泰语第一人称代词数量，部分第一人称代词在其称谓功能上也未能尽显实际使用的所有功能。

四、《基础泰语（2）》泰语第一人称代词的词频特征

词汇出现频率是词汇分析的一个指标，根据泰语第一人称代词在《基础泰语（2）》各课时的分布及出现频率，除了出现频率较低的กระผม、ข้า以及中性泰语第一人称代词未统计在内，其他第一人称代词在各课文中的出现频率较均衡，或因课文主题需要，个别第一人称代词的出现频率会明显升高，如第十五课“学泰语”中เรา的出现频率就非常高。而对比男女性人称代词的出现频率，尽管男性第一人称代词中的กระผม、ข้า未列入统计范围（而女性第一人称代词中的ดิฉัน、ฉัน、หนู均列入统计范围），发现男性第一人称代词的出现频率（281次）仍明显高于女性的第一人称代词（含ดิฉัน、ฉัน、หนู，总频率计208次）。若不按总频率比对，仅从各课中的男女性人称代词的出现频率来看，男性第一人称代词ผม的出现频率亦高于女性的三个第一人称代词的总频率。另外，教材在复数第一人称代词的使用频率方面，เรา和พวกเรา的出现频率存在较大差距，เรา的使用较多，พวกเรา的使用则较少，该使用特征与程萌子（2021）对เรา和พวกเรา的计量分析发现相符。因เรา也用作第一人称单数，日常生活中，泰国人常用พวกเรา与เรา相区分，以强调所要表达的复数意义。可理解为，基于语言使用中的经济原则，习惯从简从易选用，เรา更符合泰国社会生活使用实际。

根据程萌子（2021）对TNC泰国国家语料库中小说、报刊、通识、学术、法律、其他等六大类体裁语料的计量分析研究结果，泰语第一人称代词系统中，最常出现的是第一人称代词复数เรา（我们），男性第一人称代词单数ผม（我）和女性第一人称代词单数ฉัน（我）的使用率较为接近，分列第二、三位，其他各项按照使用率的高低依次为ดิฉัน（我）、พวกเรา（我们）、กู（老子）以及กระผม（我）。作为被广泛使用的泰语教材之一，《基础泰语（2）》中泰语第一人称代词在其中的出现频率没能涵盖以上最常用的几个第一人称代词，如กู（老子）和กระผม（我）仅在教材中出现1次。作为教材，กู（老子）这类在现代泰语中不礼貌、不文雅的用法，不列入教材正文内容是可以理解的，但กระผม这个表示客气、谦恭、礼貌的男性第一人称代词可以像女性第一人

称代词ดิฉัน一样出现，并设置相应的例句或使用场景。

五、《基础泰语（2）》中泰语第一人称代词复现率分析

江新（2005）指出，重现率又称复现率，即某一调查对象在调查范围内重复出现的次数。词汇的重复输入量在二语习得中体现为生词的复现率，即词汇复现率。词汇复现率的高低对学习者是否习得该词汇有重要影响，但多位研究学者就词汇复现次数究竟为多少、复现次数与学习者词汇习得质量之间是否有线性关系仍各执己见。有的学者认为6次复现可以作为词汇习得的一个临界点；有的研究指出如果词语复现8次或8次以上，学习者可能更快习得；有的认为若学习者在语境中遇到生词10次，那么他/她极有可能习得该词语的多方面知识。根据杨静（2016）对词汇复现率对汉语二语词汇习得的影响的研究，词汇重复出现3次为低复现，5次为中复现，7次为高复现，其观点认为从整体上来看，无论是即时测试还是延后测试，复现率均影响学习者的词汇习得效果。具体而言，高复现条件下词汇整体学习成绩显著优于低复现和中复现条件下的学习成绩，而低复现和中复现条件下的学习成绩差异不显著，这点在学界已成为共识。

在此，根据词汇复现率的算法，即在教材中一个词的词频减去1即其复现率，若统计出一个词的出现频率为n次，那么它的复现率则为$n-1$。[①]统计《基础泰语（2）》中的泰语第一人称代词复现率，发现该教材中常用的第一人称代词**ผม**、**ดิฉัน**、**ฉัน**、**หนู**、**เรา**的复现率较高，有助于学习者掌握这些常用人称代词的多方面知识。男性泰语第一人称代词**ผม**的复现频率达280次，**กระผม**未曾出现，**ข้า**几乎无复现，可以说，该教材凡男性自称都选用**ผม**。**เรา**和**พวกเรา**的复现率和其词频一样相距悬殊。唯有女性泰语第一人称代词各个词之间的出现频率与复现率分布较为均衡，而中性第一人称代词的复现率与其出现频率一样极低。然而，在泰国社会的实际使用中，以小名自称、亲属关系自称等自称方式是生活中的常见现象。

六、《基础泰语（2）》中泰语第一人称代词的习题情况

经反复翻阅该教材每一课的课后习题，发现几乎没有针对泰语第一人称代词使用而设置的习题。可能相对于该教材培养学生运用语言进行交际的能力的目的，泰语第一人称代词只是这个语言交际中的沧海一粟，所以没有专设相应的习题。因尚未见到关于中国学生对泰语第一人称代词（或泰语人称代词）的习得质量研究，与第一人称代词的出现频率和复现率、习题中是否有必要设置相关练习等因素是否有直接相关还是未知数。然而，从多年的泰语教学经验来看，中国学生在课堂对话练习中出现第一

① 倪静怡：《〈体验汉语基础教程〉（泰语版）词汇编排研究》，上海外国语大学，2021年.

人称代词使用错误的不在少数，赴泰留学期间，尤其在与泰国人沟通交流的过程中，出现人称代词使用窘境或甚至因此而无法开启与泰国人进行顺畅沟通的困惑仍占多数。若在学习基础泰语的阶段，教材使用者和学习者能在明确该教材不足之处的基础上进行知识补足完善，将有助于学习者克服此窘境。

七、结语

综上所述，除了不宜列入教材的不雅或不礼貌用词，该教材中泰语第一人称代词数量虽比实际使用的第一人称代词数少，但仍可见泰语第一人称代词的基本全貌。比如，泰语中王语人称代词和佛教用人称代词的选用必须遵循严格的等级原则，远超《基础泰语（2）》的学习者能力范围。该教材中所涉及的人称代词皆为日常生活常用的普通人称代词用语，但教材仍借助课文后注释板块罗列有泰语王语第一人称代词**ฝ่าพระบาท**和**ข้าพระพุทธเจ้า**，即“我”，足见该教材善于借助注释尽可能将包括王语在内的泰语第一人称代词介绍给泰语学习者。该教材的教学对象多为大一学生，考虑到学生的泰语水平还处于基础阶段，语言使用范围还没涉及会议、职场等正式场合，收录中性第一人称代词**กระผม**、**ข้าพเจ้า**时以罗列的形式出现而没有配例句和使用场景情有可原。但教材中第一人称代词的使用也存在一些不足。比如**กระผม**这个表示客气、谦恭、礼貌的男性第一人称代词可以同女性第一人称代词**ดิฉัน**一样出现，并设置相应的例句或使用场景。而且，教材中出现男性泰语第一人称代词的使用频率明显高于女性泰语第一人称代词，男女性特征分明，单复数使用分明，部分人称代词的使用范围比实际的使用范围窄，部分称谓功能未能尽显。如**ฉัน**仅用于女性，未出现男性使用的情况；对于**ฉัน**与**หนู**男女均有使用的实际情况，教材中未提及或加以说明，而将其明确分类于女性第一人称代词范畴。**เรา**男性和女性都可以用，且既可用作复数第一人称（指“我们”），又能用作单数第一人称（指“我”），而教材中仅用作复数第一人称代词。如现实中，泰语以小名自称适用范围广，但教材中仅出现一处以小名自称的情况，且是在课文后的注释例句中，其他小名的出现皆用于指代第二人称等。

此外，教材中第一人称代词的使用场景灵活性不够，也就是说在现实使用中泰语第一人称代词的称谓功能更多样化。教材中多以同学之间、师生之间对话为主，父母之间等亲密关系的对话和正式场合的上下级之间对话较缺乏，故没有出现**เขา/เค้า**用作第一人称的场景（表示恋人、夫妻或亲密好友间的亲密无间，作昵称），也没有出现**กระผม**用作第一人称的场景（以表示下级谦恭有礼或客气的谦称）。海默斯的“言说模型”（Speaking-Model）强调语言使用的语境，侧重于语言使用下潜在的模型或规则，也就是交流能力。在语言的实际使用中，某些表达或许在语法看来是不合理或甚至无法解释的，但它们可能就是社会交流的艺术性结果。因此，教材中适当设置不同性别、年龄、身份、场合的第一人称代词使用，辅以相应习题，使学生能够在不同场合不同情境下学以致用，培养学生运用泰语第一人称代词进行交际的能力，亦是培养语感的关键。

本研究存在一些不足：一是未涉及王室用语和佛教用语的研究；二是《基础泰语（2）》仅是该套泰语教材中的一册，除《基础泰语（1）》主要内容为泰语语音知识外，《基础泰语（3）》和《基础泰语（4）》仍有待进一步研究。或许《基础泰语（2）》中出现的第一人称代词缺漏在其他两册教材中得到填补，尚待进一步研究。

参考文献

程萌子，2021. 汉泰语人称代词计量研究及对泰汉语教学的建议［D］. 杭州：杭州师范大学.

江新，2005. 词的复现率和字的复现率对非汉字圈学生双字词学习的影响［J］. 世界汉语教学（04）：31–38.

李静，2016. 汉泰第一人称代词对比分析研究［J］. 楚雄师范学院学报，31（02）：104–108.

杨静，2016. 复现率对汉语二语词汇知识习得的影响研究［D］. 广州：中山大学.

杨丽周，2008. 汉泰人称代词的称谓功能和语法特征［J］. 云南民族大学学报（哲学社会科学版），25（02）：140–142.

张文杰（Nakarate Kaewwong），2019. 汉泰称谓语及其文化内涵对比研究［D］. 哈尔滨：哈尔滨师范大学.

张煜涵，2018. 汉泰称谓语对比及泰国学生汉语称谓语使用问题研究［D］. 南京：南京大学.

基于连接图式泰语tɔ̀:多义性的认知分析[①]

卢鑫晖　［泰］康浩宇　黄金妹[②]

摘要：泰语tɔ̀:具有多义性，其意义通过原型范畴化，在原型的作用下，形成以原型义为中心向周边延伸的多义辐射范畴。本文利用“连接图式”对泰语tɔ̀:中错综复杂的一词多义现象进行了简单而统一的解释，分析了泰语tɔ̀:原型义、中心义与其他非原型引申义之间存在的特定关系，探究其意义构建的认知理据，以期扩充对泰语基本词汇一词多义现象的认知研究，为其他研究者提供参考。

关键词：连接图式；多义性；意义构建；泰语tɔ̀:

近年来认知语言学的大量实证研究表明，利用意象图式的理论可以对语言中错综复杂的语义现象，尤其是对身体部位词（body part terms）和基本动词（basic verbs）等高频率基本词汇的一词多义（polysemy）现象进行了简单而统一的解释。意象图式规定并制约了人类的理解和推理，有人将其定义为一种认知因素。因此，语言中的意义构建可以从意象图式的角度加以描述和解析。

泰语是孤立语，其绝大多数的单音节词汇具有多义性。近年来，对单音节词汇一词多义现象意义构建过程的认知理据研究虽然有所增加，如Suphachai Tawichai关于lǎŋ（背）[③]，Yao SiQi关于caj（心）[④]，Piyawadee Khamsuwan等人关于taam（跟）[⑤]，

---

① 本研究得到江苏省高校哲学社会科学研究项目一般课题资金资助。项目名称：泰语身体部位词语法化和概念化的认知研究，项目批准号：2023SJYB0691。

② 作者简介：卢鑫晖，男，1995年生，泰国摩诃朱拉隆功大学博士在读，南京工业大学浦江学院讲师，主要研究方向：认知语言学、泰语教学。［泰］康浩宇（Khumsat Teavakorn），博士，泰国正大管理学院讲师，南京工业大学浦江学院外籍教师，主要研究方向：泰国民俗。黄金妹，硕士，南京工业大学浦江学院助教，主要研究方向：泰国文学。

③ Suphachai Tawichai：“Spatial Concepts in Thai：A Case Study of /lang/ in the Pantip.com Website”，Journal of Humanities and Social Sciences，2014，Issue 6，pp.130–148.

④ Yao SiQi：“Conceptual metaphor ‘Heart is an object’ in Thai in comparison with Mandarin Chinese”，*Thammasat journal*，2021，Issue 40，pp.24–52.

⑤ Piyawadee Khamsuwan，Kachen Tansiri，Umaporn Sungkaman：“A Study of /taam/ in Thai”，*VANNAVIDAS*，2019，Issue 19，pp.179－207.

Lu XinHui、Park Kyung Eun关于kin（吃）[①]与hǔa（头）[②]、Somravee Somphetch关于kàt（咬）[③]、Virakan Srivimol等人关于kʰɯ̂n（上）[④]、卢鑫晖等人关于hâj（给、给予）与dâj（取得、获得）[⑤]的研究，但仍然有大量的高频率基本词汇（high-frequency words）有待进一步研究。为了进一步扩充泰语基本词汇多义性意义构建过程中的认知研究，本文将在上述研究的基础上，通过分析泰语tɔ̀ː的一词多义现象，来考察泰国人基于"连接图式"（link schema）进行意义构建的概念化方式。

一、意象图式与概念化

意象图式是人们从与外部世界的多次互动经验中抽象出来并运用于类似经验的一个具有高度组织的概念结构，如容器图式是由内部、外部和边界组成的容器概念，路径图式则体现为由一点到另一点的路线。意象图式在认知语言学中是重要的认知模式，它是在人的身体与外界互动过程中形成的人类基本的认知结构，是连接感知与理性的桥梁。以"平衡图式"为例，泰勒使用"范畴三角形"来解释意象图式和隐喻之间的关系（见图1）。

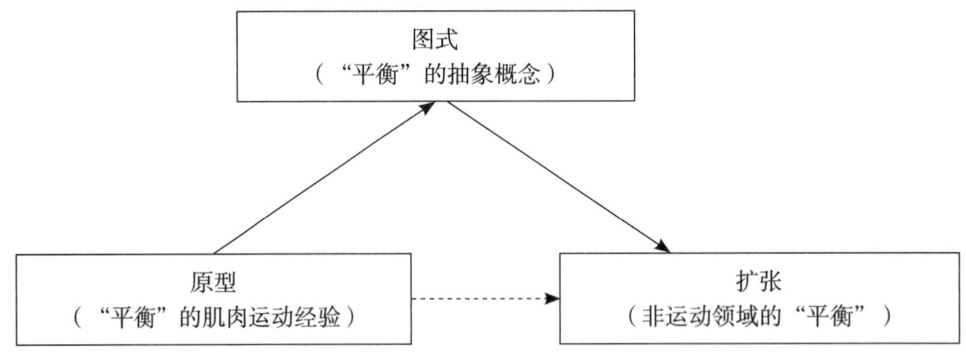

图1　平衡图式的范畴三角形[⑥]

如图1所示，"原型"是三角形的"输入端"，源于人类通过肌肉运动而获得的直

① Lu XinHui，Park Kyung Eun："A Cognitive Linguistic Study on the Polysemous Verb KIN（'to eat'）in Thai"，*Journal of Korean Association of Thai Studies*，2019，Issue 25，pp.31–63.

② Lu XinHui，Park Kyung Eun："A Cognitive Linguistic Study on Polysemy of Body Part Term /ha/（'head'）in Thai"，*Southeast Asia Journal*，2019，Issue 28，pp.71–122.

③ Somravee Somphetch："The Semantic Extension of /kàt/ in Thai：A Cognitive Semantic Study"，*Thai Language and Literature*，2020，Issue 37，pp.1–36.

④ Virakan Srivimol，Kachen Tansiri，Natchanan Natpratan："Semantic Properties of the Polysemous Word，/khɨn3/'ascend'，in Thai"，*Journal of Liberal Arts Thammasat University*，2023，Issue 23，pp.521–545.

⑤ 卢鑫晖，刘艳，Teavakorn Khumsat：《泰语hj+Adj.与dj+Adj.意义的认知解释》，载《东方语言文化论丛论文集》，2023年第41期，第32–43页。

⑥ John R. Taylor："Cognitive Grammar"，Oxford University Press，2002，pp.519–523.

接物理体验。平衡概念的“原型”是人通过身体进行肌肉运动的体验，主要通过人保持直立姿势的体验而形成，如儿童在站立、摇摇晃晃、跌倒的过程中保持平衡的直立姿势。平衡体验在日常生活中极其普遍，以至于我们几乎意识不到它的存在。因此，平衡的概念就不是通过理解规则而获得的，而是通过体验获得的。由于“原型”和其他重复经验之间的相似性，人类形成了概念的图式表征，即意象图式。意象图式将不同的经验结合到同一概念中，通过反复的平衡与不平衡的体验，构建了平衡的抽象概念。这样形成的图式概念通过隐喻机制延伸到非身体、非肌肉的运动领域，成为隐喻思维的基础，可以构建许多抽象领域的概念，即平衡概念通过隐喻映射（metaphorical mapping）扩展到非肌肉运动和非身体概念域。[①]

二、连接图式

意象图式实际上就是人对客观世界进行感知，然后在大脑中形成的一种具有空间运动关系的图式，包括容器、路径、连接、上-下、远-近、部分-整体、中央-边缘等[②]，它们的结合可构成更为复杂的意象图式。其中，连接图式是约翰逊等认知语言学家提出的一种实用的意象图式，涉及两个或多个实体通过某种形式的连接装置相互连接[③]。从体验来说，人类出生时由脐带与母体相连。在婴幼儿期，儿童常由父母牵引或抓住父母衣角来固定自己的位置。为使两个物体相连，人们会使用绳子之类的连接物。在儿童教育中，常见的一种练习是连线练习，要求孩子们通过画线的方式将左右两侧相关联的项目连接起来，这不仅是一个简单的练习，而且反映了人类倾向于将相关事物归为一组的基本心理过程[④]。在日常生活中，人们通过将外观相似或者功能相关的物品归类，通过分类来整理和使用物品，体验连接的过程，这揭示了连接图式在人们生活中的普遍应用和重要性。人们通过反复的体验，构建了连接的抽象概念，可以用如图2所示的连接图式来表示。

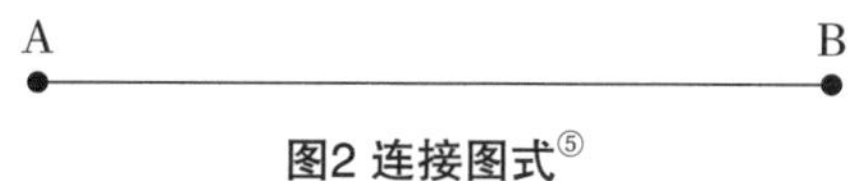

图2 连接图式[⑤]

连接与路径的意象图式虽用于不同的解释，但是它们在基本概念上属于相同的概

① Lim Ji Ryong. “Exploration of Semantics in Cognitive Linguistics”，Korean Literature Inc.，2008，p.80.

② Guan Guiyun，“On the Application of Image Scheme Theory to the English Vocabulary Teaching”，Proceedings of the International Conference on Mental Health and Humanities Education，2020，p.130.

③ Lim Ji Ryong，Lim Hye won，“The Link Schema and Its Metaphoric Extension”，*HANGUL*，Issue 276，2007，p.112.

④ Lim Ji Ryong，Lim Hye won，“The Link Schema and Its Metaphoric Extension”，*HANGUL*，Issue 276，2007，p.113.

⑤ Lim Ji Ryong，Lim Hye won，“The Link Schema and Its Metaphoric Extension”，*HANGUL*，2007，Issue 276，p.113.

念。因为连接必须有一条相连的路径，无论是实体的相连或是映像的隐喻概念，都必须经由路径的结合。因此，路径可以包括连接的意象图式。[①]

三、泰语tɔ̀ː的多义性及其原型图式

意义是人们对世界进行概念化的认知过程和结果，亦是以物理体现、社会、文化为基础的人类心智活动的过程和结果。[②]意义不仅仅是客观的真值条件，确切地说，应是客观现实和主观认识的结合。[③]意义结构直接反映概念结构[④]，而概念结构是人对事件的基本认知模式的体现，意义构建过程即是概念化过程。同时，概念化又是具有文化和民族特点的认知行为。对于同样的现实现象，不同的民族由于采用不同的认知视点，就会用不同的方式来概念化。[⑤]因此，对泰语tɔ̀ː一词多义现象中“原型义”与“其他非原型引申义”之间意义关系构建过程的认知理据（motivation）和机制解读，可以阐释泰语tɔ̀ː意义构建过程或者泰民族基于“连接图式”概念构建的过程及其特殊性。通过对泰国皇家学术院大辞典[⑥]以及朱拉隆功大学泰国国家泰语语料库（Thai National Corpus）[⑦]中关于泰语tɔ̀ː的解释和语料分析发现，泰语tɔ̀ː具有多义性、多功能性，作动词，表“连接”“延伸”；作介词，表“向/对”“分配”；作连词，可表“让步”“条件”等，具体分析如下。

（一）动词表连接

将具有相似属性且处于分离或离散状态的两个或两个以上实体通过某种方式连接在一起，构成一个整体。

（1）*tɔ̀ː*　lèk　sɔ̌ːŋ　tʰɔ̂ːn　hâj　tìt　kan
　　接　铁　两　块　让　粘　一起
　　将两块铁接在一起。

① 廖香兰：《现代汉语“了”的认知研究》，台湾师范大学华文教学研究所硕士学位论文，2009年，第28页。

② Ronald Langacker：“Foundations of Cognitive Grammar Vol.II：Descriptive Application”，Stanford University Press，1991，pp.5–27.

③ 沈家煊：《“在”字句和“给”字句》，载《中国语文》，1999年第2期，第94–102页。

④ Vyvyan Evans，Melanie Green：“Cognitive linguistics：An introduction”，Edinburgh University Press，2006，p.158.

⑤ 石毓智：《语法的概念基础》，上海外语教育出版社，2006年，第164页。

⑥ 语料来源：https：//dictionary.orst.go.th/。检索日期：2024年1月15日。

⑦ 语料来源：https：//www.arts.chula.ac.th/ling/tnc/searchtnc/。检索日期：2024年1月16日。

（2）kràʔdù:k　tɔ̀:　kan　sàʔnt
骨头　接　一起　紧密
骨头紧密相连。

（3）tɔ̀:　kroŋ
接　笼子
搭笼子

（4）tɔ̀:　rɯa
接　船
造船

例（1）和例（2）表示将处于分离状态的两个具有相似属性的实体（如铁块、骨头）通过焊接、黏合等方式进行物理上的连接。例（3）和例（4）表示将多个处于离散状态的实体或构建物体时的结构部件（如竹条、造船零件）进行连接组装，强调通过某种方式，建立离散物理实体之间的连接关系，使离散的各个部分结合成为一个完整体。

（二）动词→延伸

1. 物理经验范畴“延伸”

在已有物理实体的基础上，通过与其他具有相似属性的物理实体“再连接”，使“完整体”的数量、长度、面积等得以增加、延长或延伸。

（5）tɔ̀:　tɕʰɯ̂ak
再连接→延长　绳索
连接绳索。（在“绳索”固有长度上延长）

（6）ʔaw　tû:　rót faj　ma:　tɔ̀:　kan
拿　箱　火车　趋向　再连接→增加　一起
增加火车车厢。（在“火车车厢”固有数量上增加）

（7）tɔ̀:　tɕʰa:n bâ:n
再连接→延伸　露台
搭建露台。（在“家”固有面积上向外延伸）

例（5）、例（6）和例（7）均表示在已有物理实体的基础上，通过与其他物理实体之间的“再连接”，使绳索、车厢以及家的长度、数量、面积得以延长、增加或延伸，形成了具有更长且连续的序列物理实体。

2. 非物理经验范畴“延伸”

除了物理经验，亦可以用来表达其他非物理经验范畴，如时间、期限、动作或行为等，如下例所示。

（8）tɔ̀ː　we: la:　ʔɔ̀ːk　paj
　　延长　时间　趋向　趋向
　　延长时间。

（9）tɔ̀ː　nǎŋsɯ̌ː　sǎnja:
　　延长　书　合同
　　延长合同（期限）。

如上，例（8）表示在已有的时间基础上，延长时间；例（9）表示在原有合同期限的基础上，延长合同期限。

值得注意的是，泰语tɔ̀ː在连动结构（serial verb construction）中，V/VP+tɔ̀ː修饰前面的V/VP，表示V/VP所指动作或行为持续，意为“继续做某事”。

（10）pʰǒm　jâːk　riːan　tɔ̀ː　pà rin ja: tʰo:
　　我　想　学习　继续　硕士
　　我想继续读研。

综上所述，泰语tɔ̀ː作动词，表“连接”“延伸”，包括分离或离散的物理实体之间连接整合以及原有状态通过“再连接”的增加或延伸等。除了表达物理经验概念，亦可用于表达时间或行为等非物理经验概念。其中，表物理经验的“连接”义是泰语tɔ̀ː的原型义（prototype meaning），强调最少两个实体之间通过某种特定方式或途径构建的连接关系。而表物理经验的“延伸”义是相对靠近原型的中心义（central meaning），从体验来讲，“连接”必然先于“延伸”，“延伸”则基于“再连接”而形成的，涉及两个以上实体之间的连接关系构建。泰语tɔ̀ː原型义可以用图3来表示。

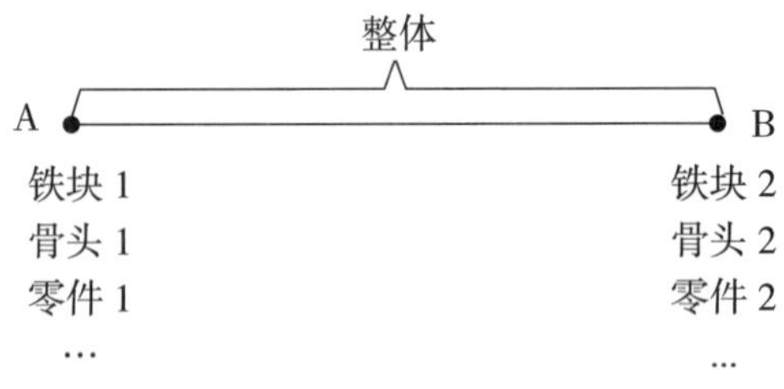

图3　泰语tɔ̀ː的原型连接图式

（三）介词表向/对

泰语tɔ̀ː在N1+V/VP+tɔ̀ː：+N2的句法结构中被重新分析为介词，从而获得了一种新的句法结构，泰语tɔ̀ː的“连接”义高度图式化，构建由V/VP作为“连接装置”连接N1

与N2的语言结构，强调了N1的行为或动作（V/VP）的目标对象（N2），其方向性或目标性突出。

（11）jɯ̂ːn　tɔ̀ː　ʔam pʰɤː
提交　向　区县
提交给县

（12）dèk　pʰûː tɕʰaːj　mâj　sùʔpʰâːp　tɔ̀ː　pʰûːjàj
孩子　男性　否定　礼貌　对　长辈
男孩对长辈不礼貌。

（四）介词表分配

泰语tɔ̀ː在 V/VP+QP（QW+class$_{.1}$）+tɔ̀ː：+（Class$_{.2}$）的句法结构中，指动作或行为（V/VP）的特定属性（QW+class$_{.1}$）被均等地分配给每一个实体（Class$_{.2}$）上，通过tɔ̀ː与每一个实体构建连接关系，引申出“每个”“逐个”的分配含义。

（13）kʰǎw　rian　pʰaː sǎː tʰaj　sǎːm　tɕʰûa moːŋ　tɔ̀ː　wan
他　学习　泰语　三　小时　每　天
他每天学三小时泰语。

（五）泰语tɔ̀ː与hâj构成tɔ̀ːhâj作为连词表让步

泰语tɔ̀ː与hâj构成tɔ̀ːhâj作为连词，在tɔ̀ː hâj+事件1 kɔ̂ʔ+事件2的复合句结构中，事件2所指代的某个特定行为或动作是事件发生的必要条件。

（14）tɔ̀ː haĵ　pen　tʰeːwʔdaː　kɔ̂ʔ　mâj　sǎːmːt　hâːm　hâj
连词　是　天使　也　否定　助动词　禁止　使役
kʰon　kʰáː　jaːsèːptìt　dâj
人　买卖　毒品　助动词
即使你是天使，你也无法阻止人们贩卖毒品。

（六）泰语tɔ̀ː与mɯ̂a构成tɔ̀：mɯ̂a作为连词表必要条件

泰语tɔ̀ː与mɯ̂a构成tɔ̀：mɯ̂a作为连词，在事件1+tɔ̀：mɯ̂a+事件2的复合句结构中，用于强调事件2所指代的内容是某个特定行为和动作，事件1发生的必要条件。

（15）tɕʰǎn	tɕaʔ̀	ʔaʔ̀ pʰaj	kʰǎw	*tɔ̀ːmûa*	kʰǎw	jɔːmráp	pʰìt
我	助动词	原谅	他	连词	他	承认	错

只有他承认错我，我才会原谅他。

泰语tɔ̀ː具有多义性，其意义通过原型范畴化（prototype-based categorization）[①]，在原型作用（prototype effects）下，形成辐射范畴（radial category）。泰语tɔ̀ː的原型义（将具有相似属性且处于分离或离散状态的两个或两个以上实体通过某种方式连接在一起构成一个整体）和中心义（在已有物理实体的基础上，通过与其他具有相似属性的物理实体"再连接"使"完整体"的数量、长度、面积等得以增加、延长或延伸）与其他非原型引申义（non-prototypical extended meaning如时间、动作或行为的持续、向/对、分配、让步、条件等）之间是否存在某种特定关系呢？泰国人又如何通过"连接图式"构建意义之间的联系？

四、泰语tɔ̀ː连接图式的转变→再连接图式

意象图式之间存在着某些非常自然的关系，这些关系促生了大量多义现象，这种关系被称为意象图式转换（Image-schema transformation）[②]。图式转换成为一种非常自然的语义扩张原则，可以用来解释词义的衍生。意象图式的转换绝不是任意的，它是我们的感觉、动觉和空间经验的直接反映，体现了人们在心理空间中操纵抽象结构的能力。如此，一词多义现象大致可以由图式间的相似性联系和不同形象图式间的转换联系促发而成。对泰语tɔ̀ː的一词多义现象分析发现，泰语tɔ̀ː除了原型图式，还具备其他相似的靠近原型图式的中心图式，如图4所示。

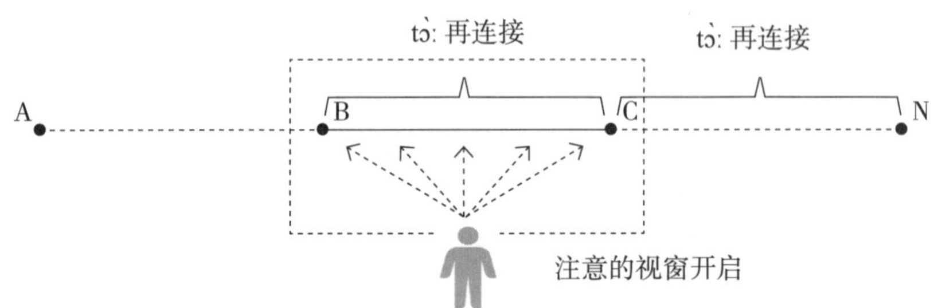

图4　泰语tɔ̀ː 的再连接图式

连接的体验认知具有可续性，在A和B构建连接关系的基础上，又与其他实体C"再连接"，构建了"持续"的连接关系，并会持续发生延绵不断的连接，构成了

① George Lakoff："Cognitive models and prototype theory"，*Concepts and conceptual development: Ecological and intellectual factors in categorization*，Cambridge University Press，1987，pp.63–100.

② George Lakoff："Cognitive models and prototype theory"，*Concepts and conceptual development: Ecological and intellectual factors in categorization*，Cambridge University Press，1987，pp.63–100.

A–B–C...N的连锁连接链，如身体的骨架结构是离散的多个骨块通过关节连接形成的。连接图式在空间上具有动态性和可续性。人们对一个动态的连接场景进行概念化识解时，会选择不同的注意的视窗开启（windowing of attention）模式，也就是说，所指场景的一个或多个部分会被置于注意的前景位置并给予最大的关注，而余下的场景被置于背景位置[①]，以此来构建不同的概念。如图4所示，当人们在连接场景中，A–B之间的连接关系被置于背景，而将“再连接”的B–C段被置于前景，从而引申出“在已有物理实体的基础上，通过与其他具有相似属性的物理实体‘再连接’致使‘完整体’的数量、长度、面积等得以增加、延长或延伸”的概念，这属于靠近原型的中心义。

（16）ʔaw　tûː　rót faj　maː　*tɔ̀ː*　kan
拿　箱　火车　趋向　接　副词
增加火车车厢。

（17）tɕʰûaj　*tɔ̀ː*　tʰɛ̌ːw　dûaj
帮助　排　对　又、再
麻烦排下队。

（18）kʰǎw　ʔaw　tɕʰɯ̂ak　lǎːj lǎːj　sên　*tɔ̀ː*　kan　tʰam
他　拿　绳子　很多　线　接　一起　做
raːw　tàːk　pʰâː
杆子　晒　衣
他把很多条绳子接在一起用来晾衣服。

例（16）在已有物理实体的火车车厢的基础上，通过“再连接”，使车厢形成了一个连续的序列或链条，车厢数量增加的同时长度得以延长。例（17）在已有队伍的基础上，通过“再连接”，形成了一个连续的队伍序列，人数增加的同时长度得以延长。例（18）在已有的基础上，通过“再连接”，使绳子的长度得以延长。

上述图式可以将感知和运动知识隐喻映射到高度抽象的领域。图式约束隐喻映射，以保证源域的拓扑结构与目标域的内部结构一致。隐喻保留了推理结构，而抽象推理是空间推理的隐喻版本，空间推理是图式的拓扑结构所固有的。从这个角度来看，不变性原理突出作为信息流的控制工具，因此在可能的对应关系上，可以在从一个域到另一个域的隐喻映射过程中转移。

五、泰语tɔ̀ː：意义构建的认知过程

约翰逊进一步指出，人们不仅理解物理世界中的连接，还可以扩展到对其他更抽

① Leonard Talmy：*Toward a cognitive semantic. Typology and process in concept structuring*，MIT Press，2002，pp.235–286.

象概念的理解上，为我们理解抽象的经验和概念提供了结构。通过将这些物理连接的经验投射到更广泛的概念上，人们不仅能够理解物理世界的联系，还能够构建复杂的抽象思维。这种能力是人类理解和创造意义的核心机制之一。此外，隐喻的介入使得原本基于身体经验的连接图式得以转化和应用于抽象思维中，从而丰富和扩展了我们对世界的理解，强调了身体经验在构建知识和理解世界中的基础性作用。

（一）V/VP+tɔ̀:表动作或行为持续

一个完整的动作或行为（V/VP）由“开始（A）”和“结束（B）”两个时间节点连接构成，限定了动作或行为发生的时间范围。在时间范围内，动作或行为持续发生，当动作或行为与时间范围的边缘，即“结束（B）”重合时，动作或行为终止，形成了完整的“开始—结束”连接关系。在此基础上，又通过与其他时间节点（C）的“再连接”，构建A-B-C的连接关系链，致使动作或行为持续发生直到与时间节点（C）重合，即尚未达到的结束时间点。基于再连接图式（图4），物理经验上的再连接映射到非物理经验，构建了动作或行为持续的概念，并在语言表征结构上得以体现，意为继续或接着做某事。如图5所示。

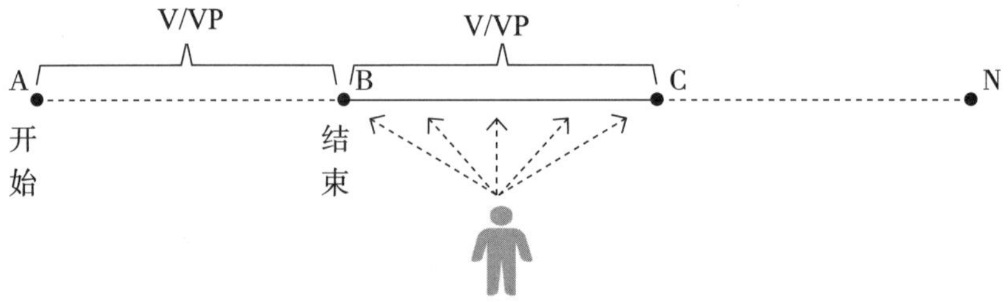

图5 V/VP+tɔ̀: 动作或行为持续图式

（19）rɤ̂:m ʔà raj lɛ́:w tɔ̂:ŋ tʰam *tɔ̀:* hâj sèt
开始 什么 了 必须 做 继续 使役 完
已经开始了，必须继续完成。

（20）pʰǒm jâ:k rian *tɔ̀:* pàʔrinja:tʰo:
我 想 学习 继续 硕士
我想继续读硕士。

如例（19）和例（20）所示，泰语tɔ̀:置于动词tʰam（做）和rian（学习）后构成体貌连动结构（aspectual serial verb）①，即V/VP+tɔ̀:，作为V2，其语义泛化，表V/VP所指动作或行为的持续状态（Continuative Aspect）。

① Kingkarn Thepkanjana：Serial verb constructions in Thai，University of Michigan，1986，pp.131-190.

（二）tɔ̀:+ N_{time}表时间的延长

针对泰语tɔ̀:构建时间概念域的认知，首先，泰国人会将某个时间范围理解为一个完整的实体，由两个时间节点相互连接，构成“过去—现在”连接关系，在已有时间连接关系的基础上，又与另一个时间节点“再连接”，构成“过去—现在—未来”时间连接关系链，使非物理经验的时间长度增加，引申出了“向未来延长时间、期限”的意义，形成了类似tɔ̀: we: la: ʔɔ̀:k paj（延长时间）、tɔ̀: ʔa:júʔ（延长期限）的语言表征结构。基于再连接图式（图4），物理经验上“再连接”映射到“时间或期限延长”的抽象经验上，如图6所示。

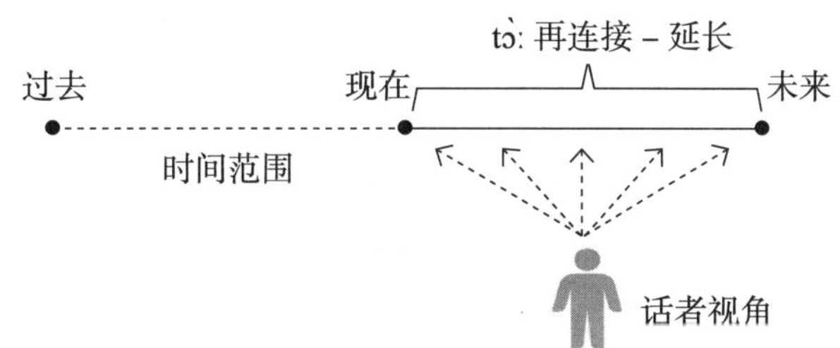

图6　时间延长的图式

（三）N_{time}+ tɔ̀:+ ma:/N_{time}+ tɔ̀:+ paj→时间次序

同样基于再连接图式（图4），在实体A和实体B构建连接关系的基础上，又与其他实体“再连接”，构建了连锁的连接关系，并会持续发生延绵不断的连接，构成了A–B–C…N连锁连接链，当物理上的连锁连接链映射至抽象的时间概念域，形成了由多个时间节点相互连接的时间轴（temporal line），每个时间节点之间构成的“时间节点1—时间节点2”连接关系链，并通过“再连接”持续与其他时间节点构建连接关系，每条关系链以年、月、日等具有明确起始关系的单位计算，如图7所示。

时间节点 1　　　　时间节点 2　　　　时间节点 3

图7　N_{time}+ tɔ̀:+ ma:/N_{time}+ tɔ̀:+ paj时间持续图式

但是话者前景–背景视角逆转（figure-ground reversal）会导致两种不同的概念化途径，并通过N_{time}+ tɔ̀:+ ma:和N_{time}+ tɔ̀:+ paj的语言表征结构得以体现。

N_{time}+ tɔ̀:+ ma:

（21）wan　　*tɔ̀:*　　ma:

天　　接　　趋向

第二天、次日

（22）pi： tɔ̀ː maː
年 接 趋向
第二年、次年

（23）tʰamŋaːn wanrɛ̂ːk duː kʰɛ̌ŋ kʰǎn diː wan tɔ̀ː maː duː nɯaj
工作 第一天 看 不错 第二天 看 平淡
loŋ paj
趋向 趋向
第一天的工作看起来不错，第二天的日子显得平淡无奇。

如图8所示，N_{time}+ tɔ̀ː+ maː的情况，在已有时间连接关系（过去$_1$—过去$_2$），即过去的时间的基础上，通过“再连接”构建“过去$_1$–过去$_2$”和话者说话的时间节点的“现在”时间连接关系（过去$_1$—过去$_2$—现在）。在按顺序排列的时间轴上，“过去$_2$—现在”处在“过去$_1$—过去$_2$”之后，此时，话者将“过去$_2$—现在”至于前景，给予最大的注意，并上一段“过去$_1$—过去$_2$”至于背景，引申出“第二天/次日、第二年/次年”的含义，强调从过去到现在的时间范围。

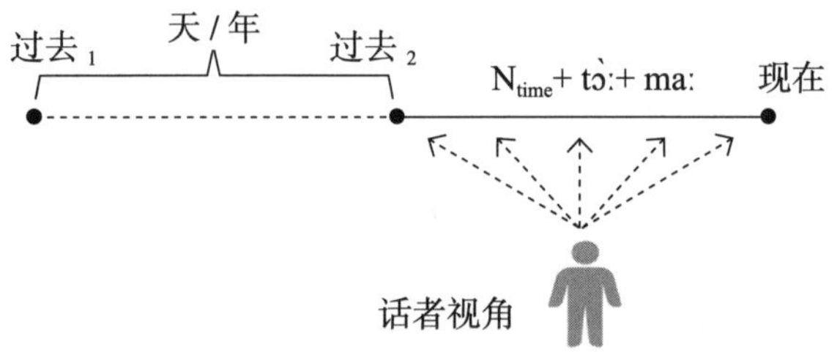

图8 N_{time}+ tɔ̀ː+ maː时间图式

N_{time}+ tɔ̀ː+ paj

（24）wan tɔ̀ː paj
天 接 趋向
第二天、次日

（25）pi： tɔ̀ː paj
年 接 趋向
第二年、次年

如图9所示，N_{time}+ tɔ̀ː+ paj的情况在已有时间连接关系（过去$_2$—现在），即过去的时间的基础上，通过“再连接”构建“过去$_2$—现在”和“未来”时间连接关系（过去$_2$—现在—未来）。在按顺序排列的时间轴上，“过去$_2$—现在”处在“现在—未来”之前，此时，话者将“现在—未来”至于前景，给予最大的注意，并上一段“过去$_1$—现在”至于背景，引申出“第二天/次日、第二年/次年”的含义，但与N_{time}+ tɔ̀ː+ maː不同，强调从现在到未来的时间范围。

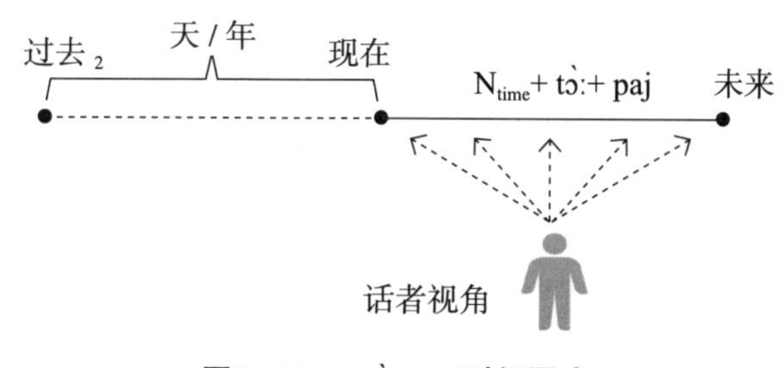

图9 N_{time}+ tɔ̀:+ paj时间图式

（四）V/VP+QP（QW+class.1）+tɔ̀: +class.2 表分配

在连续排列的连接关系上有多个连接点，每个连接点都具备同等的属性，比如时间点的持续排序，序列上的时间点具有特定的属性，由于属性相关或相同，产生了连接关系。在连接关系中，个体将注意力分散至每个连接点上，将其置于前景，而忽略连接点与连接点之间的连接关系，将其置于背景，类似将每个连接关系进行心理切割，引申出“每个”“逐个”的分配含义。在V/VP+ QP（QW+class.1）+tɔ̀:+class.2的结构中，由class.2排序构成的连锁关系链，形成了一条class.2– class.2–class.2... class.2构成的关系链，且具备同等的属性（V/VP+QP），指动作或行为（V/VP）的特定属性（QW+class.1）被均等地分配给每一个物理或非物理实体，并通过class.2来表达实体概念，引申出“每个”“逐个”的含义，如图10所示。

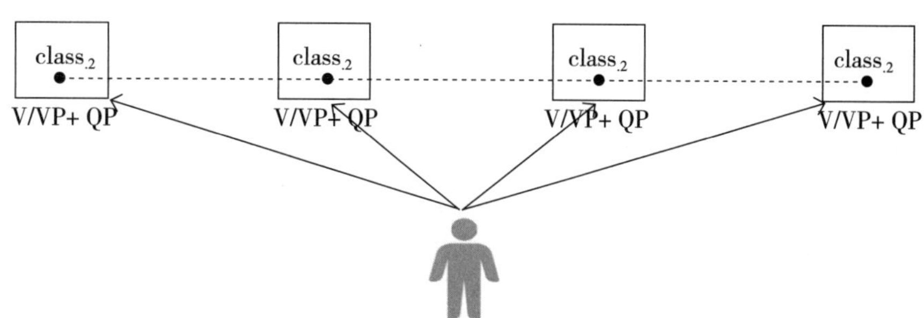

图10 V/VP+ QP（QW+class.1）+tɔ̀:+class.2分配图式

（26）*tɔ̀:* wan
每 天
每天

（27）*tɔ̀:* khon
每 人
每人

（28）tɔ̀:　　khrŋ
每　　次
每次

（29）tɔ̀:　　ha
每　　头
每人

（30）kʰǎw　　rian　　pʰa: sǎ: tʰaj　　sǎ:m　　tɕʰûa mo:ŋ　　tɔ̀:　　wan
他　　学习　　泰语　　三　　小时　　每　　天
他每天学三小时泰语。

（31）kʰǎw　　paj　　pràʔ tʰê:t tʰaj　　sì:　　khráŋ　　tɔ̀:　　pi:
他　　去　　泰国　　四　　次　　每　　年
他每年去泰国四次。

如例（30）和例（31）所示，在年$_1$—年$_2$—年$_3$……年N以及天$_1$—天$_2$—天$_3$……天$_N$的连接关系上，年$_{1-N}$和天$_{1-N}$都具备同等的属性，即例（30）V/VP+数量短语=学习泰语+三个小时、例（31）V/VP+数量短语=去泰国+四次，在概念化过程，个体将注意力分散到每一个“年”和“天”节点上，忽视了连接关系，构建了“每年去四次泰国”和“每年学习三个小时泰语”的含义。

（五）N1+V/VP+tɔ̀: +N2中介词 tɔ̀: 表向/对

1. 对目标的动态认知

在概念化过程中，两个实体之间连接是一个动态的过程，一个实体至另一个实体连接关系的构建实则是tr向lm的位移靠拢。人们对连接关系中两个连接点（tr–lm）之间通过V/VP构建连接关系的过程，实质上是个体对tr向lm的位移途径进行心理扫描的过程，最终将注意力置于目标节点（lm）上，将tr向lm位移构建连接关系的途径和lm前景化，将tr置于背景，形成了对目标对象的动态认知（图11），强调N1所做之行为或者动作（V/VP）的目标对象，其方向性或目标性突出。

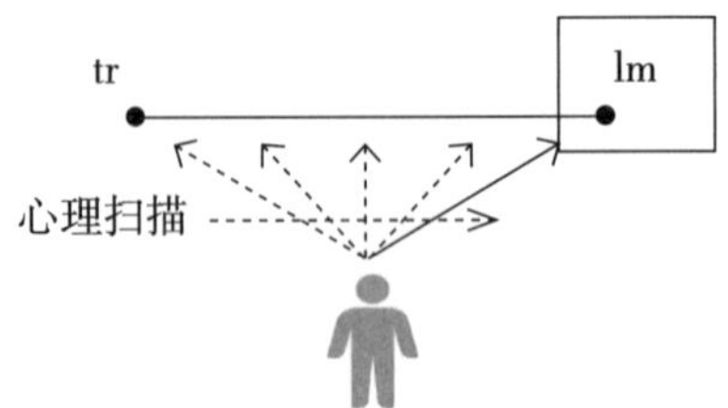

图11　对目标的动态认知图式

（32）kʰǎw　　jɯ̂:n　　nǎŋ sɯ̌: tɔ̀:　　na:j ʔam pʰɤ:　　pen ka:n sùan tua
他　　提交　　文件　　向　　县长/区长　　私人
他亲自将这文件提交给县长。

例（32）中他（tr）与县长（lm）通过VP（jɯ̂ːn nǎŋ sɯ̌ː“提交文件”）构建连接关系，他（tr）向县长（lm）位移靠拢过程中，概念化主体的对V/VP构建连接关系链和县长（lm）进行视窗开启，给予最大的注意，强调VP（jɯ̂ːn nǎŋ sɯ̌ː“提交文件”）的目标对象的方向性。

2. 对目标的静态认知

当tr为了与lm构建连接关系，向lm位移完成连接后，tr与lm构建了完整的连接关系结构，处于静止状态，人们对A至B的整个连接关系进行心理扫描，将注意力置于整个关系连接上，形成对目标对象的静态认知（图12）。

（33）dèk　phûː tɕhaːj　mâj　sùʔ phâːp　tɔ̀ː　phûː jàj
孩子　男性　否定　礼貌　对　长辈
男孩对长辈不礼貌。

（34）kaːn　sùːp　bùʔ rìː　pen ʔantʔraːj　tɔ̀ː　sùk kʔ phâːp
名词化前缀　吸　烟　危险　对　健康
吸烟对健康有危险

例（33）中，具备不礼貌属性的男孩（tr）与长辈（lm）之间构建连接关系；例（34）中，具有危险属性抽烟行为（tr）与健康（lm）之间构建连接关系。通过V/VP将tr和lm进行连接，tr（男孩/抽烟）逐渐向lm（长辈/抽烟）位移靠拢，对lm产生影响，并完成tr与lm 的关系构建，概念化主体对上述完整的关系结构进行静态认知，可以用图12表示。

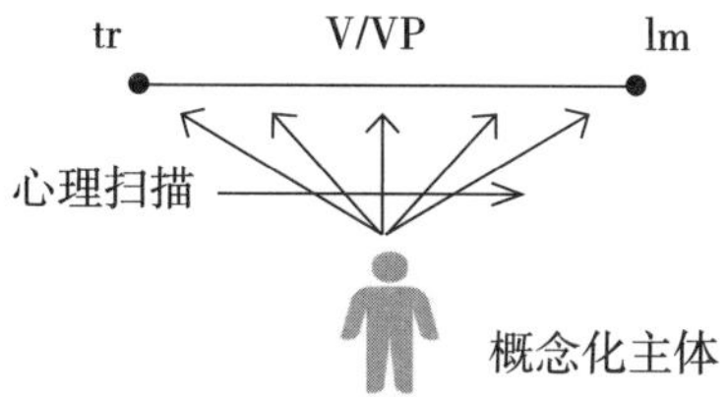

图12　对目标的静态认知图式

（五）tɔ̀ː hâj+事件1 +kɔ̂ː+事件2中tɔ̀ː hâj表让步

事件1尝试通过tɔ̀ː hâj与事件2构建连接关系，并尝试对事件2的发生产生反制作用。基于泰尔米的“变动的力动态模式”[①]，事件2属于强实体，内在存在的力量较强（+）促使其趋于发生（＞），而尝试与事件2构建连接关系的事件1属于弱实体（－）

① Leonard Talmy：*Toward a cognitive semantic. Typology and process in concept structuring*，MIT Press，2002，pp.235-286.

力量小于事件2的力量，无法阻碍事件1的发生，因此，事件1与事件2无法构建连接关系，也无法对事件2产生影响，构建“让步”概念，如图13所示。

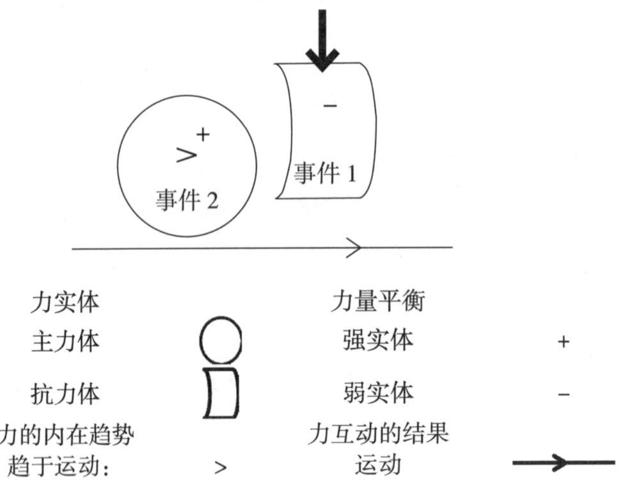

图13 tɔ̀: hâj“让步”的意义构建的力动态图式①

（35）*tɔ̀:* haĵ　pen　tʰe:wʔda:　kɔ̂:　mâj　sǎ:m:t　hâ:m　hâj
连词　你　天使　也　否定　助动词　禁止　使役
kʰon　kʰá:　ja:sè:ptìt　dâj
人　买卖　毒品　助动词
即使你是天使，你也无法阻止人们贩卖毒品。

（36）*tɔ̀:* haĵ　j:　kʰâ:ŋ　tɕʰǎn　tʰɤ:　kɔ̂:　kʰoŋ　kʰít tʰɯ̌ŋ
连词　在　边　我　你　连词　仍然　想
kʰɛ̂:　kʰǎw
仅　他
即使你是在我身边，你仍然只会想他。

例（35）和例（36）中，事件1（你是天使/在我身边）尝试通过tɔ̀:hj与事件2（阻止人们贩毒/想他）构建关系，并制约事件2的发生，但是事件1没有制约事件2发生足够的力量，致使事件2得以发生。

（六）事件1+tɔ̀: mûa+事件2中tɔ̀: mûa→条件

事件2是事件1发生的必要条件，限制了事件1的发生，两个事件之间通过连词tɔ̀:

① 力动态概念是认知语义学中的一个语义范畴，最早由认知语言学家泰尔米提出。力动态模型的构成要素，主要包括：力实体、力量平衡、力的内在趋势及力互动的结果。

mɯ̂a构建连接关系，相互影响、相互制约。基于泰尔米的“变动的力动态模式”①，事件1趋于运动（>）倾向于发生，但是属于弱实体（-），力量小于强实体（+）的事件2，事件1发生倾向因此受到阻碍。因此，事件1受限于事件2，事件1发生必须与事件2切断由连词tɔ̀：mûa构建的连接关系。当事件1与事件2断开连接，事件2突然消失，致使事件1从静止状态转变为运动状态，便可发生，如图14所示。

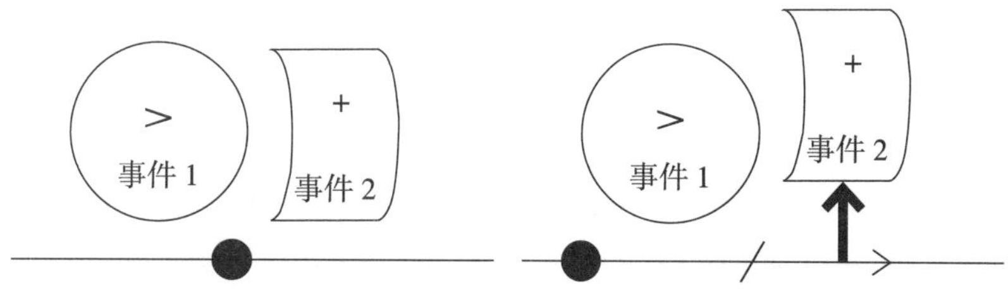

图14　tɔ̀：mûa“条件”的意义构建的力动态图式

（37）tɕʰăn　tɕàʔ　ʔàʔ pʰaj　kʰăw　*tɔ̀:*mûa　kʰăw　jɔ:mráp　pʰìt
　　　我　助动词　原谅　礼貌　连词　他　承认　错
　　　只有他承认错我，我才会原谅他。

（38）dèk　tɕàʔ　kin kʰâ:w　dâj　*tɔ̀:*mûa　lá:ŋmɯ:　rîap rɔ́:j　lɛ́:w
　　　孩子　助动词　吃饭　助动词　连词　洗手　完全　助动词
　　　只有洗好手，孩子才能吃饭。

例（37）和例（38）中，事件2（承认错误/洗完手）是事件1（原谅/吃饭）的必要条件，通过连词tɔ̀: mûa构建连接关系。

四、结论

本文围绕泰语tɔ̀:的多义性和各义项意义构建认知过程展开了探讨。泰语tɔ̀:在“将具有相似属性且处于分离或离散状态的两个或两个以上实体通过某种方式接在一起构成一个整体”的原型义以及“在已有物理实体的基础上，通过与其他具有相似属性的物理实体‘再连接’致使‘完整体’的数量、长度、面积等得以增加、延长或延伸”的中心义的基础上，基于连接图式、再连接图式和力动态模型，解释“V/VP+tɔ̀: 表动作或行为持续”“tɔ̀:+ N_{time}表延长时间”“N_{time}+ tɔ̀:+ ma:/N_{time}+ tɔ̀:+ paj表时间次序”“V/VP+QP+tɔ̀：+$class_{2}$表分配”“N1+V/VP+tɔ̀：+N2表向/对”“tɔ̀:hj+事件1+kɔ̂:+事件2表让步”“事件1+tɔ̀：mɯ̂a+事件2表必要条件”等非原型引申义意义构建的认知

① Leonard Talmy：*Toward a cognitive semantic. Typology and process in concept structuring*，MIT Press，2002，pp.235-286.

理据以及原型义与非原型引申义之间存在的特定关系。希望本文能对泰语基础词汇多义性研究和泰语教师、学习者有一定的帮助。

参考文献

廖香兰，2009. 现代汉语“了”的认知研究［D］. 台北：台湾师范大学华文教学研究所.

沈家煊，1999. “在”字句和“给”字句［J］. 中国语文（2）：94–102.

石毓智，2006. 语法的概念基础［M］. 上海：上海外语教育出版社.

TAYLO J R，2002. Cognitive Grammar［M］. Oxford：Oxford University Press.

LIM J R，2008. Exploration of Semantics in Cognitive Linguistics［M］. Seoul：Korean Literature Inc.

GUAN G Y，2020. On the Application of Image Scheme Theory to the English Vocabulary Teaching: Proceedings of the International Conference on Mental Health and Humanities Education［C］. Amsterdam：Atlantis Press.

JOHNSON M，1987. The body in the mind：The bodily basis of meaning，imagination，and reason［D］. Chicago：University of Chicago Press.

KHAMSUWAN P，TANSIRI K，SUNGKAMAN U，2019. A Study of/taam/in Thai［J］. VANNAVIDAS，2：179 - 207.

LANGACKE R W，1991. Foundations of Cognitive Grammar Vol. II：Descriptive Application［M］. California：Stanford University Press.

LIM J R，2007. A Study on Properties of Meaning Extension Based on Embodiment［J］. The Journal of Linguistics Science，40：1–31.

LAKOFF G，1987. Cognitive models and prototype theory［G］//U. Neisser. Concepts and conceptual development：Ecological and intellectual factors in categorization. Cambridge：Cambridge University Press：63 - 100.

LU X H，PAR K E，2019a. A cognitive linguistic study on polysemy of body part term/ha/（“head”）in Thai［J］. Southeast Asia Journal，28：71–122.

LU X H，PAR K E，2019b. A Cognitive Linguistic Study on the Polysemous Verb “KIN（‘to eat’）” in Thai［J］. Journal of Korean Association of Thai Studies，25：31–63.

LU X H，KHUMSAT T，2022. The Application of Metonymic Cognitive Mechanism to Construct Non–body Part Meanings Using Body Parts Words：A Case Study of “/ha/” and “/mɯː /” in Thai［J］. Chinese Journal of Social Science and Management，6：183–195.

PARK K E，2012. A metaphorical meaning extension of a body part term in Thai polysemy of /mɯː/ “hand”［J］. Southeast Asia Journal，22：127–150.

PARK K E，2012. Grammaticalization of/gada/in Korean in comparison to/paj/in Thai［J］. Journal of Korean Association of Thai Studies，18：147–180.

SOMPHET S，2020. The Semantic Extension of/k ǎ t/in Thai：A Cognitive Semantic Study［J］. Thai Language and Literature，37：1–36.

SRIBIMOL V，TANSIRI K，NATPRATAN N，2023. Semantic Properties of the Polysemous Word，/khɨn3/ “ascend”，in Thai［J］. Journal of Liberal Arts Thammasat University，23：521 - 545.

TAWICHAI S，2014. Spatial concepts in Thai：A case study of /lŋ/ in the pantip. com website［J］. Journal of Humanities and Social Sciences，6：131–148.

YAO S Q，2021. Conceptual metaphor “Heart is an object” in Thai in comparison with Mandarin Chinese［J］. Thammasat journal，40：24–52.

对比语言学视角下的现代匈牙利语语素体系描写

王炳霖①

摘要：匈牙利语作为黏着语，具有丰富的词形变化，其形态与构词研究有“语素本位”的传统。由于非通用语言的限制，目前国内对以匈牙利语为代表的乌拉尔语系相关语言研究还存在诸多空白。本文从对比语言学视角出发，比较匈牙利语、汉语、英语语素术语内涵差异，在此基础上对匈牙利语特色语素术语进行考察，以求明晰匈牙利语的语素体系，揭示其基本形态面貌。研究发现，即使是“半自由语素”等共有术语，在匈牙利语形态研究中也有特有的内涵特征，另外匈牙利语还有如“jel/képző/rag”等更为复杂的词缀系统。

关键词：对比语言学；语素体系；匈牙利语；词缀

一、引言

形态学是研究词语内部结构与形态变化的语言学分支学科，它的基础研究对象“语素”（morpheme）自1881年被波兰语言学家Jan Baudouin de Courtenay提出以来，其概念经历多次更改和发展。②如今，语素通常被定义为不可再划分、兼具音义两方面功能的最小语言单位。③匈牙利语是典型的黏着语，其特征是复杂的形态变化。目前，国内关于乌拉尔语系诸语种的语言学研究成果极少，对匈牙利语形态的分析尚属空白。本文试图通过对匈牙利语、汉语和英语语素体系的比较分析，从比较语言学的角度审视三种语言语素术语中的固有含义和细微差异，力图揭示匈牙利语的基本形态结构。

---

① 作者简介：王炳霖，男，1994年生，四川外国语大学博士在读，讲师。主要研究方向：匈牙利语言文学、对比语言学与词典学

② 转引自Pete István：“A morféma újradefiniálásának szükségessége”，*Magyar Nyelvőr*，2004，Issue 128，pp.187–195.

③ Edward Finegan：*Language: its structure and use*，北京大学出版社，2005年，第46–47页

二、匈牙利语语素的分类

匈牙利语常见的语素分类与汉语、英语的语素分类基本相同，但有几点值得讨论之处（见表1）。首先，学界一般认为实语素既有表示事物、现象等词汇意义，又有语法意义，而虚语素只有语法意义（黄伯荣、廖旭东，2017）。赵元任（Chao，2011：215–216）早在20世纪就指出语素的虚实是一个程度问题，存在不少边缘性例子。张斌等（2010：29–30）也认为根据意义虚实区分的标准在汉语中难以把握，例如偏义复词“国家”中“家”①的词汇义是虚化的，但它又明显区别于“花儿”中“儿”的虚化情况。因此，他们主张根据语素在构词、成词时能否与其他语素或句法单位形成句法结构关系来进行汉语语素的虚实划分：句法性语素为实，非句法性语素是虚。例句（1a）中“了”为汉语虚语素，张斌等（2010：32–33）指出，“了”具有词的性质与特点，但不充当句法结构成分：它是句子结构中动词的构形成分，但不是动词的一部分。与（1a）句意对等的匈牙利语例句（1b）中，“了”的语法功能由构形虚语素“*-t*”实现，但变化词形成词后，“*-t*”不能在切分句法成分时与原动词（词根）分割。汉语的类型特点决定其构形主要出现在句子中，而匈牙利语中构形变化发生在词的范围内，不管是构词虚语素还是构形虚语素，具有的语法意义都体现为语素间的语法附着和连接。

例句：（1a）他告诉了我。（2）Kinek futottál *után*-a?（你跑在了谁的后面？）

（1b）Ő szól-*t* nekem.

我们可根据匈牙利语语素能否自由独立地不依赖其他语素出现在句中，分出自由语素、半自由语素与非自由语素三类②。匈牙利语中自由语素都是词根。非自由语素多为词缀，但也包括不独立的词根（Laczkó，2000）。典型的匈牙利语半自由语素有定冠词（névelő）与后置词（névutó），它们词形独立，但须跟其他语素一起才能出现在句中。

① 为避免混淆，文中讨论的语素通过划线与斜体突出显示。

② 半自由语素也称“半黏着语素”或“半粘着语素”，非自由语素也称“黏着语素”或“粘着语素”。

表1　常见匈牙利语语素分类[①]

（Laczkó，2000；王红旗，2008：94–97；黄伯荣、廖序东，2016：201–202；）

类别	划分依据	匈牙利语示例	汉语示例	英语示例
实	意义的虚实	*alma* 苹果（单数）	山	*apple*
虚		almá-*k*（复数）	了	apple-*s*
自由	能否独立成词入句	*alma*	山	*apple*
半自由		*az* alma	了	*the* apple
非自由		almá-*k*	读-者	apple-*s*
构词	构成新词还是原词根语法形式	*alma*, almá-*s*	读， 读-者	*war*, *pre*-war
构形		almá-*k*（复数）	了	apple-*s*
成词	成词能力	*alma*	山	*berry*
不成词		almá-*k*，*hav*-as	警	*huckle*-berry, *pre*-war
单义	意义数量	*alma*	苹果	*apple*
多义		*Nyúl* 兔子；伸手够	迪斯科 音乐类型；舞蹈类型	*Book* 书；预订
单音节	音节数量	*ma*	妈	*war*
双音节		*alma*	李子	*apple*
三音节		*komputer*	笔记本	*computer*
多音节		*Koppenhága*	哥本哈根	*Copenhagen*
词根	是否承担词的基本意义	*alma*	苹果	*apple*
词缀		almá-*k*	老-唐	apple-*s*

术语“半自由”在汉语与匈牙利语中的内涵不一致。陆志伟（1957）首先提出了“单说”与“独用”；潘文国等（2004：112）总结陆氏观点，指出“单说”等同于布龙菲尔德的“单独成句”概念，即独立成词入句；“独用”相当于赵元任的“句法词”：不单说、不独立，但在语言结构中独用、非附属。吕叔湘（1962、1979）进一步阐发“单说”与“单用”：语素先可区分是否“单用”，即单独成词，“单用”语素中又可进一步区别是否“单说”，即单独成句。基于这些标准，吕叔湘（1980：4）分出“一般不自由，但是在特定场合作为自由的语素使用”（如“新华社8月7日

① 本文（包括图表）中出现的所有具有词汇义的语素或词，释义时只列出其基本词义。

讯”）和“半自由，结合的对象不限于一个词或语素，也可以是短语或句子”（如了、呢）两类。区别于此的另一种“半自由”定义来自张志公（1982），他将不能独立成词，但能自由与其他语素组合成词者（如基）称为半自由。[①]黄廖版《现代汉语》早期版本中曾延续张氏的观点将不定位不成词语素归为半自由，但在后续增订版中修减了这一表述（董义连、胡宇慧，2011：57）。以吕氏的标准来看，匈牙利语定冠词可“单用”不可“单说”，后置词可“单用”，亦可与其他语素共同成词，如例句（2）。

在匈牙利语形态研究中，“自由”与“黏着”主要用作词缀与非词缀的区分。从历时角度看，随着语言的发展，汉语中很多“自由”的语素在现代“黏着”化，不再单独成句，甚至无法单独成词。而匈牙利语中多是“黏着”的词缀语素丧失黏着性，部分构词词化进入词库后，该词缀“消失”。正因如此，关于上述问题，匈牙利语言学家多从词缀“能产性”角度研究，汉语学界则进行了“自由”与“黏着”的理论探讨。

在匈牙利语中，语素可以参与构词，也可能只构成词的语法形式、表达语法意义，由此可分为构词语素与构形语素。匈牙利语语素可以相对明显地区分是参与构形还是构词，因为匈牙利语构形语素多为变位语素，用于表示名词、动词等的格、时态、人称等语法信息，而构词语素则用于构成新词汇。汉语方面则不然。前文提到“了”在入句后的构形功能。早期有汉语文献把名词后缀“子、儿、头”等叫作构形语素，张斌等（2010：32–33）则将它们定性为构词虚语素。王红旗（2008：97）、叶蜚声与徐通锵（2010：90）认为汉语中缺乏类似综合语中构形变词的语素。朱亚军（2001：27–28）则认为汉语里有少量的构形词缀，且大多兼有构词和构形双重作用。如表示不计量的复数词缀“们”，表示体范畴的“着、了”等。

对于依赖语素粘连构词的匈牙利语而言，基于黏附过程中的差异特征进行的词根与词缀分类十分重要。通常情况下，构成词核心意义的、可以独立或与其他语素组合成词的语素被称作词根（周一民，2006：181）。只能黏附于词根的非自由语素被称作词缀，例如匈牙利语的“*-t*”“*-nAk*”，或表示词的附加意义，或承担语法功能（Laczkó，2000）。

三、匈牙利语词根语素

词缀语素按一定顺序黏附于词根构词是匈牙利语主要的造词方法，词根与词缀分析是匈牙利语形态学的重要研究基础。图1所示为匈牙利语词根词缀相关术语及其对应的英语和汉语表达式。

① 转引自邵敬敏、任芝锳、李家树等：《汉语语法专题研究》（增订本），北京大学出版社，2009年，第27–28页。

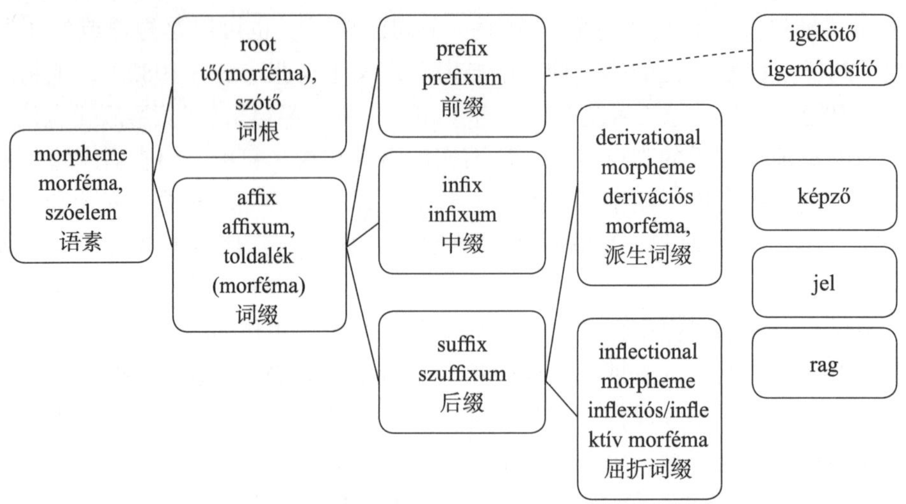

图1　匈牙利语词根词缀相关术语及其对应的英汉翻译

匈牙利语词根语素的术语是“tőmorféma”，也可简称作“tő”或“szótő”。它在广义上包含绝对词根（abszolút tő）和相对词根（relatív tő），狭义仅指绝对词根。一个匈牙利语词形在逐个剥离词缀的过程中会产生多个相对词根，最后无法继续剥离的即为绝对词根（Laczkó，2000）。绝对词根在内涵上与英语的词根（root）基本一致，而相对词根则与词干（stem）、词基（base）的概念基本一致。区别在于，匈牙利语术语在划分时按语素分析的方向由外到里，英语术语按构词构形的方向由里到外。Pete（2002；2008）建议使用术语“gyökérmorféma”①，形成匈牙利语术语中“gyökérmorféma-tőmorféma”的概念结构，与英语“root-stem”相对应。但要指出的是，匈牙利语“tőmorféma”下含的相对词根可以是附着屈折构形语素的词形，与词干的内涵并不完全相符。例如，“üveg-ez-és-ek-*hez*”一词剥离词缀“-*hez*”后的相对词根包含了复数词缀“-*ek*”。如果靠拢“国际惯例”建立二元结构，那么匈牙利语中相关术语概念就需要重新明确。但这种尝试恐怕会受到匈牙利语与印欧语本身词缀划分方式差异的限制。

黄伯荣与廖序东（2016：202）指出，现代汉语中存在例如“民”这样不能独立成词、位置自由，但承担了词的全部或基本意义的语素也是词根。英语中亦有不能独立成词的词根：“-*ceive*”可构成“receive、deceive”等词（Crystal，2018：311）。匈牙利语中绝大部分词根是可独立成词、亦可与其他语素组合成词的自由语素（Kiss & Kohári，2019：211），但亦有此类不独立的词根：*fesz-ül*，*fesz-ít*，被归为“passzív，fiktív és fantomtövek”（被动词根、虚词根、幽灵词根）（Kenesei，2000：91）。Pete（2004：191）、Ladányi（2017：511）提倡使用更容易理解的“kötött”（非自由）来命名这类词根语素。

① 也作“szógyökér”“szó gyökere”。

四、匈牙利语词缀语素

（一）匈牙利语词缀一般术语概念

在多数语言的语素研究中，词缀遵循两种经典方法分类：一种是按其与词根的位置关系分为前缀、中缀、后缀等，另一种是根据功能分为派生与屈折词缀。这两种分类方式产生的术语较为通用。如图1所示，匈牙利语“affixum”一词直接引译自英语“affix”。在匈牙利语语言学研究中则更多使用本土词“toldalék”，通常情况下它的概念与“affixum”相同，我们可以直接翻译为“词缀”。匈牙利语术语“prefixum”“infixum”“szuffixum”都是从印欧语言学中引入，与英语术语保持对应。匈牙利语是否有前缀是值得单独讨论的问题。图1提及的“igekötő”（直译为“连接动词的成分”）在国内高校的教研文献中被约定俗成地译作“动词前缀”（龚坤余，1998：332），但它并不能与动词造出稳固词形，在句子的层面上还常与动词分离，甚至独立出现。匈牙利语中公认为前缀的语素是表程度的“*leg-*”与“*legesleg-*”，除极少数例子（如“legalsó”，最下面*adj.*：“*leg-*”+词根语素“*alsó*”）外，“*leg-*”与“*legesleg-*”总是与比较级后缀“*-bb*”连用，共同构成表程度的词，例如“legnagyobb”（最大*adj.*）一词由“*leg-*”+词根语素“*nagy*”+后缀“*-bb*”构成。这样共同出现、共同生效的前后缀语素被称为konfixum（Ladányi，2017：516）。

派生词缀的术语“derivációs morféma”来自英语“derivational morpheme”。“派生词缀黏附在词根语素上构成新词，也即增加了新的词汇义内容或改变了词汇义的内容归属。”而“inflexiós morféma”（或inflektív morféma）同样来自英语术语转写，译作“屈折词缀”，它“只能改变一个词的形式，不能构成新词”（叶蜚声、徐通锵，2010：90）。

（二）匈牙利语词缀特有术语概念

除上述通用的词缀术语外，匈牙利词法研究传统中还有一些自有的特色术语。匈牙利语词的形态变化主要通过语素增删手段进行。在构词分析中，语言学家首要区分的就是词根语素“tő（morféma）”与词缀语素“toldalék（morféma）”。因为匈牙利语中没有大量被普遍认可的前、中、环缀等，所以“toldalék”在匈牙利语形态学语境中基本指的就是后缀，它同样被分为了“képző”“jel”“rag”三类。王炳霖（2023）建议将三个术语分别译为派生后缀、屈折后缀、屈折词尾。通常情况下，三种词缀语素有配列次序上严格的先后[①]。这三种词缀的语素序本身不是变词手段，它们的增删组合更多体现出层次性，即依次获得黏附的优先级。

① 少数反常情况暂不在此讨论。

派生后缀“képző”最突出的特征就是改变词根基本意义，构造新词。这类词缀语素中的典型比如“-*sÁg*”[①]，形容词性词根在黏附表集合、整体的词缀“-*sÁg*”后构成新名词：fiatal-*ság*（年轻*adj.*；青春*n.*）。大多数“képző”会改变词根的类别归属，但亦存在大量不改变的情况：barát-*ság*（朋友*n.*；友谊*n.*）。词形配列上，“képző”以紧跟词根后为特征，每种“képző”都只能加在特定词类的词根后，例如“-*sÁg*”只能跟名词性和形容词性的词根或词基。只要不违背黏附条件，理论上可向后黏附无限数量“képző”词缀。例如egész-*ség-es-ít-és*（完整*adj.*；健康*n.*；健康*adj.*；疗养 *v.*；疗养*n.*）黏附了4个“képző”。“képző”不出现在词形变化中时，词根语素以独立成词或与其他词根合成成词等方式入句。（Kiefer，2003：194–195；Kálmán & Nádasdy，1999：72–76）

屈折后缀“jel”在构词时紧随“képző”之后。相较于“képző”，“jel”带来的词形变化调整的是数、时、态等语法范畴，例如黏附动词性词干表示过去时的“-*At*”，或上文出现过的“-*Am*”黏附名词性词干表示所有所属关系的第一人称单数：egészség-*em*（健康n.；我的健康）。每一种“jel”同样只能黏附特定词类的词干后，但都不能改变该词的类别归属，也不造新的词典词。“jel”的确一定程度上修改了词干的含义，但这种词义变化是基于语法上的改变。理论上，只要符合“jel”的黏附条件，同一个黏着变化的词形中可以存在多个“jel”。词根后不黏附“képző”时亦可直接黏附“jel”，这时候“jel”调整修改的词基为词根本身。同样地，“jel”也可以不出现。（Kiefer，2003：194–196；Kiss & Kohári，2019：100）

屈折词尾“rag”是最后黏附的语素，标志着匈牙利语中词形变化的结束。典型的“rag”有表示宾格的“-*At*”：egészségem-*et*（我的健康，宾格）。“rag”不能改变词的类别归属，也不修改词基的含义，因此不造新词。它变化词形来赋予语法范畴，表示该词在句子中与其他词或成分的相互关系，标示句法层面的语法意义。一个词形当中“rag”只出现一次，其后不能再黏附任何词缀语素。（Kiss & Kohári，2019：173）“rag”不出现在词形中时，我们将此情况视作黏附了“零”状态的“rag”语素（匈牙利语：zéró或zérus fokon van，英语：zero，用空集符号∅表示）以结束词形变化。例如“beszél-*get*”（他聊天）的构成是：词根“*beszél*”（说*v.*）+ 表动作重复的képző“-*get*”+ ∅，这里零语素状态的“rag”表示第三人称单数。（Kálmán & Nádasdy，1999：81）

（三）一般术语与特有术语的比较

横向比较匈牙利语的“képző”“jel”“rag”词缀三分法与前文介绍的两种经典分类，我们可以发现，英语形态学中的派生词缀与“képző”具有相同之处：改变词根的基本含义、构造新词、只能黏附在特定词类的词基上。二者区别之处在于：（1）英语派生词缀可以是前缀或后缀（*un*–kind、kind-*ness*）。而匈牙利语的“képző”均为后

① 匈牙利语语素中使用大写标识会产生语音形态变化，形成变体的元音。

缀；（2）英语派生词缀中的前缀（例如*mis-*、*re-*）在派生中不改变词性，后缀改变词性（例如*-ful*、*-ment*）。匈牙利语“képző”是否改变词性由其本身性质决定；（3）就能产性而言，英语的派生词缀通常不能产，即不是所有满足词类限制条件的词根都能黏附该派生词缀（例如*-hood*，friend–*hood*）。在匈牙利语中，各类“képző”的能产性不同，有不能产的词缀*-mÁny*，也有能产的*-Ás*与*-i*。但出现频率高的“képző”通常能产性较高（Ladányi，2017：545–564；Kiefer，2003：194–196；Thomas，2017：51–53；王文斌，2005：74–79；Finegan，2005：47–48）。

区分“jel”与“rag”是匈牙利语言学的研究传统，与它们内涵近似的概念在其他语言的语法描写中多被统称为屈折词缀。英语的屈折词缀的确兼具“jel”与“rag”的很多特性：改变词的形态但不构造新词；不改变词类；增加或调整了语法功能；配列上如有派生构词的词缀，则总是处于其后。英语中屈折词缀多能产，它如何搭配词基可以由语法规则进行说明（Thomas，2017：53；Finegan，2005：49）。但Kiefer（2003：195–196）认为匈牙利语屈折性词缀“rag”并非完全能产：他将黏附名词性词基的语素*-Ul*区别于黏附形容词类的同形异素*-Ul*，前者为能产受限的“rag”，不能黏附专有名词（Bélák-*ul*）或抽象名词（szomorúság–*ul*）。

五、匈牙利语语素的变体

匈牙利语的语素多变体（allomorf），且基本都是形态音位上的变化。按照是否有语音形式变体，匈牙利语的语素可以被分为复形（többalakúság）与单形（egyalakúság）（Keszler & Lengyel，2002：33）。具有语音变体的匈牙利语复形语素可以是非功能性（funkciótlan）或功能性（funkciós）的。这里“功能性”指的是变体间的形态语音差别呈现出语法意义差异。功能性变体常见于内部曲折的语言中，例如英语“foot-feet”的单复数差异。在匈牙利语存现动词词根“van”（是；在）的词形变化中，第二人称单数“vagy”（你在）与第三人称单数“van”（他在）的区别也是功能性的，黏附动词后标记条件式的词缀“*-na*、*-ná*”也表现出不定指与定指的语法差异。（Laczkó，2000；Keszler & Lengyel，2002：33–34）。相较而言，汉语中语素中语音变体、语义变体常见，语法变体较为少见。王红旗（2008：101）指出，梅县客家话“我、你、他”在做主宾和定语时会有语法变体，例如“他”：［ki］（做主语、宾语）、［ka］（做定语）。

六、结语

目前，中文语言学界对匈牙利语的本体研究还十分缺失。对不同语言的语素体系进行对比分析可以提供一个独特的视角，帮助我们了解语言使用和演变中所涉及的基本形态结构。虽然本文尝试探讨并描写了匈牙利语的语素体系，但受篇幅所限，许多与匈牙利语形态相关的话题未能得到深入讨论。这将是未来国内非通用语言研究值得进一步探索的方向。

参考文献

董义连，胡宇慧，2011. 黄廖本《现代汉语》不同版本词汇系统语素问题比较研究［J］. 语文学刊（5）：56-57+65.

龚坤余，1998. 匈牙利语教程［M］. 北京：外语教学与研究出版社.

黄伯荣，廖序东，2017. 现代汉语 上册［M］. 6版. 北京：高等教育出版社.

克里斯特尔，2018. 现代语言学词典［M］. 沈家煊，译. 北京：商务印书馆.

陆志伟，1957. 汉语构词法［M］. 北京：科学出版社.

吕叔湘，1962. 说自由和黏着［J］. 中国语文（1）：1-6.

吕叔湘，1979. 汉语语法分析问题［M］. 北京：商务印书馆.

吕叔湘，1980. 汉语语法八百词［M］. 北京：商务印书馆.

潘文国，叶步青，韩洋，2004. 汉语的构词法研究［M］. 上海：华东师范大学出版社.

王炳霖. 匈牙利语词缀术语汉译研究：Képző、Jel与Rag［J］. 语言与文化研究，26（1）：130-133.

王红旗，2008. 语言学概论［M］. 北京：北京大学出版社.

王文斌，2005. 英语词法概论［M］. 上海：上海外语教育出版社.

叶蜚声，徐通锵，2010. 语言学纲要（修订版）［M］. 北京：北京大学出版社.

张斌，2010. 现代汉语描写语法［M］. 北京：商务印书馆.

张志公，1982. 现代汉语［M］. 北京：人民教育出版社.

周一民，2006. 现代汉语［M］. 北京：北京师范大学出版社.

朱亚军，2001. 现代汉语词缀的性质及其分类研究［J］. 汉语学习（2）：5.

CHAO Y R，2011. A Grammar of Spoken Chinese［M］. 北京：商务印书馆.

FINEGAN E，2005. Language：its structure and use［M］. 北京：北京大学出版社.

KÁLMÁN L，NÁDASDY Á，1999. Hárompercesek a nyelvről［M］. Budapest：Osiris Kiadó.

KENESEI I，2000. Szavak szófajok toldalékok［M］//KIEFER F（Eds.），Strukturális magyar nyelvtan. Budapest：Akadémiai Kiadó：75-136.

KESZLER B，LENGYEL K，2002. Kis magyar grammatika［M］. Budapest：Nemzeti Tankönyvkiadó.

KIEFER F，2003. Alaktan［M］//É. KISS K，KIEFER F，SIPTÁR P（Eds.），Új magyar nyelvtan. Budapest：Osiris Kiadó：194-196.

KISS G，KOHÁRI A，2019. Nyelvészeti kisszótár［M］. Budapest：Tinta Kiadó.

LACZKÓ K，2000. Az alaktan tárgya és alapkategóriái［M］//KESZLER B（Eds.），Magyar Grammatika. Budapest：Nemzeti Tankönyvkiadó：37-50.

LADÁNYI M，2017. Alaktan［M］//IMRÉNYI A，KUGLER N，LADÁNYI M *et al*（Eds.），Nyelvtan. Budapest：Osiris Kiadó. 511.

PETE I，2002. Strukturalista és strukturális nyelvleírás［J］. Magyar nyelvőr，126（3）：351-359.

PETE I，2004. A morféma újradefiniálásának sz ü kségessége［J］. Magyar Nyelvőr，128：187-195.

PETE I，2008. Ismét a morféma újradefiniálásának sz ü kségességéről［J］. Magyar Nyelvőr，132：74-85.

THOMAS J，2017. Stucture of English Language［M］. New York：Magnum Publishing LLC.

日照旅游景区韩语标识存在的问题及应对策略

谢晓冉　荆繁青　肖雅琦①

摘要：旅游业不仅能带动地区的经济发展，也是传播文化的重要窗口之一。旅游景区中外语标识具有提示、引导外国游客的功能，是展示中华文化的一张名片。日照市与韩国隔海相望，长期保持密切的交流与合作，吸引了大批韩国游客前来观光。然而日照旅游景区的韩语标识翻译存在诸多问题，翻译效果不尽人意。本文主要通过实地调研，以日照旅游景区韩语标识为例，梳理归纳目前景区中韩语标识存在的问题及其原因，并在此基础上提出合理的建议及可行的解决方案，以期规范日照市景区旅游用语，推动日照旅游产业发展，进一步促进与韩国的旅游交流与合作，助力中韩两国之间的交流。

关键词：韩语标识；日照旅游景区；跨文化交际翻译；翻译规范化

一、引言

“日照”一名，取“日出初光先照”之意，有“东方夏威夷”之称。日照市位于中国山东省东南部，与韩国隔海相望，是中国沿海重要港口城市和旅游城市。日照市的旅游业有巨大潜力和美好前景，日照市凭借其得天独厚的地理优势及自然资源，旅游业飞速发展，吸引大批海外游客前来观光。

近年来，日照市人民政府制定“旅游富市”战略目标，加快推进旅游业的可持续发展。日照市文化和旅游局官网数据显示，日照市与韩国各地的交流十分密切，取得了丰富的友好合作成果，如日照市积极参与省文旅厅组织的对外宣传活动，开展与韩国泗川市的合作交流，青岛韩国人商会也多次组团赴日照旅游。

---

① 作者简介：谢晓冉，女，2000年生，四川外国语大学东方语言文化学院硕士。主要研究方向：朝鲜语笔译。荆繁青，女，2001年生，四川外国语大学东方语言文化学院硕士。主要研究方向：朝鲜语笔译。肖雅琦，女，2002年生，四川外国语大学东方语言文化学院硕士。主要研究方向：朝鲜语笔译。

随着来访日照市的韩国游客日益增加，日照旅游业的不断发展，打造良好的景区环境至关重要，而景区中的韩语标识在展示、宣传文化方面更是发挥着不可或缺的重要作用。一般认为，标识语具有导引功能、管理功能、宣传教育功能、解说功能，起到了策划和组织旅游者行为的作用。[①]景区外文标识不仅帮助外国游客了解景区，具有指引道路、警示说明、介绍景点等作用，更是文化外宣的窗口，承担着介绍宣传特色文化的职责。规范景区标识、完善景区标识系统，有助于提高旅游城市形象，促进当地旅游产业进一步发展，更有利于推动中华文化传播，增强中国文化影响力。因此，旅游景区韩语标识存在的问题不容忽视，日照市相关旅游部门应对旅游景区韩语标识给予足够的关注，避免出现误译、乱译等现象。因此，为提升日照城市知名度和文化旅游品牌影响力，积极向韩国民众宣传推介日照旅游资源，持续深化日照与韩国在旅游、经贸等领域的交流与合作，必须重视日照市旅游景区韩语标识的规范发展。

本文以日照市万平口、森林公园、东夷小镇等景区为调查对象，采取实地考察、问卷调查等方法，详细归纳并分析日照旅游景区韩语标识存在的问题、原因及对策。

二、问题

（一）韩语翻译缺失

景区的外语公示语不但承载了景点介绍的重要信息，是外籍游客在景区活动的重要指南，还是文化输出的一个重要途径。[②]日照与韩国地缘相近、人缘相亲，来访、定居日照的韩国人也比较多。但日照各景点韩语标识普遍较少，韩语标识的普及率不高。实地调查发现，日照旅游景点的活动设施比较齐全，但一些景区缺少韩语标识，万平口海滨风景区、五莲山旅游风景区、日照海滨国家森林公园等4A级景区仅基础设施场所或指示语配有韩语翻译，而东夷小镇等景区大多数公示牌只是中英互译，并未配备相关韩语标识，可见日照景区标识大多注重英语。英语虽然是当今世界主要的国际通用语言之一，但是景区应当考虑到本地外国游客的比例，以外国游客对标识语的需求来决定标识语的语种。

相比而言，泰安作为内陆城市、广西作为距离韩国较远的沿海省份，却对景点名称有比较详细的韩语翻译。例如，山东泰安岱庙景区、广西月也侗寨景区内的标识均有大量对应的韩语翻译。

另外，在日照旅游景区标识翻译中，部分标识翻译有对应的韩语译文，部分仅用韩语翻译了厕所等基础设施场所，而其余一大部分都没有对应的韩语翻译，这些现象除给国外游客造成不便外，更对日照的旅游业发展造成负面影响。希望政府相关部门

① 张建国：《杭州西湖景区解说标识系统初步研究》，载《福建林业科技》，2006年第4期，第195-200页。

② 赵芳霞：《促进旅游景区公示语翻译规范化的途径探究——以黄鹤楼景区为例》，载《海外英语》，2018年第12期，第102-103页。

对其余景点的中韩互译标识进行完善，结合外国游客需求，调整标识翻译语种比例，增强日照景区的旅游特色，从而促进日照地区的旅游行业发展。

（二）拼写错误

作为对外国游客开放的旅游景点，标识翻译拼写理应不该出现错误，但调查发现，韩语标识有很多拼写错误。这也许是由于译者翻译不仔细、韩语水平有限、缺少翻译校对等。拼写原则是对语言最基本的要求，也是最基础的部分。若拼写错误，可能会对韩国人造成中国不重视与韩国交往的误解，甚至会损坏当地乃至国家旅游景点的形象。此外，一些公共设施，如寄存区、储物柜等常见的相关翻译也应避免出现此类问题。

例1　中文：寄存
　　　译文：맡가다

此处“寄存”这一韩语单词存在拼写错误问题，标识中的“寄存”韩语应译为“맡기다”。仅一个元音之差，意思便天差地别。

（三）语法错误

日照旅游景区的韩语标识也存在大量语法错误。这主要是由于译者对韩语的语法掌握不足。尤其是韩语的句子成分与汉语句子成分有很大不同。翻译时应遵循韩语的语法规则，避免语法出错。

例2　中文：寄存须知
　　　译文：맡가다 안내

从语法上看，该句子只是将两个单词罗列在一起，并未形成完整的语法结构，应将前面的动词变为定语形式，修饰后面的名词，从而组成完整的一个短语。韩语中的“寄存须知”通常翻译为“보관소 안내”。

（四）字对字翻译

在翻译过程中，译者可能因不了解标识的使用环境或受到文化差异影响，措辞不够地道，常出现“中式韩语”或词不达意的情况。因此，在翻译时，译者还应尽量以韩国人的视角进行表述，确保译文符合韩语语境。

例3　中文：第三卫生间
　　　译文：3 화장실

此处应译为“유니섹스 화장실”，“유니섹스”是外来词，源自英文 unisex，意为“不分性别的；男女皆宜的”。而“3 화장실”可能会让外国游客误以为是“第三性别卫生间”而产生歧义。“第三卫生间”又称“家庭卫生间”“无性别厕所”，主要是方便母亲照顾男宝宝或父亲照顾女宝宝，帮助孩子解决上厕所的问题，或者供行动不便的老人使用，家属可以入内陪同，翻译的时候应注意区分。

（五）概念混淆

例4　中文：游泳圈
　　　译文：구명환

“구명환”所对应的汉字为“救命环”，意思为“救生圈”。这与原文中“游泳圈”的意思不匹配，而“游泳圈”的正确韩语表述为“물놀이 튜브”。译者混淆了“救生圈”与“游泳圈”两种概念，“救生圈”是一种水上救生设备，而“游泳圈”更多情况下是作为水上玩具使用，二者虽然在用途、外表等方面具有相似性，但是其语言表达并不相同。同时，这也体现了译者对韩语用词习惯的了解不足。

（六）机械化乱译

很多翻译虽然语法、词汇等方面无误，因使用机器翻译，常出现硬性直译现象，缺少人文关怀，缺乏人情味，且不符合韩语语言表达习惯，出现“中式韩语”。

例5　中文：无障碍卫生间
　　　译文：나무장애 화장실

无障碍卫生间作为标识使用，通常翻译为“장애인 화장실”，且韩语中并没有“나무장애 화 장실”这样的表达。

（七）隔写错误

日照旅游景区的韩语标识也存在大量隔写错误，其中，多数情况是在翻译过程中，译者并未注意韩语的“隔写规范”，也有部分情况是在翻译标识制作过程中出现失误。而隔写规则在韩语的书写规范中具有重要作用，错误使用隔写规则，则会导致歪曲原文意思，读者理解起来也较为吃力。因此，正确使用韩语隔写规则，有助于韩国游客正确理解原文意思，避免产生歧义。

例6　中文：男性卫生间

　　译文：남자화장실

应译为“남자 화장실”。

例7　中文：请勿喧哗

　　译文：떠들지마세요

应译为“떠들지 마세요”。

例8　中文：小心跌落

　　译文：조심스럽게떨어

应译为“조심스럽게 떨어”，但作为韩语标识，常使用的是短语떨어짐 주의。

三、原因

旅游景区的标识语最基本的功能是使游客能够快速了解景区相关信息，除此之外，还是宣传本地历史文化、提升所在地区形象的重要手段，其翻译水平能够间接影响当地文化持续发展。日照作为山东省的著名旅游城市，外国游客众多，因此标识语的丰富和完善，不仅能够给外国游客带来更好的体验感，还可以展现出日照这座城市良好的精神风貌与人文情怀。

当前，韩语标识在日照景区的普及度虽有提高，但错译、误译现象仍比较严重。因此，找出景区标识语现存问题产生的原因并加以改正，不仅有利于提高山东日照韩语标识语的水准，还有利于提高韩国游客的满意度和对景点的了解程度，从而提高我国的文化影响力，加强中韩两国间的文化交流。

（一）相关部门重视程度不足

近几年，越来越多的学者开始关注公示语翻译的实践与研究，但主要集中在英语翻译研究上，韩语公示语翻译的研究还处在起步阶段。[①]韩语作为一门非通用语，目前使用范围有限。这导致韩语公示语的错误翻译在多数情况下未受到相关部门的重视，与之相应的监管也就存在一定的缺陷。这些未能经过相关部门相应资质鉴定和审查的标识语，有很多漏洞，甚至出现了大量较为低级的翻译错误。且据调查，日照景区的标识语大部分长时间未得到系统的更新与维护，存在很多不符合时代要求的翻译。由此可见，韩语公示语的翻译并没有得到相关部门应有的重视。

（二）译者自身能力不足

译者在翻译过程中处于主体地位，是连接外国游客与景区历史文化的桥梁。翻译

① 代小兵：《旅游景区公示语翻译十年综述》，载《旅游管理研究》，2019年第3期，第25–27页。

的正确与否，很大程度上取决于翻译人员的专业素养和文化修养。[①]因此，如果译者自身语言能力不足，在翻译过程就会出现语句不通、语法错误、错别字、漏译、中式韩语、敬语缺失、隔写错误等问题。并且，译者对韩国文化了解不足，也会导致对某一词语的中韩文化内涵理解缺失、混淆概念、用词不当等。另外，翻译是一项跨文化的交际活动，旅游景区的韩语标识最重要的作用便是向外国游客传递信息，但是在日照旅游景区韩语标识中出现了不少忽视这一点的译文，曲解原文意思，不利于游客获取、了解信息。

（三）理论知识不足，缺乏管理经验

日照作为山东省有名的旅游城市，景区人流量大，发展速度快，但缺乏专门的景区标识管理系统。由于缺乏权威统一的景区公示语翻译规范或标准，导致出现了翻译不规范、不统一、多样化等诸多问题。[②]

标识翻译在我国目前还处于探索阶段，《公共服务领域朝–韩文译写规范》仍在起草阶段，尚未投入市场使用。因此，国内还未有关于旅游景点标识韩语翻译标准的统一标准，相较于国外的本地化、特色化翻译标准，我国的标识翻译还处于学习、研究和积累经验的初始阶段。

四、方案

（一）政府及相关部门加强监管力度

相关部门应当深刻认识到，景区的标识语意义重大，其背后蕴含的历史文化背景，对游客的提醒和指导，不是仅靠机器翻译就可以完成的。当今市面上的机器翻译工具尚未完善，仍存在错译、误译、翻译生硬等各种问题，灵活性不强。而当前日照市景区韩语标识的错误十分明显，大量翻译内容无法起到警示、提醒作用。

因此，政府以及相关部门应出台相关政策，完善韩语标识翻译方面的规章制度，建立健全监管机制。积极推进对景区现存的错误、过时、生硬的韩文标识进行收回、检查、重译工作，加快纠正日照市旅游错译标识。组建专门的翻译监管部门，对译者的翻译经历和资质进行审查。实施问责制，从源头上杜绝标识语的错译、误译、生硬等现象。

---

① 刘淼、文雅萱：《湖北省红色旅游景区英文翻译现状与改进策略》，载《英语广场》，2023年第8期，第3–6页。

② 严红花、王小洁：《江苏省旅游景区公示语韩语翻译问题解析——以连云港主要景区为例》，载《韩国语教学与研究》，2019年第4期，第149–154页。

（二）提高译者能力

翻译涉及两种语言与文化的交流与碰撞。翻译的正确与否，很大程度上取决于翻译人员的专业素养和文化修养。作为译者，最基础的就是自身的语言专业素养，且必须拥有良好的语言表达能力，这能够防止在翻译过程中出现语法错误、错别字、漏译等低级错误。首先，要防止语句不通、错误用语等低级错误，不能完全依赖中文文本翻译，这样容易出现中式韩文。[①]同时，译者也要加强相关理论学习，将理论运用于实践，并做好译前准备。其次，要重视跨文化意识的培养，跨文化交际是联通中韩友好交流的桥梁，掌握跨文化交际的基础知识，形成跨文化意识。“公示语的翻译是一种跨语言、跨文化的交际活动。”[②]近年来，随着我国旅游行业的不断发展，游客对景区标识的要求越来越高，这就要求译者不能只停留在语言层面进行翻译，还要结合韩国人的思维方式和用语习惯。中韩两国文化方面虽有很多相似之处，但文化差异难以避免，所以为使游客更方便、快捷地利用这些标识语，译者应具备较高的跨文化意识。最后，译者在翻译标识语时，需以积极的心态认真对待翻译工作，对自己的译文负责。

（三）加快构建新规范

加快我国《公共服务领域朝-韩文译写规范》发展进程，尽快制定统一的翻译标准，提高韩语标识翻译的准确性。在国家正式出台韩文译写规范前，可先参考已出台的《公共服务领域英语译写规范》，以“外宣三贴近”（贴近国外受众的语言习惯、思维习惯和阅读习惯）为基础，遵循合法化、简洁化、统一性、规范化、服务型和文明型等原则，力求译文传神达意。在韩语翻译过程中，只有严格遵守译写规范，才能有效统一景区公示语格式、提升翻译质量。

（四）提高专业人士的参与度，与高校联合翻译

山东省作为韩国的近邻，设有朝鲜语专业的高校众多，日照有相关需求的景区可与省内高校朝鲜语专业合作，充分整合利用高校优秀的师资资源，让学生参与翻译实践，翻译成果经过专业老师的指导，能够有效避免低级错误，确保翻译质量。聘请专业的韩语翻译专家担任顾问，为当地韩语标识的翻译提供意见并参与翻译工作，进行翻译、校对、审核工作，对中方译员进行专业的培训与指导。同时，也可以借鉴韩国景区标识的中文翻译，从中学习、借鉴经验，并结合日照旅游景区的实际情况灵活运用。此举有利于提升景区韩语公示语的质量，提高翻译的准确性。

---

① 刘军：《汉韩公示语翻译现状及对策探究——以九华山风景区韩语公示语误译现象为例》，载《池州学院学报》，2019年第2期，第3页。

② 张全、黄琼英：《简明应用翻译教程》，云南大学出版社，2010年。

（五）充分考虑读者的文化水平

景区内公示语的最大作用是介绍景点的文化和历史，以及提醒、指导游客。[①]虽然前往日照市旅游的韩国游客越来越多，但游客的文化水平差异较大，景区标识语使用高深复杂、花里胡哨的用语，容易造成韩国游客的困扰，在游客观光游览时造成一些不必要的尴尬。因此，翻译人员需要充分考虑游客的文化水平，提升中韩文化修养，在尊重汉语原文并保证翻译质量的前提下，遵守标识语译文简洁有效的原则，多使用韩语中的习惯用语，并转换成通俗易懂的韩语翻译，以便韩国游客充分理解公示语的表达。作为城市的一张明信片，“通俗易懂”的公示语可提升游客对景区的满意度。

五、结论

针对日照市旅游景区韩语标识出现的错译、误译、机械化翻译等问题，应反复研究、认真修改。韩语景区标识应符合韩文译写规范，遵循韩语语言表达习惯，充分考虑中韩两国的文化差异。正确的韩语标识不仅能提升韩国游客的满意度，提升日照景区的旅游形象，推动日照旅游业发展，更有利于增强中韩两国的文化交流。

因此，日照市政府应加强对旅游景区标识的监管，与高校合作，建立翻译实习基地，增强专业人士的参与度，以此推动日照旅游景区韩语标识的规范化发展。同时，译者在翻译时，也应重视跨文化意识的培养，保证译文符合韩语表达习惯，翻译时充分考虑游客的文化水平。

参考文献

陈美茵，陈新，2020. 山东省公示语韩译现状调查研究［J］. 品位经典（6）：20–21.

代小兵，2019. 旅游景区公示语翻译十年综述［J］. 旅游管理研究（3）：25–27.

刘军，2019. 汉韩公示语翻译现状及对策探究——以九华山风景区韩语公示语误译现象为例［J］. 池州学院学报（2）：3.

刘焱，文雅萱，2023. 湖北省红色旅游景区英文翻译现状与改进策略［J］. 英语广场（8）：3–6.

皮德敏，2010. 公示语及其汉英翻译原则研究［J］. 外语学刊（2）：131–134.

严红花，王小洁，2019. 江苏省旅游景区公示语韩语翻译问题解析——以连云港主要景区为例［J］. 韩国语教学与研究（4）：149–154.

张建国，2006. 杭州西湖景区解说标识系统初步研究［J］. 福建林业科技（4）：195–200.

张全，黄琼英，2010. 简明应用翻译教程［M］. 昆明：云南大学出版社.

赵芳霞，2018. 促进旅游景区公示语翻译规范化的途径探究——以黄鹤楼景区为例［J］. 海外英语（12）：102–103.

① 陈美茵、陈新：《山东省公示语韩译现状调查研究》，载《品位经典》，2020年第6期，第20–21页。

非通用语文学研究

崔致远汉诗中的中国形象研究

——以《崔致远全集》为例[①]

王洋洋[②]

摘要：乘着首个《崔致远全集》在华出版的东风，本文试图从比较文学形象学的角度对被尊为朝鲜半岛汉文学始祖的崔致远的汉诗作品进行考察，通过探索以崔致远为代表的新罗宾贡子弟作品中的中国形象，以期为研究唐末文学及晚唐政治社会风貌提供新的视角，对了解朝鲜半岛汉文学史的起源与发展提供帮助。

关键词：崔致远；《崔致远全集》；新罗汉诗；形象学；域外汉文学

一、引言

朝鲜半岛汉文学的发展以四言四句的汉译上古歌谣为始，历史源远流长。然而初期的汉诗作品相较于诗歌这一体裁所强调的抒情性，其咒术、教化等目的意识更为强烈，这一现象直至统一新罗末期以崔致远为代表的遣唐留学生出现才发生了本质上的变化。朝鲜半岛与中国一衣带水，人文交流自古有之。到统一新罗时期，以僧侣西渡求法、派遣留学生赴唐留学为标志，两地文化交流之密切较之前更上一层楼，其中对后世产生影响最为深远、所作贡献最巨大的一位当属崔致远。新罗遣唐留学生所引领的汉文学创作不仅在汉学东渐、朝鲜半岛汉文学发展上起到关键作用，作为流寓作家，他们的作品也为研究唐末文学及晚唐政治社会风貌提供了新的视角。

① 本项目系四川外国语大学校级一般研究生科研创新项目“新罗汉诗中的中国形象研究——以崔致远《孤云先生文集》为例”研究成果。

② 王洋洋，女，2001年生，四川外国语大学东方语言文化学院硕士生。主要研究方向：韩国古典文学。

二、骨品制的制约及渡唐留学

崔致远（855—？），字孤云，一字海云，谥文昌侯，新罗王京沙梁部人。其父为六头品出身崔肩逸，据《大嵩福寺碑铭》的记载，崔肩逸曾参与景文王1年（861年）的大崇福寺重建[①]；兄崔贤俊为僧侣。庆州崔氏虽位列六头品，属贵族之列，但身份较圣骨、真骨出身的王族仍相差甚远。在严格遵循骨品制取仕的新罗，共设置十七个官等，而六头品出身者最高只能官至第六官等的阿飡。[②]在此背景下，唐朝为外国留学生开设的宾贡制度，对于在新罗受到身份限制的六头品出身而言无疑是一条崭新的科举入仕的康庄大道。

高丽人崔瀣所编《拙稿千百·送奉使李中父还朝序》中记载："进士取人，本盛于唐。长庆初，有金云卿者，始以新罗宾贡，题名杜师礼榜。由此以至天祐终，凡登宾贡科者五十有八人，五代梁唐，又三十有二人，盖除渤海十数人，余尽东土。"[③]至五代梁唐时期，宾贡科及第者共达九十名，其中除却十余名渤海人，余下七十多名皆是新罗人，由此可见新罗人对于宾贡科的热情。在这一众新罗宾贡及第者中，身份得到确认的有三十六人，其中金氏十八人。但这十八人应当并非全是王室，至于其他非金氏家族则只可能为六头品或是以下阶层。[④]由此也可以推知新罗宾贡子弟中六头品出身应当比王族出身更多，他们在新罗严格的身份制度下难以出头，因此或官费或自费，入唐学习先进文化，以期在唐谋得一官半职。

将身份上升的希望寄托于宾贡制的崔肩逸，在崔致远赴唐前深切叮嘱："十年不第进士，则勿谓吾儿，吾亦不谓有儿。往矣勤哉，无隳乃力。"[⑤]在父亲的殷切盼望下，崔致远十二岁（866年）入唐求学，十四岁入太学学习准备科举，六年后即二十岁（874年）时在裴瓒座下一举及第，列名榜尾。对自己渡唐学习的经历，崔致远曾在《桂苑笔耕集》中自述："自十二则别鸡林，至二十得迁莺谷，方接青襟之侣，旋从黄授之官。"[⑥]"鸡林"是新罗的旧称，"迁莺谷"则指科举及第，"接青襟之侣"指进士及第后的各种期集交往活动。[⑦]

进士及第后崔致远在东都洛阳一面游历一面磨砺提升自己的诗文功底。两年后，他调任宣州溧水（今江苏省溧水县）县尉，迁侍御史、内供奉。后欲通过考取博学鸿词科晋升更高品阶的官职，877年冬卸任县尉一职，入终南山修学。然而晚唐时局动荡不安，博学宏词科停止选拔，辞官后的崔致远经济拮据，通过朋友顾云的引荐成

① 崔致远著，李时人、詹绪左编校：《崔致远全集》，上海古籍出版社，2018年，第626-638页。

② 王建宏，赵莎：《"唐风东渐"与新罗"骨品制"的瓦解——以新罗的遣唐留学生为中心》，载《怀化学院学报》，2014年第33卷第12期，第8页。

③ 崔瀣：《拙稿千百》，亚细亚出版社，1972年，第84-85页。

④ 王建宏，赵莎：《"唐风东渐"与新罗"骨品制"的瓦解——以新罗的遣唐留学生为中心》，载《怀化学院学报》，2014年第33卷第12期，第8页。

⑤ 崔致远著，李时人、詹绪左编校：《崔致远全集》，上海古籍出版社，2018年，第3页。

⑥ 崔致远著，李时人、詹绪左编校：《崔致远全集》，上海古籍出版社，2018年，第391页。

⑦ 李定广：《关于崔致远研究的三个误区及其突破》，载《学术界》，2012年第9期，第29-30页。

为高骈的从事官，专事笔墨。黄巢之乱发生之后，以一纸《讨黄巢檄文》文名响彻天下。

后来高骈失势，本就因外国人的身份仕进受到制约的崔致远自觉难以在唐施展抱负，决意回国。884年，崔致远担任唐送诏史一职东归新罗。然归国后，新罗已是衰败之相，崔致远仕途仍是坎坷，最终携家人隐遁海印寺。

三、诗文创作及《崔致远全集》所录汉诗概观

十二岁从新罗西渡求学，在唐十八载，崔致远可谓深得中华文化精髓，几十年间笔耕不辍，创作了大量汉文学作品，其著作有《桂苑笔耕集》《中山覆篑集》《四六集》等。从唐回到新罗后，崔致远精选在唐期间所著杂诗赋及表奏集献于宪康王，《桂苑笔耕集》序文中详细记录了当时所呈书目："淮南入本国兼送诏书等使、前都统巡官、承务郎、侍御史、内供奉、赐紫金鱼袋臣崔致远进所著杂诗赋及表奏集二十八卷，具錄如后：私试今体赋五首一卷；五言七言今体诗共一百首一卷；杂诗赋共三十首一卷；《中山覆篑集》一部五卷；《桂苑笔耕集》一部二十卷。"[①]《孤云先生事迹》中又言崔致远"又有文集三十卷行于世"[②]，由此可见，崔致远笔耕几十载，著作颇丰。然其著作除《桂苑笔耕集》外，如今大多已不见踪影，仅有《东文选》《千载佳句》《十抄诗》等古籍中散布佚文少许，令人扼腕。

现存崔致远文集汇编中，有自编有他编，自编即上述的《桂苑笔耕集》，被认为是朝鲜半岛现存最早的文集，统共二十卷；他编文集则以李氏朝鲜崔氏后人崔国述辑刻《孤云先生文集》三卷最为著名，除此之外，还有佚名所编《孤云先生续集》一卷。

《桂苑笔耕集》作为崔致远自选文集，内容可信度高。然白玉微瑕，受成书时间所限，辑录作品集中于高骈幕府时期，崔致远返新罗后的笔耕作品不得见。崔国述整理汇编的《孤云先生文集》中既有《桂苑笔耕集》之佳篇，又集合了不少集中未曾收录的崔致远在唐时期的作品，更有崔致远归新罗以后数十年笔耕的结晶，相当程度上补充了对崔致远生平及文学世界的相关研究资料。1972年，成均馆大学大东研究院主导汇编了《崔文昌侯全集》，首次将上述三集整理在一起，供学者们研究参考。不过《崔文昌侯全集》及《孤云先生文集》长久以来并未在国内出版，国内学者对于崔致远著述的了解长期集中于《桂苑笔耕集》。

随着学界对于崔致远佚文的不断搜集考证，孤云著述数量已进一步扩充。至2018年，李时人、詹绪左编校出版《崔致远全集》，《孤云先生文集》亦收入该全集在华出版。全集采用文集丛编的方式，分列《桂苑笔耕集》《孤云先生文集》《孤云先生续集》三本文集；后设《辑佚一》《辑佚二》，依据国内外学者研究考证辑录散佚诗

① 崔致远著，李时人、詹绪左编校：《崔致远全集》，上海古籍出版社，2018年，第3页。
② 崔致远著，李时人、詹绪左编校：《崔致远全集》，上海古籍出版社，2018年，第802页。

文；书尾《附录》收录文集各刊本序跋文、崔致远生平传记及作品考。

《崔致远全集》共收录了诗文485篇（首），其中诗119首（含残篇10首）。接近500篇的传世著述从数量上无疑是同时期新罗汉文学其他人物难以比肩的，对后世的影响亦如是。作为最新的崔致远作品全集，诗文收录精细且全面，重收、伪作等一概弃而不取，佚文补录较为全面。校记部分详细记录各本异体字、误字，校勘严谨审慎，诸刊本异同清晰可辨。

《崔致远全集》收录的汉诗作品中，古体诗极少，仅四首，其余几乎全为近体诗，且以七言律诗与七言绝句为主，共计九十余首。近体诗为主的作诗倾向除与当时宾贡科考试主要以近体诗应试为主有密不可分的联系外，也与崔致远尚难以驾驭重铺陈、用典的古诗有一定关系。另外，这一倾向也可能是因为受晚唐主导诗派等的影响。①

四、崔致远汉诗中的中国形象

“何为形象？”面对这一根本性问题，比较文学形象学中将形象分为了“他者”形象和“自我”形象，前者指文本中出现的作为“他者”而存在的异国或异族的形象，这也是形象学研究的核心；后者指形象创造者自我民族的形象，它在文本中若隐若现，对“他者”形象的塑造起着不容忽视的作用。

“他者”形象在文本中的存在方式是多样的。学者马靖妮认为，作为“他者”的异国形象，在文学文本中可以体现为对具体的人物器物、风土人情、地形地貌的描述，也可以体现为思想观念和言谈词句。总而言之，它是存在于作品中的相关的主观感受、思想意识和客观物象的综合，是对一种文化现实的描述。②

作为一名旅唐十八载的新罗宾贡生，崔致远在唐游历、学习、出仕，这段旅唐经历对他的思想产生了重要的影响，同时也成为他文学创作的重要源泉，在他的诗中涉及对唐直接描写的作品占半数以上。孤云诗中的中国形象无疑是以一种“他者”形象，即异国的形象而存在，这种形象在他的诗中可具象为对自然景物、中国人及晚唐社会的描写与感受。亲身体察到的客观物象与孤云主观的思想感受相结合，最终凝聚成了崔致远笔下具有独创性的“中国形象”。

（一）自然景物形象

在唐生活十八年，崔致远足迹遍布中国大江南北，诗中涉及了大量中国古地名，如溧水、维阳、广陵、楚州、润州、饶州、盱眙、胶州、大别山、海门等。前期求学

① 杨会敏：《统一新罗时期汉诗的晚唐风韵》，载《延边大学学报》（社会科学版），2014年第6期，第84-85页。

② 马靖妮：《〈热河日记〉中的中国形象研究》，中央民族大学博士学位论文，2007年，第5页。

阶段崔致远主要在长安、洛阳学习游历，随后仕宦时期在溧水及淮南为官，最后从淮南一路北上经山东半岛返罗。每到一处，他都会创作诗歌以记录自身所见所感，留下不少写景抒怀诗，语言清新自然又不失雄浑气势，其中尤以归国途中行至山东半岛所作的十首景物诗为后世传唱之佳篇。

诗序有言："中和甲辰年冬十月，奉使动泛，泊舟于大珠山下。凡所入目，命为篇名，啸月吟风，贮成十首，寄高员外。"[①]由序文可知，这十首诗是诗人行至山东半岛大珠山，触景生情，作诗遥寄高骈。十首诗仅为吟风咏月而作，此时诗人任送诏使即将荣归故里，已卸下在唐公职的他无公务忧心，终于可以心无旁骛地欣赏起周边美景。面对大珠山高耸入云的石峰，他写道：

> 巉岩绝顶欲摩天，海日初开一朵莲。势削不容凡树木，格高唯惹好云烟。
> 点酥寒影妆新雪，戛玉清音喷细泉。静想蓬莱只如此，应当月夜会群仙。[②]

高峻挺拔的大珠山峰与初升的红日相接，宛若开在海中的一朵娇艳动人的荷花。山峰上星星点点白是不久前落下的新雪，山涧泉水流淌叮咚作响，就像敲击玉器般清脆动听。这般美景仿佛置身于蓬莱仙山，让诗人心醉。学成归去，一腔报国之情终有用武之地，诗人的意志也似高大巍峨的大珠山般高昂，表现出诗人卓然独立、兼济天下的豪情壮志。

然而，归程当前，诗人心中也并非那么轻松愉悦。在《石上矮松》一诗中，诗人也曾慨叹生于涧底石上的矮松的悲哀命运："不材终得老烟霞，涧底何如在海涯。"[③]生于涧底不如生于海涯边可以自由生长，最终长成不材之木，得享天年。这里，诗人以石上矮松自比，慨叹自己出身低微。"自能磐石根常固，岂恨凌云路尚赊。"[④]一句亦是感慨自己虽得贵人提携，扎稳根基，但只恨出身低微，"凌云路"仍漫漫。这里的出身低微应当有两层意思，一是诗人在新罗只是六头品出身，仕进困难，二是指诗人虽在唐得以宾贡及第，受外国人身份的限制仕途依旧难有大的突破。

这种以物自比、寓情于景的手法在崔致远的景物诗中并不少见，《蜀葵花》一诗中亦是将自己比作生于"荒田"边的寂寞"蜀葵花"。"车马谁见赏，蜂蝶徒相窥。自惭生地贱，堪恨人弃遗"两联，诗人借蜀葵花喻托自己身世低微，感伤身在他乡、孤独飘零的悲惨境遇。

由此也可见，在崔致远的景物诗中，他在向读者描绘一幅幅晚唐自然风景图的同时，自身形象也已经融入他所描绘的图景，成了其中的一部分。"他者形象是反观自身形象的一面镜子。"[⑤]因此，可以说崔致远在作品中构建"他者"形象即中国形象的过程，在某种程度上也是他审视自我的过程。作为读者，我们不仅要关注崔致远作品

---

① 崔致远著，李时人、詹绪左编校：《崔致远全集》，上海古籍出版社，2018年，第498页。
② 崔致远著，李时人、詹绪左编校：《崔致远全集》，上海古籍出版社，2018年，第498页。
③ 崔致远著，李时人、詹绪左编校：《崔致远全集》，上海古籍出版社，2018年，第502页。
④ 崔致远著，李时人、詹绪左编校：《崔致远全集》，上海古籍出版社，2018年，第502页。
⑤ 孟华：《比较文学形象学》，北京大学出版社，2001年，第46页。

中的中国形象，更应该关注他创造这一形象的切入点。

（二）中国人形象

崔致远汉诗中着墨最多的人物当属对他有提携之恩的高骈。在投靠淮南幕府之前，他曾效仿友人顾云向时任太尉的高骈献上了歌颂高骈功德的三十首绝句诗。诗中运用大量典故，对高骈的军事、文学、书法、才智等多方面进行了歌颂。《兵机》中将高骈比作“留侯”张良，赞其用兵谋略高；《雪咏》言高骈在三冬时节用“五色毫”写出吟咏“六出花”的绝句赢得“四方夸”，“六出花”即雪花，又将高骈与谢灵运作比较，直言高骈诗名高出谢灵运。诗句中不乏过誉失实的部分，但透过崔致远所献纪德诗，也让本就喜好文学的高骈看出崔致远不凡的文学功底。此后，崔致远在高骈麾下担任从事官，为其撰写了大量文书，其中《檄黄巢书》一文更是让崔致远名扬天下，得益于此，崔致远后得“侍御史内供奉、赐紫金鱼袋”的奖赏。

除高骈外，崔致远还与许多人互赠过诗歌。《奉和座主尚书避难过维阳宠示绝句三首》表达了对座主裴瓒知遇之恩的感激，同时也记录了唐末黄巢起义时时局的混乱，官宦人家尚且难以保全自身，需要逃难。除了官宦人物，崔致远与顾云、张乔、吴峦、杨瞻等文人也交情笃厚，留下了不少赠酬诗。

另外值得注意的是崔致远诗中宗教人物的登场。《留别女道士》是崔致远回国临行前与相识多年的女道士告别时所作。“每恨尘中厄官途，数年深喜识麻姑。临行与为真心说，海水何时得尽枯。”[①]诗人惆怅于自己仕途困苦，多年来与女道士相交排解了许多忧愁，由此可知，这里的女道士应当是诗人多年来的红颜知己。诗后两句借典故表达海水变桑田，此次一别之后还能再与女道士相见的期望。

另有《赠云门兰若智光上人》一诗，“竹架泉声紧，松灵日影疏。境高吟不尽，瞑目悟真如”[②]两联描写诗人参禅悟“真如”的模样，像寻常僧人一般，隐居深山，与竹松相伴，坐听泉声，入定参禅。崔致远与释道两家的交游在归国后更加频繁，代表作品有《赠梓谷兰若独居僧》《赠金川寺主》《赠希郎和尚》等。在唐时，与释道两家的交游虽未完全动摇崔致远渴望匡时济世的儒家思想，但在他仕途困顿时释道思想为他提供了新的思想出口，让他得以从尘世的烦恼中超脱出来。与宗教人物的频繁交游一定程度上也能解释他从满腔抱负、积极入世到最终归隐海印寺、选择出世的思想转变。

崔致远汉诗中出现的一众中国人形象，也从侧面反映出晚唐藩镇割据、佛教盛行的社会景象。时局凋敝，士人仕进困难，国家颓势已不可阻挡。

① 崔致远著，李时人、詹绪左编校：《崔致远全集》，上海古籍出版社，2018年，第496页。
② 崔致远著，李时人、詹绪左编校：《崔致远全集》，上海古籍出版社，2018年，第523页。

（三）风雨飘摇的唐王朝

崔致远在唐的十余载正是唐王朝江河日下、日薄西山的时期，宦官当政、藩镇割据以及朋党之争都让盛极一时的大唐帝国变得飘摇不定。晚唐文学的潮流，也开始从社会写实回归看重华丽技巧的形式主义，靡靡之音盛行。唐末讽喻诗成就并不算突出，然而渴望在唐王朝建功立业却因社会腐败难以施展自己才能的宾贡子弟，却大胆地用诗揭露社会弊端。

如崔致远的《江南女》将“娇且怜”的江南歌女与终日纺织缫丝的贫寒劳动女子相对比，批判江南社会上层女子奢侈骄蛮、好逸恶劳，也借此反映晚唐社会奢侈腐败成风的社会现象。崔诗中还有一部分对于唐末战乱景象的描写，如《奉和座主尚书避难过维阳宠示绝句三首 其一》“年年荆棘侵儒苑，处处烟尘满战场”[①]及《其二》“乱世无事不悲伤，鸾凤惊飞出帝乡”[②]几句生动地描绘出了烽火燃起，士人四向逃难，百姓民不聊生的唐末战争图景。

覆巢之下安有完卵，唐皇不再信任高骈，晚年沉迷道术，崔致远意识到在衰败的唐王朝难以施展自己的抱负之后，最终踏上了返回新罗的归程。

五、结语

在唐学习、仕宦十余载，崔致远虽在唐进行了一定的社会政治参与，但作为异邦人他能做的十分有限，他在晚唐社会更像是一个旁观者。长时间的在唐生活使他对于晚唐社会具有直接的认识，可以相对完整、客观地把握真实的中国生活，因此了解他在作品中塑造的中国形象对我们回顾藩镇割据的晚唐社会有较高的历史参考价值。

不过，如狄泽林克所言：“形象是塑造者在社会集体想象物的支配下对他者的想象与构建。”[③]一个文本中存在的异国或者异族形象，应当是在创造者所属社会集体与作为“他者”的异国或者异族的文化互动、交流中产生的，因此，对于崔致远汉诗中的中国形象的理解也应当在了解新罗宾贡生乃至整个新罗社会对中国形象的理解之后再进行进一步的讨论，这也是笔者下一步的研究方向。

另外，作为朝鲜汉文学始祖，以崔致远为代表的新罗宾贡留学生学成归国后为新罗汉文学发展注入了新的活力，奠定了朝鲜半岛汉文学的发展基础。

参考文献

崔瀣，1972. 拙稿千百［M］. 首尔：亚细亚出版社.

崔致远，2018. 崔致远全集［M］. 李时人，詹绪左，编校. 上海：上海古籍出版社.

① 崔致远著，李时人、詹绪左编校：《崔致远全集》，上海古籍出版社，2018年，第493页。

② 崔致远著，李时人、詹绪左编校：《崔致远全集》，上海古籍出版社，2018年，第493页。

③ 孟华：《比较文学形象学》，北京大学出版社，2001年，第121页。

李定广，2012. 关于崔致远研究的三个误区及其突破［J］. 学术界（09）：28–35.

马靖妮，2007.《热河日记》中的中国形象研究［D］. 北京：中央民族大学.

孟华，2001. 比较文学形象学［M］. 北京：北京大学出版社.

王建宏，赵莎，2014. “唐风东渐”与新罗“骨品制”的瓦解——以新罗的遣唐留学生为中心［J］. 怀化学院学报，33（12）：7–9.

杨会敏，2014. 统一新罗时期汉诗的晚唐风韵［J］. 延边大学学报（社会科学版），47（6）：81–88.

名家名作视角下对韩国古代文学研究现况的研究

——以韦旭升《韩国文学史》目录为选评标准

姚诗聪①

摘要：韩国古代文学研究已成为日益升温的中国大陆韩国学研究中受关注最多、研究成果也最为丰富的领域之一，占据着极为重要的地位。本文从名家名作的研究视角出发，基于韦旭升《韩国文学史》目录归纳出韩国古代文学史上最为重要的17位名家和16部名作，对收录于中国知网的中国大陆学界韩国古代文学研究的论文、韩国古代文学史中最为重要的名家文集与文学名作在中国大陆的出版情况，以及韩国古代文学史中最为重要的名家名作在中国大陆的研究论著出版情况进行综合全面的考察，清晰而深刻地反映出中国大陆学界的韩国古代文学研究仍然处在研究的初级阶段，存在明显的缺陷与不足，还有着极大的研究发展空间。

关键词：韩国古代文学研究；韩国学研究；韦旭升；《韩国文学史》

韩国在历史上长期从属于东亚汉字文化圈，作为其中的核心成员，亦是世界上除中国之外域外儒学、史学、汉文学最为发达、成就最为显著的国度，因而有关韩国古代的文史哲研究自然成为韩国学研究中最重要的核心领域。无论中韩学界，韩国古代文学研究皆是其中的重中之重。韩国古代文学研究早已成为日益升温的中国大陆韩国学研究中受关注最多、研究成果也最为丰富的领域之一，占有极为重要的地位。仅以中国大陆韩国学研究重镇延边大学、山东大学、南京大学三大高校为例，近十年来出自该三大高校亚非语言文学学科专业、收录于中国知网、涉及韩国古代文学研究的硕博士学位论文就多达68篇，可见若是把地域范围扩展至整个中国大陆，把时间线拉长到近20年，产出的涉及韩国古代文学研究的硕博论文数量便势必有数倍之多。加上期刊论文，中国大陆学界产出的涉及韩国古代文学研究的论文数量之大不难想见，韩

① 作者简介：姚诗聪，文学硕士，韩国庆北大学中语中文学科博士。主要研究方向：韩国学研究、东亚文化交流及比较研究。

国古代文学研究在中国大陆学界蔚然成风的盛况与在中国韩国学研究中的显赫地位更可见一斑。不包括学术研究著作，单是中国知网收录的涉及韩国古代文学研究的近乎海量的论文数量，便令人不禁为韩国古代文学研究在中国大陆学界蔚然成风的盛况以及韩国学研究在中国大陆学界的日益升温而倍感欣慰与鼓舞。但也不应被表面繁荣的假象蒙蔽双眼而盲目乐观，而要保持清醒和理性，表面的繁荣并不意味着中国大陆学界的韩国古代文学研究就只有催人奋进的成绩，而不存在明显的缺陷与问题。单就中国知网收录的涉及韩国古代文学研究的论文而言，存在着极其明显甚至严重的缺陷与问题，极有必要撰文指出，并就此进行分析，以期对中国大陆学界的韩国古代文学研究乃至韩国学研究的正常可持续发展提出有价值的思考，贡献笔者应尽的一点绵薄之力。

按照一般文学研究的学术发展逻辑与普遍规律，无论是在本国还是他国，研究一国或一代之文学，多应从名家名作首先入手，当积累了一定或数量相当的学术成果与经验之后，才会再将学术视野与研究目光逐渐转移、拓展至其他相对不甚出名的作家与作品之上。学界对之前长期主要关注的名家名作的研究也绝不会完全停滞，对名家名作的关注不会明显减少，研究热度也不会衰弱。总之，学界对名家名作的持续关注与研究呈现比较稳定的态势，在固定时间段内的绝对研究数量都不会过少，更不会出现数量暴跌或骤增的情况，始终在文学研究中占据着主流的重要地位。以中国古代文学为例，就名家而言，“李杜”不仅是唐代诗歌史上，更是中国文学史上双峰并峙、最负盛名的伟大人物。每年中国知网收录的涉及李杜研究的论文数量在涉及唐代各位著名文学家研究的论文数量中分列一二名，这并不出人意料。若置于整部中国文学史来看，每年中国知网收录的涉及李杜研究的论文数量在涉及中国古代文学史各位著名文学家研究的论文数量中，按推测也应分列一二名。然而令人稍感意外的是，近年来收录于中国知网的涉及中国古代文学史中各位著名文学家研究的论文数量中，位列第一的既非李白，也非杜甫，而是代表宋代文学最高成就的苏轼，这或许与当下的时代有关。或许不出几年，前两把交椅便又会风水轮流转，回到李杜手中。从此角度来看，又可以理解了。就名作而言，《红楼梦》作为中国古典小说四大名著之一和中国古典小说的最高峰，称其为中国古代文学史上最为著名、最值得研究的文学作品自不为过，因此才会形成专门的“红学”研究。每年中国知网收录的涉及《红楼梦》研究的论文数量在历年收录于中国知网的涉及中国古代文学史中各著名文学作品研究的论文数量中自是毫无悬念地独占鳌头。韩国学研究作为典型的区域国别学研究，其重中之重的韩国古代文学研究本质上与中国古代文学研究并无多大区别。韩国在历史上长期从属于东亚汉字文化圈，作为其中的核心成员，亦是世界上除中国之外域外汉文学最为发达、成就最为显著的国度，因而以汉文学占据主流的韩国古代文学与中国古代文学多有异曲同工之妙。按理说，中国大陆学界的韩国古代文学研究的学术发展逻辑与普遍规律应与中国古代文学研究相差不大或者说极为类似，也就是说，中国大陆学界的韩国古代文学研究理应也是以对韩国古代文学史中的名家名作的持续关注与研究占主流，且在相关研究论文数量上远远超过对于非名家非名作的关注与研究，然而事实却远非如此。

考察目前已在中国大陆出版的由中国大陆学者所著的中文版本的韩国文学通史，数量并不算多，仅有六种版本，分别为韦旭升的《韩国文学史》（北京大学出版社，2008）、尹允镇的《韩国文学史》（上海交通大学出版社，2008）、李岩的《朝鲜文学通史》（社会科学文献出版社，2010）、金英今的《韩国文学简史》（南开大学出版社，2009）和《精编韩国文学史》（南开大学出版社，2016）、杨昭全的《朝鲜汉文学史》（吉林人民出版社，2020）。若从学术性与通俗性兼顾、章节设置的合理性、内容的全面性与篇幅的长短等要素进行考量，其中堪称最经典、值得作为每位韩国古代文学研究者置于案头的必读教科书的，当属韦旭升的《韩国文学史》。从韦旭升所著的《韩国文学史》被认定为普通高等教育“十一五”国家级规划教材，便足以一见其人其书在中国大陆韩国学研究史中的重要地位。韦旭升作为新中国成立之后中国大陆学界韩国学研究的第一代学人与代表人物，1949年入北京大学东语系，1953年毕业并留校任教，在北大东语系任教40余年，长期从事韩国语言与文学的教学与研究，他在多年研究的基础上，出版有六卷本《韦旭升文集》，系统、全面地介绍韩国语言、文学、历史和哲学，受到中韩学界的高度评价。《韦旭升文集》中收录有文学史研究著作《朝鲜文学史》。《朝鲜文学史》是中国大陆学界第一部用中文写成的系统阐述朝鲜文学发展历史的论著，无疑在中国大陆韩国学研究史上拥有重要意义与地位，而《韩国文学史》便是韦旭升在《朝鲜文学史》基础上的修订之作。2005年10月9日是韩国的文字节，韩国政府向韦旭升颁发宝冠文化勋章，这一勋章是韩国的国家级勋章，主要授予韩国的个人和团体。迄今为止，韦旭升是获此殊荣的唯一中国学者，主要就是考虑到《韦旭升文集》在韩国的深远影响，借以表彰他多年来为促进中韩文化交流所做出的突出贡献。

韦旭升《韩国文学史》目录列出的韩国古代文学史上最为重要的名家有崔致远、李奎报、李齐贤、金富轼、郑澈、金时习、林悌、朴仁老、尹善道、权韠、许筠、金万重、南永鲁、朴趾源、丁若镛、赵秀三、金笠等17位文学家，名作有《新罗殊异传》《三国史记》《关东别曲》《金鳌新话》《花史》《鼠狱说》《壬辰录》《洪吉童传》《谢氏南征记》《九云梦》《春香传》《沈清传》《裴裨将传》《玉楼梦》《彩凤感别曲》和前后《思美人曲》等16部文学作品。

从名家名作的研究视角出发，对中国知网收录的中国大陆学界关于韩国古代文学研究的论文进行考察，不难发现，中国大陆学界韩国古代文学研究的发展现状反映出的学术规律并不符合以中国大陆学界中国古代文学研究为代表的一般文学研究的学术发展逻辑与普遍规律，且差异较大，中国大陆学界的韩国古代文学研究的明显缺陷甚至是严重问题也因而显见。在中国知网的检索栏中依次以依据韦旭升《韩国文学史》目录归纳出的韩国古代文学史上最为重要的名家名作为检索词进行检索，所得到的结果令人大为失望：论文数量超过100篇的只有崔致远（248）、李奎报（177）、朴趾源（150）、李齐贤（110）、许筠（107）、丁若镛（107）6人，论文总数50～100篇的只有金富轼（58）、金时习（51）2人，论文总数20～30篇的仅金万重（30）1人，论文总数10～20篇的仅郑澈（17）1人，其他7位名家的研究论文总数皆不足10篇，甚至0篇（权韠）。依据韦旭升《韩国文学史》目录归纳出的韩国古代文学史上最为重要的16部名作，在中国知网检索栏中检索相关研究论文，总数超过100篇的只有《三国史记》（430）、《春香传》（189）2部，总数20～100篇的只有《九云梦》（66）、《金鳌新话》（50）、《洪吉童传》（26）、《谢氏南征记》（22）、《玉楼梦》（21）5部，论文总数10～20篇的仅《沈清传》（17）1部，其他8部名作的研究论文总数皆不足10篇，甚至0篇（《裴裨将传》）。作为韩国古代文学史上重要的名家名作，在中国知网检索到的相关研究论文数量不足10篇，这显然与其在韩国文学史上的突出成就与重要地位是不匹配的。即便研究论文数量介于50～100篇之间，也显得单薄。尤其是作为韩国古代文学史上最杰出的三大国语诗歌大家、国语文学最高成就代表的郑澈、朴仁老、尹善道的个人相关研究论文总数却分别仅有17篇、3篇、8篇，作为国语歌辞代表作的《关东别曲》、前后《思美人曲》和国语杰出爱国讲史小说《壬辰录》的相关研究论文数分别仅1篇、5篇、8篇，这些显然都是违背研究逻辑的，不难看出中国大陆学界的韩国古代文学研究对于名家名作的关注与研究状况堪称惨淡，存在着明显的缺陷与不足，还有着极大的发展空间。

令人稍感意外的是，韩国古代文学史上最为重要的这17位名家、16部名作，在中国知网中相关论文数量最多的竟是《三国史记》，高达430篇，远远多于排在第二名的崔致远（248）。但《三国史记》在中国知网中的相关研究论文多集中于对其史料价值的挖掘和研究，而对其文学性和文学价值的挖掘与研究并不算多，仅占相关研究论文数量的十分之一左右。相比之下，中国大陆学界的韩国古代文学研究对名家的关注与研究状况要明显好于对名作的关注与研究状况，存在相比于名作研究更偏向于名家研究的明显倾向。同时不难看出，中国大陆学界的韩国古代文学研究存在相比于国语文学研究更偏向于汉文学研究的明显倾向。

中国大陆学界的中国古代文学研究呈现出对名家名作的持续关注与研究始终占据最主流地位，且在相关研究论文数量上远远超过对非名家非名作的关注与研究的学术发展逻辑与一般规律。从名家名作的视角对于收录于中国知网的涉及中国大陆学界韩国古代文学研究的论文进行考察，便会清晰地看到中国大陆学界的韩国古代文学研究与前者呈现出截然不同的学术发展逻辑与规律。中国大陆学界的韩国古代文学研究对于韩国古代文学史上最为重要的17位名家、16部名作的关注和研究还极不充分，距离饱和状态很遥远。其中的多数名家名作的相关研究论文积累还很单薄，堪称惨淡，还有极大的研究发展空间。甚至出现韩国古代文学史上的非名家非名作的相关研究论文数量超过韩国古代文学史上最为重要的17位名家、16部名作的相关研究论文数量的情况，如作为朝鲜时代后期汉文诗人代表、成就最大的委巷诗人赵秀三在中国知网中的相关研究论文数量仅为2篇，朝鲜时代中期成就较为突出的汉文诗人权韠在中国知网中的相关研究论文数量甚至竟为0篇，而非名家诗人、朝鲜时代前中期委巷文人刘希庆在中国知网中的相关研究论文数量却有5篇；又如以丙子战争为历史背景的国语爱国小说《朴氏夫人传》《林庆业传》在中国知网中的相关论文分别为4篇、6篇，而作为朝鲜时代后期文人小说代表作的优秀国语爱情小说《彩凤感别曲》在中国知网中的相关论文却仅有1篇，朝鲜时代后期的经典国语讽刺小说《裴裨将传》的情况更为惨淡，数量竟为0篇。这种相关研究论文数量与其在文学史上的重要地位完全不匹配的情况，在中国大陆学界的中国古代文学研究中无疑是不会出现的。中国大陆学界的韩国古代文学研究对韩国古代文学史上最为重要的17位名家、16部名作的关注和研究尚且存在如此明显的缺陷与不足，对韩国古代文学史上海量的非名家非名作的关注和研究情况只会更加惨淡。

《韩国文集丛刊》是由韩国古典翻译院编纂的、收录历代韩国文集的“韩国版四库全书”，是韩国有史以来最大规模的编纂物，分为正编350册与续编150册，共计500册，是从事韩国古代文学研究与韩国学研究必备的基本经典文献丛书。仅正编350册即收录有韩国历史上662位名人的文集663种。中国大陆学界的韩国古代文学研究对于《韩国文集丛刊》收录文集的绝大多数韩国古代文人的研究基本都还处在空白状态。学者严明在《近世东亚汉诗流变》第一编附录中列出的《朝鲜汉诗人目录》收录韩国古代汉诗人多达2432人，中国大陆学界的韩国古代文学研究对这其中的绝大多数诗人的研究同样都还处在空白状态。这反映出本质上作为区域国别学研究的韩国学研究以及作为其中重中之重的韩国古代文学研究在中国大陆学界虽然日益升温，近年来的关注和研究渐多，但明显还处于研究的初级阶段，还有极大的发展空间。

从名家名作的研究视角出发，对中国知网收录的中国大陆学界韩国古代文学研究的论文进行考察，便能清晰地看到当下中国大陆学界韩国古代文学研究所处的学术发展阶段以及存在的严重问题。除此之外，也极有必要从名家名作的视角出发，对韩国古代文学史中最为重要的名家文集与文学名作在中国大陆的出版情况进行考察，这更能清晰而深刻地反映中国大陆学界对韩国古代文学研究的发展现状。因为韩国古代文学史中最为重要的名家文集与文学名作无疑是从事韩国古代文学研究的必备文献，名家文集与文学名作整理出版的过程本身亦是学术研究的必经之路。韩国古代文学史中的名家文集与文学名作在中国大陆的出版情况，能客观地反映中国大陆学界对韩国古代文学的研究情况。笔者曾在2017年大学毕业之前应邀为母校陕西理工大学文学院的研究生作题为《中国大陆韩国学研究现状及未来研究方向展望——关于韩国学研究方向问题的思考》的学术报告，报告中指出，中国大陆出版的有关韩国学研究的资料极少，主要是文学资料，如《燕行录》。总体而言，在国内出版的多是文学文献，历史文献严重不足。截至学术报告完成之时，在中国大陆已经出版的韩国古代文人文集仅有崔致远《桂苑笔耕集校注》（中华书局，2007）、李齐贤《益斋集》（中华书局，1985）、徐敬德《花潭集校注》（上海古籍出版社，2012）、李彦迪《晦斋集校注》（上海古籍出版社，2016）、曹植《南冥集校注》（上海古籍出版社，2014）五部作品，另有一部女性诗文集丛书，即《朝鲜时代女性诗文集全编》（凤凰出版社，2011）。其中，仅有崔致远、李齐贤二人在韦旭升《韩国文学史》目录所列出的韩国古代文学史上最为重要的17位文学名家之列，不足总人数的八分之一。在报告后的七年之间，中国大陆新出版的韩国古代文人文集目前所见仅有崔致远《崔致远全集》（上海古籍出版社，2018）、田愚《秋潭别集》（商务印书馆，2021）二部，其中仅有崔致远一人在韦旭升《韩国文学史》目录所列出的韩国古代文学史上最为重要的17位文学名家之列。《崔致远全集》是对崔致远文集的另一整理版本而非首次整理出版，意义有限。严格说来，田愚（1841—1922）也并不能算是纯粹的韩国古代文人。

如此看来，这七年间中国大陆于韩国古代文学史中的名家文集的出版情况基本处于停滞的状态。总体而言，截至目前，中国大陆对韩国古代文学史中的名家文集的出版情况只能用惨淡不堪来形容，而对于其他非名家文集的出版状况也就不难想象了，基本都处在空白状态。截至学术报告完成之时，在中国大陆已经出版的韩国古代文学作品仅有《壬辰录》（《壬辰录：万历朝鲜半岛的抗日传奇》，上海古籍出版社，2016）、《箕雅》（《箕雅校注》，中华书局，2008）、《诗话丛林》（《诗话丛林校注》，人民文学出版社，2015）、《皇华集》（《足本皇华集》，凤凰出版社，2013）、《三国史记》（吉林大学出版社，2015）、《九云梦》（复旦大学出版社，2010；上海古籍出版社，2014）、《金鳌新话》（岳麓书社，2009）、《洪吉童传》（民族出版社，2009）、《春香传》（人民文学出版社，2010）、《沈清传》（民族出版社，2007）、《兴夫传》（民族出版社，2009）、《热河日记》（上海书店，1997），还有文学作品选如《韩国古典文学精华》（岳麓书社，2006）、《古代朝鲜辞赋解析（一）》（商务印书馆，2013）、《古代朝鲜辞赋解析（二）》（商务印书馆，2015）。其中有《三国史记》《壬辰录》《洪吉童传》《九云梦》《春香传》《沈清传》六部作品属于韦旭升《韩国文学史》目录所列出的韩国古代文学史上最为重要的16部文学名作之列，占到总作品数的三分之一多。在此后七年之间，新出版的韩国古代文学作品目前所见仅有《恨中录》（重庆出版社，2021）、《九云梦校注》（上海古籍出版社，2023）两部而已，《恨中录》并不属于韦旭升《韩国文学史》目录所列出的韩国古代文学史上最为重要的16部文学名作之列，《九云梦》虽在韦旭升《韩国文学史》目录所列出的韩国古代文学史上最为重要的16部文学名作之列，但《九云梦校注》只是对《九云梦》的另一整理版本而非首次整理出版，意义还是有限。如此看来，这七年间中国大陆对韩国古代文学史中的文学作品的出版情况也是基本处于停滞的状态，同样令人遗憾。但值得欣慰的是，截至目前，中国大陆对韩国古代文学史中的文学名作的出版情况要明显好于对于名家文集的出版情况。为力求研究的全面性，既然本文的研究是从名家名作的视角出发，那就也应对韩国古代文学史中最为重要的名家名作在中国大陆的研究论著出版情况进行考察。截至学术报告完成之时，在中国大陆已经出版的韩国古代文学史中最为重要的名家名作的研究论著仅有《崔致远思想和作品研究》（广陵书社，2007）、《丁若镛的哲学思想研究》（苏州大学出版社，2013）、《朝鲜儒者丁若镛的四书学：以东亚为视野的讨论》（华东师范大学出版社，2012）三部，虽然崔致远、丁若镛在韦旭升《韩国文学史》目录所列出的韩国古代文学史上最为重要的17位文学名家之列，但有关丁若镛的两部研究论著是对他的哲学研究和经学研究，并非关于他的文学研究，故不应计入。如此看来，截至2017年，在中国大陆已经出版的韩国古代文学史中最为重要的名家名作的文学研究论著仅有一部，情况不可谓不惨淡。在此后七年之间，又新出版的韩国古代文学史中最为重要的名家名作的研究论著，目前所见仅有《阎若璩与丁若镛古文〈尚书〉考辨比较研究》（燕山大学出版社，2017）、《李奎报咏史诗研究》（中国社会科学出版社，2020）、《此子生中国——朝鲜文人许筠研究》（中华书局，2018）、《朴趾源文学与中国文学之关联研究》（北京大学出版社，2017）四部。其中，有关丁若镛的一部研究论著是关于他的经学研究，并非关于他的文学研究，故不应计入。因而这七年之间新出版的韩国古代文学史中最为重要的名家名作的文学研究论著有三部。虽然增量和增速喜人，但截至目前，在中国大陆已经出版的韩国古代文学史中最为重要的名家名作的文学研究论著仅有四部，情况仍然不容乐观。

从名家名作的研究视角出发，无论是对中国知网收录的涉及中国大陆学界韩国古代文学研究的论文进行考察，还是对于韩国古代文学史中最为重要的名家文集与文学名作在中国大陆的出版情况进行考察，抑或是对于韩国古代文学史中最为重要的名家名作在中国大陆的研究论著出版情况进行考察，最终结果都清晰地反映出中国大陆学界韩国古代文学研究的发展现状，可以用惨淡来形容。也由此反映出，中国大陆学界的韩国古代文学研究明显还是处于初级阶段，存在明显的缺陷与不足，还有着极大的发展空间。毫无疑问，韩国古代文学领域依然是充满无尽机遇的学术宝藏，值得深入挖掘，亟待我辈学人持续耕耘，填补学术空白，不断完善，开拓中国大陆韩国学研究的新天地。

参考文献

金柄珉，徐东日，2005. 中朝（韩）文学交流研究的重要论著：评《韦旭升文集》［J］. 外国文学研究（1）：168–169.

金英今，2009. 韩国文学简史［M］. 天津：南开大学出版社.

金英今，2016. 精编韩国文学史［M］. 天津：南开大学出版社.

李岩，2010. 朝鲜文学通史［M］. 北京：社会科学文献出版社.

韦旭昇，2008. 韩国文学史［M］. 北京：北京大学出版社.

严明，2019. 近世东亚汉诗流变［M］. 南京：凤凰出版社.

杨昭全，2020. 朝鲜汉文学史［M］. 天津：吉林人民出版社.

尹允镇，池水涌，丁凤熙，等，2008. 韩国文学史［M］. 上海：上海交通大学出版社.

于志鹏，成曙霞，2010. 中国古代文学流派辞典［M］. 太原：山西人民出版社.

诸天寅，2006. 搭建沟通中韩文化交流的桥梁——读《韦旭升文集》［J］. 北京联合大学学报（6）：95–96.

非通用语翻译研究

柬埔寨现代村名研究[①]

Van Vy（万威）撰[②] 蒋莉 译[③]

摘要：本文旨在研究柬埔寨现代村名的起名原则，主要从三个方面开展，即词源学、语义与村名单词结构。通过这三方面的研究，我们获得了一些重要成果。首先，我们发现大部分村名（85%）为高棉单词；其次，人们喜欢根据村子周围或里面的自然环境特征来命名；最后，大部分村名为两个单词的合成词（61%）及单个单词（24%）。

关键词：柬埔寨地名；柬埔寨村名；词源学；词义；结构

一、概要

从古至今，柬埔寨有数量庞大的地名。根据6世纪至14世纪的碑文研究，柬埔寨有超过1500个地名，用于命名的单词包括高棉单词、高棉单词与梵语的合成词，以及梵语单词（Long Seam 1997：14）。至今，这些地名在柬埔寨及邻国的社区中仍被广泛使用。

所有地名中大部分为村名，这是一个重要的象征。值得一提的是，1998年柬埔寨共有13406个村名，2008年这一数字增加到了14066个（数据来源：柬埔寨国家统计局，2008年普查）。在本篇文章中，我们在2008年的统计数据基础上进行研究。

众所周知，地区通过语言进行命名划分，所有地名与区域居民的生活密切相关。所以，从语言学来看，村名研究是语言词汇研究的重要一环。之前有部分关于柬埔寨

---

① 本文是作者2012年柬埔寨金边皇家大学语言学研究生毕业论文《柬埔寨村名研究》的简要概括，论文共242页，导师为柬埔寨高棉语理事会会长Hean Sokhom。此文章曾发表于柬埔寨《苏利亚》杂志（Kampu Sorya）2017年第64期第3版。

② Van Vy（万威），柬埔寨人，男，硕士，柬埔寨金边皇家大学语言学系讲师，研究方向为语言研究、柬埔寨文化研究。

③ 蒋莉，女，硕士，九江学院柬埔寨研究中心讲师，研究方向为语言学、柬埔寨研究、中柬关系等。

地名的研究，其中包括两部重要著作，即《柬埔寨地名》（La Toponymie Khmère，Pou Savaros 1967）和《柬埔寨地名学》（Long Seam 1997）。《柬埔寨地名学》在大量碑文资料的基础上研究了柬埔寨古代地名，但村名研究并非这部著作的主要研究内容。即便如此，这两部著作对于村名研究仍有非常重要的意义。本文旨在通过词源学、语义及词汇结构研究村名的命名倾向，以便探索这些村名词源状况、命名原则、词汇结构。本文将简要概括研究的主要成果。在展示成果前，我们先简要探讨/pʰuum/这个单词的变化。在梵语中，/pʰuum/意为“地”或“土地”（William 1899：763），在古代高棉语中为/teʔ/，指圈起来的区域、私人土地或寺庙所有土地，古代的单词结构也与现代不同（Long Seam 1997：28）。在前吴哥时期与吴哥时期，/pʰuum/这个单词在碑文中被广泛应用。在这两个时期，/pʰuum/一般指大片或小片的土地，包括私人、地主、寺庙或贵族家庭所有的土地。

值得一提的是，人们一般用孟-高棉语中的一个重要单词/srok/来指代现在的“村”。有学者发现，/srok/意为“村”，这个意项存在于一些少数原住民用语中，特别是桂族（koy）[①]。Diffloth G（2011：55）指出，桂族从高棉语中借用了/srok/这个单词，保留了“村、村庄”这个意项，并一直沿用至今。吴哥时期，/srok/意指分配的政府土地，指村长管理的土地。

除/srok/外，还有一些其他词汇代指“村”，如/ʔɔn’riəːj/意为寺庙的土地，/cɑmnɑɑt/意为新平整的土地，以及梵语借词/kriem/等。但Long Seam（1997：29）曾强调，后来/pʰuum/变成了人群聚居地，不再由寺庙管辖，即/pʰuum/在柬埔寨指一种小的行政区划。

法国殖民时期，产生了新单词/kʰum/，指基层统一税务系统，由镇长领导。此时，/pʰuum/（村）成为镇下一级的行政区域（Tran Ngea 1973：261；Leclère 2006：405）。我们发现，大部分镇是根据区域内重要的村名来命名的。所以，尽管有了“镇”这个区划，但是村名仍在居民的观念中占据重要地位。/pʰuum/在现代社会中有两层含义：一是单词的最初含义，即“土地”（在柬埔寨茶胶省和贡布省的部分区域仍然保留了该层含义）；另一层含义即柬埔寨土地区划，指镇的管辖区域内、房屋聚集的地方（Govid 1967：205）。根据第二层含义，/pʰuum/指有人生活的地方，而不是园区或森林，位于镇/分区行政区域之下。值得一提的是，单词/kʰum/具有乡村性，即指非城市区域，如果是位于城市的区域，一般称作/sɑŋkat/[②]（Ang Choulean et al 1998：126）。本文主要研究正式登记的村名，即现代柬埔寨行政村名（上述第二层含义），非正式村名不是本文的研究对象。

① 译者注：桂族为柬埔寨境内的少数民族，主要生活在柏威夏省、桔井省、磅通省。

② 译者注：分区，柬埔寨城市内的隶属于区的行政区划。

二、研究方法

本研究主要依据部分资料，通过定量研究方法，在柬埔寨国家统计局2008年数据基础上进行村名划分。除此之外，通过定性研究，设置问题对各省居民进行访谈。

三、结论

通过分析数据，我们发现了在村名命名上的一些重要原则，主要结论如下。

（一）词源学方向

依据村名单词的形态学，结合语音学及单词结构，按照词源学对村名单词进行分类，我们发现这些单词的词源如下：

词源	村名数量	百分比
1. 高棉单词	11898	85%
2. 高棉单词与其他单词合成	1315	9%
3. 外来词	613	4%
4. 少数原住民单词	187	1%
5. 其他	53	1%
总计	14066	100%

通过词源学分析，柬埔寨大部分村名来源于高棉语单词或孟-高棉单词，部分来源于其他语言，另外一部分来源于高棉单词和其他语言单词的合成词。

以高棉单词命名的村庄多达11898个，占2008年村名总数的85%。一般来说，用作村庄命名的高棉单词为常用单词，简单易懂且与村民生活的自然环境或社会有一定的联系。此类村庄名称数量庞大，如/pʰuum//sɑmraoŋ/（位于奥多棉芷省）、/pʰuum//tnaot//crum/（位于金边市）、/pʰuum//ʔoo//krɑsaŋ/（位于马德望省）、/pʰuum//taŋ//krɑsaŋ/（位于磅通省）、/pʰuum//kraŋ//sbəv/（位于贡布省）等。其中/sɑmraoŋ/[①]、/tnaot/[②]、

① 译者注：/sɑmraoŋ/意为胖大海；女性生产前祈求平安的仪式。
② 译者注：/tnaot/意为糖棕，糖棕树。

/crum/[①]、/ʔoo/[②]/krɑsaŋ/[③]、/taŋ/[④]、/krɑsaŋ/、/kraŋ/[⑤]、/sbəv/[⑥]都是高棉语中的单词。

同时，我们发现，用于村名的单词还有4%是外来语。其中，一部分是巴利语或梵语（如茶胶省的/pʰuum//speyvaa/，/speyvaa/来源于梵语/preah seʔvaʔ/[⑦]，金边市的/pʰuum//ceyʔ//utdɑm/[⑧]）、泰语—老挝语（如马德望省的/pʰuum//paak naam/[⑨]，腊达拉基里省的/pʰuum//lumpʰat/[⑩]）、中文（如马德望省的/pʰuum//taŋ yuu/[⑪]）以及法语（如马德望省的/pʰuum//kiiloo/[⑫]）等。

除此之外，还有一些少数原住民单词。此类词汇主要来自柬埔寨东北地区，包括普农族（bunong）、桂族及克伦族（Kreung）等。如蒙多基里省的/pʰuum//puuluuŋ/（/puuluuŋ/为一个首领的名字）、腊塔纳基里省的/pʰuum//dəən/（/dəən/为克伦族的一个首领名字）（Keo Narom 2011：75–81，105–107）。

用高棉单词与外来词合成词的村名占比9%，外来语主要是巴利语或梵语。如/pʰuum//mien//cey/（/mien/为高棉单词，意为"有，富有"，/cey/为巴–梵语，意为"胜利"），/pʰuum//kiiloo//pram buən/（/kiiloo/来源于法语，意为"千"，/pram buən/为高棉单词，意为"九"）。

综上所述，村名命名倾向于使用高棉单词作为基础，这并非偶然，因为高棉人民在这片区域长久生活。另外，许多村名也是由生活在这片区域的人直接命名，这意味着很多村名出自普通阶层人民，但也有部分村名产生于上层社会，不过数量较少（大部分是巴利语或梵语）。除了大量使用高棉单词命名，也有一些外来语单词用于村名命名，如巴利语或梵语、法语、中文、泰语—老挝语以及部分少数原住民单词。

（二）语义

从词性角度，将单词的语义为标准，我们可以尝试将大部分村名分为11类，具体如下：以植物学专业单词（植物名称）命名的占比26.7%，以水相关单词进行命名的（有水的地方）占比18%，以地形（地貌）单词命名的占比15.7%，以描述特征的单词命名的占比8.8%，以反映生活、信仰、事件的单词命名的占比6.8%，以地位或人名命名的占比6.4%，以建筑命名的占比4.5%，以动物命名的占比2.6%，以地理学其他名称

① 译者注：/crum/意为轻轻的、反复地切割、敲打或压碎某物。

② 译者注：/ʔoo/意为运河、沟渠；溪；小溪。

③ 译者注：/krɑsaŋ/意为酸果树。

④ 译者注：/taŋ/意为展览、展示、小长凳。

⑤ 译者注：/kraŋ/意为平地或草地的高处、一种特殊材料制作的文件。

⑥ 译者注：/sbəv/指一种植物，白茅。

⑦ 译者注：/preah seʔvaʔ/指印度教中的湿婆。

⑧ 译者注：/ceyʔ/来源于梵语jaya，意为胜利，/utdɑm/来源于巴—梵语uttama，意为高贵的、高级的。

⑨ 译者注：/paak naam/意为河口。

⑩ 译者注：/lumpʰat/意为吹风。

⑪ /taŋ yuu/是中文词汇（普通话为"挡雨"），为中文合成词，"挡"意为阻挡，"雨"意为"雨"。在柬埔寨，这个单词意指竹制雨伞，见《高棉大辞典》第一版（1963年）第58页。

⑫ 译者注：/kiiloo/来源于法语，意为Kilo，重量单位，千，如千克、千米。

命名的占比2.1%，以比喻单词命名的占比0.7%，以种族命名的占比0.4%。

根据上述结果，人们最喜欢用植物名称（3761个村名，占比26.7%）、水相关单词（2507个村名，占比18%）、描述地形的单词（2277个村名，占比15.7%）对村庄进行命名。这体现出高棉人民倾向于以周围自然环境对村庄进行命名。简言之，大部分村名直接反映了居住地区人民的真实生活风貌，这是自古以来不曾间断的基础。

接下来，我们看看三类大量被用于命名的单词。

第一类被用于命名的植物类单词大部分为日常生活常见的，且是简单种植易活的植物，具有功效与特征，如/svaay/（芒果树）、/sɑmraoŋ/（胖大海）、/pʊəŋrɔɔ/（无患子科植物）、/ʔɑmpɨl/（酸角）、/cʰuuk/（莲藕）、/tnaot/（糖棕）、/rɨhsəy/（竹子）等。如位于奥多棉芷省的/pʰuum//sɑmraoŋ/、位于金边市的/pʰuum//tnaot//crum/、位于柴桢省的/pʰuum//svaay//riəŋ/。

第二类是以水相关的单词命名的村名，如/stɨŋ/（河流、溪涧）、/tʊənlee/（江、河、川）、/prɛɛk/（河流、渠）、/piem/（河口、海峡、支流）、/trɑpeaŋ/（水池、池塘）、/bəŋ/（湖）、/ʔoo/（水沟、小溪）、/prɑlaay/（水渠、水道）等。村庄的水路或蓄水池是日常生活，特别是饮用和农业的重要水源，因此大量水相关的单词被用于村庄命名。如位于波萝勉省的/pʰuum//bəŋ/，位于干拉省的/pʰuum//prɛɛk//pnɨv/、/pʰuum//piem//cumniik/，位于磅占省的/pʰuum//tʊənlee//bət/，位于暹粒省的/pʰuum//stɨŋ//preah//srok/。

第三类是根据地形或地貌对村庄进行命名，常见的单词如/kɑmpʊəŋ/（码头、河畔）、/kook/（陆地）、/tuul/（高低、丘陵）、/ʔɑŋ/（身形、躯干）、/taŋ/（林中小丘）、/dɑmbook/（土丘，小土丘）、/pnum/（山）、/kɑh/（岛、小岛）、/viel/（平原、旷野）等。如位于干拉省的/pʰuum//kɑmpʊəŋ//svaay/，位于暹粒省的/pʰuum//kook//tnaot/、/pʰuum//pnum//kraom/，位于茶胶省的/pʰuum//ʔɑŋ//taa//saom/，位于磅通省的/pʰuum//taŋ//krɑsaŋ/。

综上，以植物名称、水相关单词、地形以及动物名称、建筑及其他含义单词命名的村名均反映了村民的生活环境。这些因素对高棉社会文化产生了深远的影响，即由于周围自然环境特点，人们喜欢根据居住地区的实际生活和社会环境对村庄进行命名。

（三）词汇结构

从词汇结构方面对村名进行研究，我们发现这些词汇有单个单词，派生词，由两个、三个或四个单词组成的合成词。

值得一提的是，在所有村名中最常见的词汇是合成词，占比高达73%（10789个村名）。这些合成词大部分由两个单词组成，占比61%（2694个村名），这些词汇基本上是双音节或三音节词，并且大部分是名词+名词或名词+形容词的组合。如名词+名词：位于金边市的/pʰuum//bəŋ//cʰuuk/，由/bəŋ/（名词，湖）+/cʰuuk/（名词，莲花）合成；位于干拉省的/pʰuum//kbaal//kɑh/，由/kbaal/（名词，头，头部）+/kɑh/（名词，岛，岛屿）合成。名词+形容词：位于班迭棉芷省的/pʰuum//voat//tməy/，由/voat/（名词，寺院）+/tməy/（形容词，新，新的）合成；位于马德望省的/pʰuum//bəŋ//bəy/，由/bəŋ/（名词，湖）+/bəy/（形容词，太多、尤其的）合成。

同时，单个单词用于命名的数量也较多，占比24%，此类单词为名词或形容词，大部分为单音节词汇。如位于马德望省的/pʰuum//svaay/，位于干拉省的/pʰuum//bəŋ/、/pʰuum//tməy/、位于磅清扬省的/pʰuum//cah/。在上述例子中，/svaay/（芒果）、/bəŋ/（湖）为名词，而/tməy/（新的）、/cah/（旧的）为形容词。

上述数据表明，用由两个单词合成的词和单个单词命名是较受欢迎的基础结构，其他的如派生词、三个单词合成词、四个单词合成词在村名命名中使用较少。这也表明，由于创造派生词比创造合成词更难，使用派生词命名的数量较少。至于多个单词合成词少用于命名的原因，可能是因为高棉语中单音节词汇较多，即音节数量少。因此，人们喜欢使用单音节词汇，即便有的单词音节较长，人们也会对其进行缩减。

四、结论

通过上述三方面分析，我们可以得出村名命名中一些重要的原则。词源学方面，柬埔寨大部分村名用单词命名，特别是反映普通居民环境的单词。词义方面，村名的命名反映了居民用生活地区周围的自然环境，如植物、水文、地形、地理学、动物名称等单词命名的特点。词汇结构方面，相较于派生词和由多个单词合成的词，人们更喜欢使用由两个单词合成的词和单个词汇给村庄命名，这体现出由两个单词合成的词和单个词汇是村庄命名的主要结构。

本文致力于柬埔寨现代村名研究，是对之前研究的补充，希望本文的研究能为其他地名研究提供参考。另外，本文只是对村名做了简要的分析，该领域还需要更多的研究，特别是词源学方面，需要通过更多人类学的方法进行研究，以此助力语言学分析。

参考文献

APTE V S，1965. *The Practical Sanskrit-English Dictionary*［M］. Fourth Edition. Delhi：Motical Banarsidass Publishing.

AYMONIER E，1999. Khmer Heritage in the Old Siamese Provinces of Cambodia［M］. Bangkok：White Lotus Press.

BRAP C，2012. 古典建筑与装饰用词［M］. 金边：哈奴曼旅游出版.

CHAN S，2010. 语言相互作用：造词、借词、用词［M］. 金边：皇家科学院.

CHAN R，2000. 古代高棉语部分阶级名称［M］. 统一与发展高棉语会议，金边：国家语言学院.

CHAN V，2007. 高棉语/mee/的结构与词义［D］. 金边：金边皇家大学.

CHEA P，2005. 高棉语中中文词汇特点研究［D］. 金边：金边皇家大学.

CHHOM K，2011. Inscriptions of Koh Ker I［Z］. Magyar Indokína Társaság Kft：Hungarian Southeast Asian

Research Institute.

CHOULEAN A，2007. In the beginning was the Bayon［C］. Bayon，New Perspective. Bangkok：River Book，364–377.

CHUNG Y，2012. 高棉语中食物名称研究［D］. 金边：皇家科学院.

COEDÈS G，1951. Inscription du Cambodge. Vol. III［M］. Paris：EFEO.

CROFT W，1990. Typology and Universals［M］. Cambridge：Cambridge University Press.

CRYSTAL D，2008. A Dictionary of Linguistics and Phonetics［M］. Sixth Edition. Oxford：Blackwell Publishing.

DIFFLOTH G，1996. History of the Word Khmer［M］//International Conference on Khmer Studies Vol. 2. Phnom Penh：Royal University of Phnom Penh Printing，644–651.

DIFFLOTH，G，2011. Kuay in Cambodia：A Vocabulary with Historical Comments［M］. Phnom Penh：UNESCO.

DIK K，1968. 柬埔寨地理背景［M］. 金边：赛恩洪出版社.

DIN P，2000. 柬埔寨境内植物词典［M］. 金边：奥林匹克队出版社.

DOBRIC N，2010. Theory of Names and Cognitive Linguistics—The Case of the Metaphor［M］. Klagenfurt：Alpen–Adria University.

EBIHARA M M，1968. *Svay*，*a* Khmer Village in Cambodia［D］. New York：Columbia University.

FASI M E，1978. Toponym and Ethnonymy as Scientific Aids to History［J］. African Ethnonyms and Toponyms：18–22.

FILIPPI J M，2010. 柬埔寨少数民族语言初步研究［M］. 金边：扶南出版社.

GROSLIER B P，1985–1986. For a Geographic History of Cambodia［J］. Seksa Khmer（8–9）：31–71.

HEAN S，1998. 现代技术词汇［Z］. 金边：高棉国外留学生协会.

KEO N，2011. 上高棉（khmer Leou）传说［M］. 金边：诺克瓦（nokorwat）出版社.

KHIN S，2007. 高棉语语法［M］. 金边：皇家科学院.

KRIPKE S，1972. Naming and Necessity［M］//Semantics of Natural Language. Dordrecht：Reidel.

LEAK S，1999. 从高棉视角建村［C］. 金边：金边皇家大学.

LONG S，1997. 柬埔寨地名学［M］. 金边：佛教学院.

LONG S，1999. 高棉词汇学［M］. 金边：国家语言学院.

MCDAVID R I，1958. Linguistic Geographic and Toponymic Research［J］. Names（6）：65–73.

NATIONAL INSTITUTE OF STATISTICS，2000. General Population Census of Cambodia 1998：Village Gazetteer［M］. Phnom Penh：Ministry of Planning.

NATIONAL INSTITUTE OF STATISTICS，2008. General Population Census of Cambodia 2008：Provisional Population Totals［M］. Phnom Penh：Ministry of Planning.

POU S，1992. An Old Khmer–French–English Dictionary［M］. Paris：Cedoreck.

POU S，2011. Nouvelles Inscription du Cambodge［M］. Volume V. Paris：L'Harmattan.

RADDING L，WESTERN J，2010. What's in a Name? Linguistics，Geography，and Toponyms［J］. Geographical Review（100）：394–413.

REITMAN A M，2004. What' s in a Name? The Role of Naming in Neighborhood Evolution［M］. New

York：Department of City Planning.

ROSENBERGER A L，2003. Taxonomy I：What's in a name? ［J］. Vision learning（BIO 1）. DOI：http：//www. visionlearning. com：15/01/2012.

RUDNYCKYJ J B，1966. Etymological Formula in Onomastics［M］. Winnipeg：University of Manitoba.

SANDE P，2008. 暹粒寺庙名字来源于哪？由谁命名？［J］. Siksacakr（研究王国）杂志：157–171.

SOTHEA I，2006）. The Suoy in Cambodia：Changing lifestyle［D］. Phnom Penh：Royal University of Phnom Penh.

TENT J，BLAIR D，2009. Motivations for Naming：A Toponymic Typology［J］. ANPS Technical Paper，*2*（*1*）.

TENT J，BLAIR D，2011. Motivations for Naming：The Development of a Toponymic Typology for Australian Placenames［J］. Names（59）：67–89.

THEL T，2000. Cambodian Naming System［M］//Revue de Linguistique et d'épigraphie，Vol. 1. Phnom Penh：Institut de la Langue National Académie Royale du Cambodge.

THOEUN P，2012. 高棉语中植物命名机制研究［D］. 金边：金边皇家大学.

TOUCH C，1994. 马德望主治时期［M］. 金边：高棉文化资料研究中心.

VIRAK P，2005. Reforming Cambodian Local Administration：Is Institutional History Unreceptive for Decentralization? ［M］//Forum of International Development Studies，Vol. 30. Nagoya：Nagoya University，97–121.

VONG M，2002. 现代高棉语合成词［D］. 金边：皇家科学院.

VONG S，2010. 前吴哥时期柬埔寨碑文［M］. 金边：吴哥出版社.

VONG S，2012. 中时期柬埔寨碑文［M］. 金边：吴哥出版社.

WILLIAMS M，1899. A Sanskrit-English Dictionary［M］. New Edition. Oxford：Clarendon Press.

政治文献《习近平谈治国理政》（第一卷）韩朝译本中“坚定不移”的翻译方法研究[①]

唐颖聪[②]

摘要： 随着我国综合国力和国际地位的提高，中国特色话语翻译工作和外宣翻译工作也在如火如荼地进行。而最能让国外读者了解当代中国的是《习近平谈治国理政》一书。《习近平谈治国理政》一书到目前为止已出版发行四卷，四卷均已被译成多语种版本畅销海外，而韩译本只翻译出版了第一卷。本文主要针对《习近平谈治国理政》（第一卷）韩译本和朝译本中出现的“坚定不移”一词的翻译情况进行统计分析，并找出其翻译方法。该词在两个译本中均出现了“一词多译”的现象，同时经过统计分析发现两个译本中都采用了固有词译法、汉字词译法、汉字词+固有词译法、省略法，但不同的是韩译本中出现了词性转换法，而朝译本中却没有，而韩译本在选词方面也比朝译本的更丰富。

关键词：《习近平谈治国理政》；韩朝译本；坚定不移；翻译方法；一词多译

一、引言

《习近平谈治国理政》一书由国务院新闻办公室会同中共中央文献研究室、中国外文局编辑，由外文出版社以多语种形式于2014年9月向全球发行。同时，为帮助少数民族地区广大干部群众全面准确学习理解以习近平同志为核心的党中央的治国理念和执政方略，国务院新闻办公室会同国家民族事务委员会，组织中国民族语文翻译局和民族出版社，完成5种少数民族文字版《习近平谈治国理政》的翻译出版工作。迄今为

① 本文是2022年度安徽省质量工程项目“全人教育视域下朝鲜语专业课程思政建设研究”（项目编号：2022jyxm609）、“朝鲜语专业改造提升项目”（项目编号：2022zygzts042）的阶段性研究成果。

② 作者简介：唐颖聪，安徽外国语学院东方语言学院讲师，主要研究方向：语言学、语言教育学、翻译学。

止已出版到第四卷，但《习近平谈治国理政》韩文版译本（简称韩译本）只发行了第一卷，朝鲜文译本（简称朝译本）发行到了第四卷。该书全面呈现了中共十八大以来习近平关于治国理政的重大战略思想、重大理论观点、重大工作部署，深刻回答了新的时代条件下党和国家发展的重大理论和现实问题，同时，也全面系统回答了国际社会对中国的关注和关切。

本文主要针对《习近平谈治国理政》第一卷的韩译本和朝译本进行对比分析。基于第二部分对文献的综述会发现大部分研究都从宏观的层面集中对整个文本进行分析，而还有少数文献则对文本中的特色词汇、用典、隐喻表达、语法范畴等进行分析，却殊不知经常能在文本中发现一些词汇的翻译具有多样性，本文将其称为“一词多译”。“一词多译”是指同一词汇或表达出现不同的译法，译者在翻译政治文本时，首先就需要遵循忠实原文的原则，但不代表要将原文中的一词一句原封不动翻译出来，而是要结合上下文语境、词汇与表达之间的搭配关系等进行斟酌考虑，这也是译者在翻译政治文献的过程中将会遇到的一个难点。关于“一词多译”，即使是其他语种的研究成果也基本处于空白阶段，而对韩译本与朝译本的研究则是处于零研究阶段。韩译本与朝译本所使用的文字及语言体系基本相同，但是译文却有所不同，“一词多译”的现象也会出现不同。因此，笔者认为对两个版本的译本中“一词多译”进行研究具有一定的意义。

二、文献综述①

《习近平谈治国理政》外文版一书，已有不少学者对其进行了一定的研究和探索，通过中国知网（CNKI）检索发现大部分研究都是以英译本和日译本为主，而对于韩译本的研究较少。笔者以“习近平，治国理政，韩国语翻译/韩语翻译/韩译”等为关键词进行检索发现，相关的研究主要从2017年开始至2023年，共有23篇论文，其中学术期刊论文有15篇，分别是李安慧、唐颖聪（2023），陆冬月（2023），宋嘉悦（2023），孟庆鑫（2022），尹岗寿（2022），王俭、姜龙范（2022），李贤淑（2022），曹黎豪（2022），黄芳芳（2022），王倩（2022），黄进财、罗兹深（2021），栗慧敏、牛桂玲（2021），李文博（2020），李贤淑（2018），董栋、金玉花（2018）等。博士学位论文3篇，分别是姜琳（2022），王俭（2022），李贤淑（2023）。硕士学位论文5篇，分别是覃坤晶（2022），唐静琦（2022），孙雯（2020），刘倩（2019），刘嘉懿（2017）。

笔者以“시진핑，국정운영，한국어번역”等为关键词对韩国学术研究信息服务（RISS）进行检索发现，韩国学术界对《习近平谈治国理政》的翻译研究只有8篇，分别是당영총（2024），唐颖聪、赵顺花、李安慧（2023），任建丽（2023），李羡、张淑珺（2022），王俭、姜龙范（2022），吴丽洁、金京善（2022），범류

① 参考당영총（2024）和唐颖聪、赵顺花、李安慧（2023），并重新整理而成。

（2022），이민、관우결、이은정（2022）。

已有的关于《习近平谈治国理政》第一卷的韩国语翻译研究主要有以下几种代表性研究成果。黄进财、罗兹深（2021）基于概念隐喻的视角，对第一卷中所采用的隐喻翻译方法进行统计分析，其研究结果为《习近平谈治国理政》中的隐喻共有6989处，并将隐喻分为结构隐喻、本体隐喻、方位隐喻三大类，并且按照源域的不同，这三大类隐喻又可以继续细分为23类子隐喻。译者则采用保留隐喻、解释隐喻、替换隐喻、省略隐喻、保留隐喻+注释、明喻化、明喻化+解释等7种翻译方法。孟庆鑫（2022）分析了动植物隐喻的翻译方法，其研究结果为译者采用了保留隐喻、替换隐喻、非隐喻（直译和意译）、省略隐喻、非隐喻+解释、明喻化等6种翻译方法。王俭、姜龙范（2022）通过翻译模因论视角下对政府公文数字略语的翻译策略进行分析，同时考察了隐喻的翻译策略，总结出对等翻译、替换为相关喻体、加注、替换喻体、省略隐喻、添加隐喻等6种翻译方法。

尹岗寿（2022）考察了第一卷朝韩译本"请求类"言语行为对比及请求言语行为策略翻译转换方式。李贤淑（2022）从目的论的视角出发，以《习近平谈治国理政》第一卷为研究对象，分析了党政文献对内对外传播目的和传播过程。姜琳（2022）以外宣翻译和功能主义翻译理论为依据，总结出其"忠实性原则""政治性原则""文化性原则"和"可接受性原则"等四项外宣翻译原则。李羡、张淑珺（2022）从语言学和翻译学的角度对《习近平谈治国理政》第一卷中出现的因果复句和条件复句的翻译方法和衔接情况做了详细的探讨，分析出复句的翻译方法主要有直译和意译两种，连接词尾、接续副词、名词等主要采用直译的翻译方法，而句子成分的变换和整合、变换句式的语义关系等主要采用意译的翻译方法。吴丽洁、金京善（2022）基于行、知、言三域视角对第一卷中出现的表示"同时"类表达的韩国语翻译进行了分析研究，总结出5对应形式，分别为译为동시的各种形式、译为显性并列标志、译为显性转折标志、译为转折标志+동시活用形、零对译。

任建丽（2023）在翻译美学理论的指导下，从再现音韵美、再现形式美、再现意境美三个角度对《习近平谈治国理政》中的用典翻译进行分析。王倩（2022）在功能对等理论的指导下，分析出《习近平谈治国理政》中古诗词的具体运用情况和采用了直译和意译的翻译方法。曹黎豪（2022）是通过分析韩译本中俗语翻译中塑造出的人物形象，总结出习近平总书记亲民淳朴、学识渊博、才华横溢、实事求是、言语生动、斗志坚定的特点。黄芳芳（2022）在功能对等理论的指导下，分析"习式语言"中形象比喻的翻译策略（归化和异化）。吴嘉敏（2022）分析了《习近平谈治国理政》中文言文的韩译策略及技巧，总结出使用了归化和异化策略，增译、翻译、倒译等翻译技巧。

虽然以上学者都对《习近平谈治国理政》进行了深入的分析和探讨，但对《习近平谈治国理政》第一卷韩译本和朝译本中的"一词多译"分析甚少。本文将选取"坚定不移"一词作为研究对象进行分析，该词不仅在《习近平谈治国理政》中出现的频率很高，在其他的政治文献中出现的频率也处在前列，所以本文将集中对"坚定不移"的"一词多译"现象进行深度剖析研究。

三、《习近平谈治国理政》（第一卷）中“坚定不移”出现的频率及其搭配

笔者将对《习近平谈治国理政》（第一卷）自行构建小型双语平行语料库，并以“坚定不移”为关键词进行检索，发现《习近平谈治国理政》（第一卷）中总共出现55次，分别出现在29篇不同的文本中，是《习近平谈治国理政》（第一卷）中出现频率较高的词。

对双语平行语料库进行筛选之后发现与“坚定不移”一词进行搭配的词也呈现多样化，笔者对其进行整理归纳之后发现可以与“坚定不移”形成固定搭配的类型有四种，分别为“坚定不移+动词”“坚定不移+介词”“坚定不移+助词”“名词+坚定不移”等四类，四种类型出现的频率如图1所示。

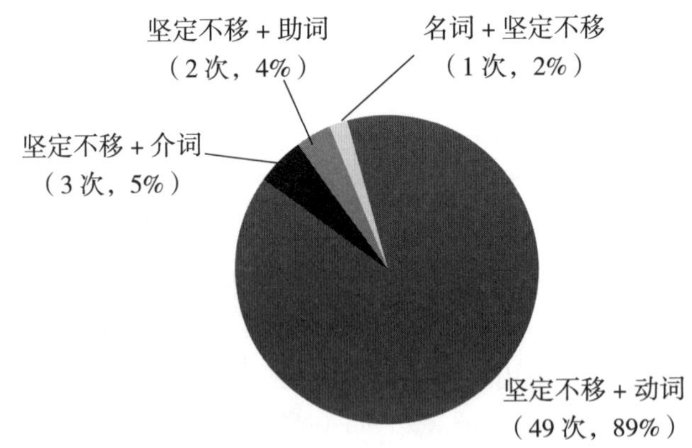

图1　“坚定不移”四种类型的出现频率

从图1中可以看出“坚定不移+动词”出现的频次为49次，占比89%；“坚定不移+介词”出现的频次为3次，占比5%；“坚定不移+助词”出现的频次为2次，占比4%；“名词+坚定不移”出现的频次为1次，占比2%。“坚定不移+动词”的占比率最高，这是由于“坚定不移”的词性为形容词，大多是用来修饰动词，形成补充式搭配，作状语成分。当然也可作谓语、定语等成分，因此出现了“名词+坚定不移”“坚定不移+介词”“坚定不移+助词”的情况。

“坚定不移+动词”“坚定不移+介词”“坚定不移+助词”“名词+坚定不移”四种类型中出现的动词、助词、介词、名词也呈现多样化，可以将其整理成表1。

表1 “坚定不移”的搭配词频整理

类型	搭配的词频
坚定不移+动词	走（20次）、坚持（3次）、维护（3次）、高举（2次）、贯彻（1次）、改（1次）、推进（4次）、奉行（1次）、前进（1次）、相信（1次）、加快（1次）、做（1次）、增强（1次）、参与（1次）、支持（1次）、发展（3次）、深化（1次）、惩治（1次）、转变（1次）、反对（1次）
坚定不移+介词	沿（1次）、朝（1次）、把（1次）
坚定不移+助词	的（1次）、地（1次）
名词+坚定不移	决心（1次）

从表1可以看出，不仅与“坚定不移”一起搭配的词呈现多样化，而且“坚定不移”后出现的动词类型明显多于其他词性，其中出现动词“走”的频率为最高，出现20次，文本中基本以“坚定不移走……路/道路”的结构出现。“坚定不移+介词”的情况出现的频率虽然不高，但它基本是以“坚定不移沿/朝/把……动词”的结构出现。“坚定不移”是一个形容词，因此也出现了“坚定不移的+名词”和“名词+坚定不移”的结构。

四、《习近平谈治国理政》（第一卷）韩朝译本中“坚定不移”的翻译情况

笔者通过自建双语平行语料库，并以“坚定不移”为关键词进行检索发现，《习近平谈治国理政》（第一卷）韩译本和朝译本中分别出现不同的翻译形式，翻译的类型也呈现多样化，韩译本和朝译本中出现的不同翻译形式和频次如表2所示。

表2 韩朝译本“坚定不移”的翻译形式和频次整理

文本	类型与频次
韩译本	굳건하게（1次）、흔들림 없이（16次）、확고하게（5次）、확고부동하게（13次）、확고히（6次）、확실히（1次）、省略（6次）、변함없이（1次）、조금도 흔들림이 없다（1次）、동요 없이（1次）、결연히（1次）、결단코（1次）、词性转换（1次）
朝译本	확고하게（2次）、확고부동하게（43次）、동요없이（3次）、단호하게（1次）、드팀없이（3次）、확고히（1次）、省略（2次）

从表2可以看出，韩译本中“坚定不移”的翻译出现了13种类型，朝译本中“坚定不移”的翻译出现了7种类型。这是译者通过考虑原文的前后语境和读者的阅读习惯而将“坚定不移”一词以多种不同的翻译形式呈现给读者。从两种译本对比来看，韩译本中出现的类型明显多于朝译本，而且还出现了词性转换等翻译方法，这是朝译本中没有出现的，同时韩译本中的用词也呈现多样化。由于韩国语中的词类可分为固有

词、汉字词、外来词，因此本文根据翻译文本中的用词不同将翻译方法分为固有词译法、汉字词译法。当然一个词或一个句子不可能只使用一种翻译方法，所以还会出现汉字词+固有词的情况。而且有部分句子中出现了省略和词性转换，所以将其称为省略法、词性转换法。关于韩朝译本中出现的翻译情况将通过相关实例进行论证。

（一）韩译本中的翻译方法

韩译本中呈现的翻译形式要多于朝译本，而且翻译方法也呈现出五种类型，分别是固有词译法、汉字词译法、汉字词+固有词译法、省略法、词性转换法。本节将结合相关例句进行详细阐述。

1. 固有词译法

所谓固有词译法，就是用韩国语中的固有词来翻译“坚定不移”一词的一种方法。这是韩国语中常见的一种翻译方法，而文本中即使采用了固有词译法，但也呈现出不同的固有词表现形式，相关例句如下。

【例1】

原文：我们的责任，就是要团结带领全党全国各族人民，继续解放思想，坚持改革开放，不断解放和发展社会生产力，努力解决群众的生产生活困难，坚定不移走共同富裕的道路。

韩译文：우리의 책임은 전당과 전국 여러 민족 인민을 단합, 영도하여 지속적으로 사상을 해방하고 개혁개방을 견지하며 사회 생산력이 향상되도록 하며 민중의 생산 활동과 생활에서 맞닥뜨리는 어려움을 해결해 줌으로써 **<u>굳건하게</u>** 공동부유의 길로 나아가게 하는 것입니다.

【例2】

原文：我们要全面建成小康社会、加快推进社会主义现代化、实现中华民族伟大复兴，必须始终高举中国特色社会主义伟大旗帜，坚定不移坚持和发展中国特色社会主义。

韩译文：그러므로 소강사회를 전면적으로 달성하고 사회주의 현대화 건설에 박차를 가하며 중화민족의 위대한 부흥을 실현하려면 언제나 중국 특색 사회주의라는 위대한 기치를 높이 들고 **<u>흔들림 없이</u>** 견지하고 발전시켜 나가야 합니다.

从以上例句可以看出“坚定不移”一词分别被译为固有词“굳건하다”[①]和固有词

① 《标准国语大辞典》中对其的解释为“뜻이나 의지가 굳세고 건실하다.”，同时列举了相关的例句“굳건한 신념/고난에 굴하지 않는 굳건한 정신/우리 조상들은 국난의 어려움 속에서도 굴하지 않고 굳건하게 국가와 민족을 지켜 왔다./지도층의 개혁 의지가 굳건하므로 우수한 노동력과 풍부한 천연자원을 잘 이용하면 큰 성장을 이룰 수 있다.”。

组“흔들림 없다”，文本中的“坚定不移”一词后接了动词“走”和“坚持”，“坚定不移”一词虽然是形容词，但在句子中作为状语成分出现，因此译文将其译为“굳건하게”和“흔들림 없이”①，韩语中作为状语成分出现的只有副词，而副词的表达形式有多种形式，从形态学的角度来看，可以通过后缀“-이/히”将形容词变成副词，从句法学的角度来看，可以通过连接词尾“-게”将形容词变成副词形，因此韩译本中分别采取了这两种不同的翻译方法呈现给读者。

但值得注意的是，文本中将其译为“굳건하게”的情况只出现了1次，而译为“흔들림 없이”的情况出现了16次。出现“흔들림 없다”这一用法还出现在“名词+坚定不移”的译文中，例句如下。

【例3】

原文：中国坚持改革开放的决心坚定不移，政策将更加完善。

韩译文：개혁개방을 견지하려는 중국의 결심은 **조금도 흔들림이 없**으며 정책 또한 더욱 완벽해질 것입니다.

例句3中出现了“흔들림 없다”，而将“决心坚定不移”翻译成了“결심은 조금도 흔들림이 없다”。相比于其他译文，例句3中出现了增译的现象，即在“흔들림 없다”前补充了“조금도”（一点也），这可以体现出中国坚持改革开放的决心是毫不动摇的，也体现了中国改革开放势在必行。

2. 汉字词译法

汉字词译法是用汉字词进行翻译的一种方法。唐颖聪（2023）提出汉字词译法、汉字词直译/汉字词逐字翻译、汉字词意译三种不同的表述。汉字词译法是汉字词并非一对一翻译，而是部分内容（部分单词）用其他意思相近的汉字词进行替换的翻译方法。汉字词直译/汉字词逐字翻译则是将汉字词一对一翻译出来，不加任何修饰成分的翻译方法。而汉字词意译是并非将每个汉字一一对应，也并非部分内容（部分单词）用其他意思相近的汉字词替换，而是将某一词完全意译，只不过译文中出现的词都是汉字词而已。而本文中涉及的汉字词译法是广义上的，既包括了汉字词直译、也包括了汉字词意译和狭义上的汉字词译法。

【例4】

原文：坚持独立自主，就要坚持独立自主的和平外交政策，坚定不移走和平发展道路。

韩译文：독립자주를 견지하려면 독립자주의 평화적 외교정책을 견지해야 하며 **확고하게** 평화적 발전의 길을 나아가야 합니다.

---

① “흔들림 없이”是由动词“흔들리다”、名词化后缀“-（으）ㅁ”、形容词“없다”、副词形后缀“-이”融合而成

【例5】

原文：第三，坚定不移发展两国人民友好关系。

韩译文：셋째，양국 국민의 우호 관계를 **확고부동하게** 발전해 나가야 합니다.

【例6】

原文：坚定不移惩治腐败，是我们党有力量的表现，也是全党同志和广大群众的共同愿望。

韩译文：부패를 **결연히** 척결하는 것은 우리 당의 역량을 드러내는 일이며 전당 동지와 많은 인민의 공통된 염원이기도 합니다.

【例7】

原文：坚定不移反对腐败，切实做到踏石留印、抓铁有痕，不断以反腐倡廉的新进展新成效取信于民。

韩译文：부패를 **결단코** 척결하며 돌을 밟으면 자국이 남고 쇠를 잡으면 흔적이 남을 정도의 강한 힘으로 부패 척결과 청렴화 지도에서 끊임없이 새로운 진전과 새로운 성과를 가져옴으로써 인민대중의 신뢰를 얻어야 합니다.

【例8】

原文：审视现在，全党同志必须牢记，道路决定命运，找到一条正确的道路多么不容易，我们必须坚定不移走下去。

韩译文：현재를 살펴보면서 전당 동지들은 노선이 운명을 결정하며 다른 정확한 길을 찾기란 그야말로 쉽지 않으므로 우리는 **확고히** 이 길로 나아가야 한다는 사실을 명심해야 합니다.

【例9】

原文：坚定不移奉行对外开放政策，继续为外国企业提供更好的环境和条件，中国的发展将为世界作出更大贡献。

韩译文：대외 개방 정책을 **확실히** 견지하며 외국 기업에 보다 양호한 환경과 여건을 제공하여 중국의 발전이 세계에 더 큰 기여를 하게 될 것입니다.

从以上例句可以看出“坚定不移”一词有多种不同的翻译表达，分别是“확고하

게”[①]“확고부동하게”[②]“확고히”[③]“확실히”[④]“결연히”[⑤]“결단코”[⑥]。这些翻译表达都以汉字词的形式出现，但形成的原理却有所不同。按照形成方式可将其分为“形容词+-게”“形容词+-히”“动词+-고”三类。“확고하게”“확고부동하게”是由形容词和连接词尾“-게”连接形成的状语结构，而“확고히”“확실히”“결연히”虽然是由形容词“확고하다”“확실하다”“결연하다”和后缀“-히”结合而成，但在韩国语中已经固定为副词，沿用至今，并被收录到《标准国语大辞典》中。“결단코”则是动词“결단하다”与连接词尾“-고”相互融合之后形成的，目前也被收录到《标准国语大辞典》中。这是译者通过考虑原文的前后语境和读者的阅读习惯而将“坚定不移”一词以多种不同的翻译形式呈现给读者，这也符合韩国语语言特征，意思相同或相近的词或词尾尽量不会重复出现在同一句子或同一文本中。

3. 汉字词+固有词译法

汉字词+固有词译法是汉字词译法与固有词译法结合的一种翻译方法。这种翻译方法在韩译本文本中出现了2次。相关实例如下。

【例10】

原文：党的十八届三中全会以全面深化改革为主要议题，是我们党坚持以邓小平理论、“三个代表”重要思想、科学发展观为指导，在新形势下坚定不移贯彻党的基本路线、基本纲领、基本经验、基本要求，坚定不移高举改革开放大旗的重要宣示和重要体现。

韩译文：당의 제18기 3중 전회에서 전면적 개혁 심화를 주요 의제로 정함으로써 우리 당이 덩샤오핑 이론, ‘3개 대표’ 중요 사상, 과학적 발전관을 지도 이념으로 견지하여 새로운 정세하에서 당의 기본 노선, 기본 강령, 기본 경험, 기본 요구를 **흔들림 없이** 관철하며 개혁개방의 기치를 **변함없이** 고수한다는 의사를 구현한 것입니다.

---

① 《标准国语大辞典》中对其的解释为“태도나 상황 따위가 튼튼하고 굳다.”，同时列举了相关的例句“의지가 확고하다/확고한 안보 체제를 유지하다/나환자촌에서 의술을 펼치겠다는 그의 결심은 확고했다.”。

② 《标准国语大辞典》中对其的解释为“튼튼하고 굳어 흔들림이 없다.”，同时列举了相关的例句“확고부동하게 다짐을 받다/외국에서 공부하고자 하는 그의 의지는 매우 확고부동하여 아무도 말릴 수가 없었다.”。

③ 《标准国语大辞典》中对其的解释为“태도나 상황 따위가 튼튼하고 굳게.”，同时列举了相关的例句“지지 기반을 확고히 다지다/이번 협상 타결로 노사는 상호 신뢰를 확고히 하게 되었다.”。

④ 《标准国语大辞典》中对其的解释为“틀림없이 그러하게.”，同时列举了相关的例句“조사를 확실히 하다/엄마의 약손은 확실히 효과가 있었다.”。

⑤ 《标准国语大辞典》中对其的解释为“움직일 수 없을 만큼 확고한 마음가짐이나 행동으로.”，同时列举了相关的例句“조국의 독립을 위하여 결연히 일어서다.”。

⑥ 《标准国语大辞典》中对其的解释为“마음먹은 대로 반드시.”，同时列举了相关的例句“결단코 그 일을 해내고야 말겠다.”。

【例11】

原文：二十国集团财长和就业部长会议决定加强经济政策和就业政策的协调，是个正确的路子，要坚定不移走下去。

韩译文：G20재무장관 및 고용노동장관 연석회의에서 경제정책과 고용정책의 조율을 강화하기로 한 것은 정확한 조치이므로 이를 **동요 없이** 추진해 나가야 합니다.

以上例句中出现了“변함없이”[①]和“동요 없이”，“변함없이”是由动词“변하다”、名词化后缀“-（으）ㅁ”、形容词“없다”、副词形后缀“-이”融合而成，而“동요 없이”是由名词“동요”和形容词“없다”、副词形后缀“-이”融合而成。这两个词只有“변함없이”被收录到《标准国语大辞典》中。而且例句10中出现两个“坚定不移”，而这两个坚定不移则是以不同的翻译表达呈现出来。这是译者通过考虑原文的前后语境和读者的阅读习惯而将“坚定不移”一词以多种不同的翻译形式呈现给读者，这也符合韩国语语言特征，相同或相近意思的词或词尾尽量不会重复出现在同一句子或同一文本中。

4. 省略法

省略法是在不改变原文思想内容的情况下，为了以更简洁明了的方式对原文进行翻译，省略原文中相同的词语，或对译文进行提炼的翻译方法。从韩国语的语言特点和规律来看，多余的部分可以采用省略的方法，通过对上下文中重复出现的内容，或已经明确包含某种表达进行省略，来达到其翻译的效果，且保证了原文思想内容准确无误地传达给读者。部分实例见表3。

表3　省略法实例

原文	韩译文
全国各族人民一定要增强对中国特色社会主义的理论自信、道路自信、制度自信，坚定不移沿着正确的中国道路奋勇前进。	중국의 여러 민족 인민은 중국 특색 사회주의의 이론과 노선，제도에 대한 자신감을 높이고 정확한 노선을 따라 힘차게 나아가야 합니다.
第一，坚持正确政治方向，坚定不移走中国特色社会主义政治发展道路。	첫째，정확한 정치 방향을 견지하고 중국 특색 사회주의 정치 발전 노선을 견지해야 합니다.
我们要坚定不移相信和依靠各族干部群众，团结他们一道维护民族团结和社会稳定。	우리는 여러 민족 간부와 대중을 신뢰하고 의지하여 함께 민족 단결과 사회 안정을 지켜 나가야 합니다.

① 《标准国语大辞典》中对其的解释为“달라지지 않고 항상 같이.”。

续表

原文	韩译文
要坚定不移加快实施主体功能区战略，严格按照优化开发、重点开发、限制开发、禁止开发的主体功能定位，划定并严守生态红线。	주체 기능 구역 전략을 서둘러 실시하여 개발을 최적화할 지역, 중점적으로 개발할 지역, 개발에 대한 규제 및 금지가 필요한 지역 등, 주체 기능 설정 방향에 따라 생태 한계선을 설정하고 이를 엄격히 지켜야 합니다.
坚定不移转变作风，坚定不移反对腐败，切实做到踏石留印、抓铁有痕，不断以反腐倡廉的新进展新成效取信于民。	나쁜 풍조를 몰아내고 부패를 **결단코** 척결하며 돌을 밟으면 자국이 남고 쇠를 잡으면 흔적이 남을 정도의 강한 힘으로 부패 척결과 청렴화 지도에서 끊임없이 새로운 진전과 새로운 성과를 가져옴으로써 인민대중의 신뢰를 얻어야 합니다.
改革开放以来历次三中全会都研究讨论深化改革问题，都是在释放一个重要信号，就是我们党将坚定不移高举改革开放的旗帜，坚定不移坚持党的十一届三中全会以来的理论和路线方针政策。	개혁개방 이후 역대 3중 전회에서는 모두 개혁의 심화 문제를 연구하고 토론했습니다. 이는 하나의 중요한 신호이며 우리 당이 개혁개방의 기치를 높이 들고 당의 제11기 3중 전회 이후 이론과 노선 방침 정책을 **확고히** 견지하고 있음을 말해 줍니다.

从以上例句可以看出原文中出现了“坚定不移”一词，而译文中却省略了，但是这样很难表现出中国人民的决心和信心，因此笔者认为这时的“坚定不移”不应该采用省略法将其省去。而当文本中出现两个“坚定不移”时，为了避免重复，译文中会将其中一个“坚定不移”的翻译表达省略，精简其译文，这是由于“坚定不移”一词可以同时修饰两个动词或动词短语，为避免句子内容的重复且冗长，采用省略其中一个的方法是值得采取的。

4. 词性转换法

在翻译的过程中经常使用的一种翻译方法就是词性转换。词性转换分为强制性词性转换和选择性词性转换。强制性词性转换是指语言不同，词的分类也不同，一个词在汉语中属于某种词性，译成韩国语时则属于另一种词性。选择性词性转换则是表示既可以改变词性，也可以不改变词性。“坚定不移”一词的翻译在韩译本中有1处采用了词性转换的方法，具体实例如下。

【例12】

原文：有媒体评论：这是一位带来执政清新风气、坚定不移推进改革开放、引领中华民族实现中国梦的领导人。

韩译文：이에 한 매체는 시진핑을 청렴화 집권 기풍과 **확고한** 개혁개방 추진 의지로 중화민족을 이끌고 중국의 꿈을 실현할 지도자라고 평가했다.

原文中的“坚定不移”后接了动词“推进”，由此可以判断原文中的“坚定不移”是以状语的成分出现，而译文中则以定语短语的形式出现，属于词性转换的翻译

方法，而这样的译文完全可以按照原文的句子形式翻译成“개혁개방을 확고부동하게 추진하다”，这是一种选择性词性转换。

（二）朝译本中的翻译方法

朝译本中出现的翻译方法并不多，分别是固有词译法、汉字词译法、汉字词+固有词译法、省略法。本节将结合相关例句进行详细阐述。

1. 固有词译法

朝译本中出现固有词译法有3处，且3处出现的翻译表达都是“드팀없이”，相关例句如下。

【例13】

原文：我想强调，为推动中国经济社会持续健康发展，中国将坚定不移推进改革。

朝译文：여기서 강조하고싶은것은 중국 경제와 사회의 지속적이고 건전한 발전을 추진하기 위해 중국은 **드팀없이** 개혁을 추진할것이라는것입니다.

【例14】

原文：中国坚定不移走和平发展道路，始终不渝奉行互利共赢的开放战略，在和平共处五项原则基础上发展同世界各国友好合作。

朝译文：중국은 **드팀없이** 평화적발전의 길로 나아가고 시종 호혜상생의 개방전략을 실시하며 평화적공존의 5개원칙을 토대로 세계 각국과의 친선협력을 발전시킬것입니다.

【例15】

原文：坚定不移推进改革，还原能源商品属性，构建有效竞争的市场结构和市场体系，形成主要由市场决定能源价格的机制，转变政府对能源的监管方式，建立健全能源法治体系。

朝译文：개혁을 **드팀없이** 추진하여 에너지 상품의 속성을 환원시키고 효과적인 경쟁력을 갖춘 시장구조와 시징체계를 구축하며 주로 시장에 의하여 에너지 가격이 결정되는 메커니즘을 구축하고 에너지에 대한 정부의 감독관리방식을 전환하며 에너지법치체계를 구축하고 건전히 하여야 합니다.

朝译本与韩译本相比可以看出，韩译本的译者在选择固有词译法的时候选择了不同的固有词表达，而朝译本基本是保持原有的固有词译法，这可以看出韩朝译本在选择词汇方面明显不同。

2. 汉字词译法

汉字词译法是朝译本中最常用的一种翻译方法。这是由于朝鲜语受汉语的影响较大，在翻译和选择词汇的过程中经常采用汉字词译法。

【例16】

原文：全国各族人民一定要增强对中国特色社会主义的理论自信、道路自信、制度自信，坚定不移沿着正确的中国道路奋勇前进。

朝译文：그러므로 전국 여러 민족 인민들은 반드시 중국특색의 사회주의리론에 대한 자신감，중국특색의 사회주의길에 대한 자신감，중국특색의 사회주의제도에 대한 자신감을 높이고 **확고부동하게** 옳바른 중국의 길로 힘차게 나아가야 합니다.

【例17】

原文：在政治建设上，要坚持国家一切权力属于人民的理念，积极稳妥推进政治体制改革，坚定不移走中国特色社会主义政治发展道路。

朝译文：정치건설에서 언제나 나라의 모든 권력은 인민에게 속한다는 리념을 가지고 정치체제개혁을 적극적으로 온당하게 추진시키며 중국특색의 사회주의정치발전의 길로 **확고하게** 나아가야 합니다.

【例18】

原文：二十国集团财长和就业部长会议决定加强经济政策和就业政策的协调，是个正确的路子，要坚定不移走下去。

朝译文：G20 재무 장관 및 고용로동부 장관 련석회의에서 경제정책과 고용로동정책에 대한 조률을 강화하기로 결정한것은 옳바른 조치이므로 우리는 이 조치를 **확고히** 리행해나가야 할것입니다.

【例19】

原文：对党和人民事业有利的，对最广大人民有利的，对实现党和国家兴旺发达、长治久安有利的，该改的就要坚定不移改。

朝译文：당과 인민의 사업에 유리하고 가장 광범한 인민들에게 유리하며 당과 국가의 륭성발전과 장기적안정을 실현하는데 유리한것이여서 개혁해야 할 경우에는 **단호하게** 개혁하여야 합니다.

虽然朝译本中也出现了4种不同的汉字词选择，但是基本上是以“확고부동하다”为主，在译文文本中有43处出现了“확고부동하게”这种翻译表达，值得注意的是关于例句16，两种译文中出现两种不同的翻译风格，韩译本中并未出现“坚定不移”这一含义，采用了省略法，不仅导致原文句法结构不完整，同时也使原文缺失了重要的句子成分，无法准确无误地传达原文所表达思想内容。而朝译本通过“확고부동하

게”充分表达出了“坚定不移”一词所要传达的思想内容，该词充分表达了全国各族人民的决心和信心。

3. 汉字词+固有词译法

汉字词+固有词译法是汉字词译法与固有词译法结合的一种翻译方法。这种翻译方法在朝译本文本中出现了3次，而这3次都选择了“동요없이”。相关实例如下。

【例20】

原文：审视现在，全党同志必须牢记，道路决定命运，找到一条正确的道路多么不容易，我们必须坚定不移走下去。

朝译文：전당 동지들이 현재를 살펴보면서 명기하여야 할것은 길이 운명을 결정하며 바른길을 찾기란 그야말로 쉽지 않으므로 우리는 <u>**동요없이**</u> 이 길로 나아가야 한다는것입니다.

【例21】

原文：只要我们紧紧依靠13亿多中国人民，坚定不移走自己的路，我们就一定能战胜一切艰难险阻，不断取得新的成绩，最终实现我们确立的目标。

朝译文：13억 이상의 중국인민에게 의거하여 자기의 길을 <u>**동요없이**</u> 걷는다면 우리는 반드시 모든 간난신고를 물리치고 부단히 새로운 성과를 거두어 최종적으로 우리가 정한 목표를 실현할수 있을것이기때문입니다.

【例22】

原文：坚定不移奉行对外开放政策，继续为外国企业提供更好的环境和条件。

朝译文：대외개방정책을 <u>**동요없이**</u> 실행하고 외국기업에 계속 보다 훌륭한 환경과 여건을 마련해줄것입니다.

4. 省略法

省略法在朝译本中出现了2次，而这2次与韩译本中出现的省略法并不一致，相关例句如下。

【例23】

原文：改革开放以来历次三中全会都研究讨论深化改革问题，都是在释放一个重要信号，就是我们党将坚定不移高举改革开放的旗帜，坚定不移坚持党的十一届三中全会以来的理论和路线方针政策。

朝译文：개혁개방이래 개최된 력대 3차 전원회의에서는 개혁의 심화와 관련한 문제를 검토하고 우리 당이 <u>**확고부동하게**</u> 개혁개방의 기치를 높이 들고 당중앙위원회 제11기 제3차 전원회의이래의 리론，로선，방침，정책을 견지해나간다는 중요한 메시지를 전달해주었습니다.

【例24】

原文：党的十八届三中全会以全面深化改革为主要议题，是我们党坚持以邓小平理论、“三个代表”重要思想、科学发展观为指导，在新形势下坚定不移贯彻党的基本路线、基本纲领、基本经验、基本要求，坚定不移高举改革开放大旗的重要宣示和重要体现。

朝译文：당중앙위원회 제18기 제3차 전원회의에서 개혁의 전면적심화를 주요의제로 확정한것은 우리 당이 등소평리론，“세가지 대표”중요사상，과학적발전관을 지침으로 삼고 새로운 정세에서 **확고부동하게** 당의 기본로선，기본강령，기본경험，기본요구를 관철하고 개혁개방의 기치를 높이 들것이라는 의미의 중요한 표명이자 행동상의 중요한 구현입니다.

从以上例句可以看出，当文本中出现两个“坚定不移”时，朝译本中为了避免重复，才会将其中一个“坚定不移”的翻译表达省略，精简其译文，这是由于“坚定不移”一词可以同时修饰两个动词或动词短语，为避免句子内容的重复且冗长，采用省略其中一个的方法是值得采取和借鉴的。

五、结语

基于前文分析，《习近平谈治国理政》文本中“坚定不移”一词以不同的形态出现，如“坚定不移+动词”“坚定不移+介词”“坚定不移+助词”“名词+坚定不移”，而韩朝译本的翻译也呈现多样化，出现不同的翻译方法，按照前文分析可以整理成表4。

表4　韩朝译本中“坚定不移”一词的翻译类型总结

翻译方法	韩译本	朝译本
固有词译法	굳건하게（1次） 흔들림 없이（16次） 조금도 흔들림이 없다（1次）	드팀없이（3次）
汉字词译法	확고하게（5次） 확고부동하게（13次） 확고히（6次） 확실히（1次） 결연히（1次） 결단코（1次）	확고하게（2次） 확고부동하게（43次） 단호하게（1次） 확고히（1次）
汉字词+固有词译法	동요 없이（1次）、변함없이（1次）	동요없이（3次）
省略法	坚定不移→Ø（6次）	坚定不移→Ø（2次）
词性转换法	坚定不移推进改革开放→확고한 개혁개방 추진（1次）	无

通过上述分析和整理可以看出，两个译本同时采用了固有词译法、汉字词译法、汉字词+固有词译法、省略法，但有所不同的是韩译本中出现了词性转换法，而朝译本中却没有，这是由于朝译本基本按照原文的句子形式进行翻译，保留了原文的原汁原味，忠实于原文。韩译本虽然采用了词性转换，但在保留原文意思不变的情况下所采取，并且与前后文的内容和形式保持一致。同时，从选词的角度来看，无论采取何种翻译方法，韩译本选词明显多于朝译本，而且从语言学的角度来分析词的形式会发现，韩译本中出现多种不同的构词形式，而朝译本中的构词形式就显得较为单一。最后，两种译本在采取省略法时也有所不同：朝译本只有在一个句子中出现两个“坚定不移”时，考虑到句子的修饰成分和译文的呈现而采取省略的翻译方法，而韩译本中则是译者根据前后文内容进行选择性省略。

参考文献

黄进财，罗兹深，2021. 概念隐喻视角下《习近平谈治国理政》中隐喻的韩译方法研究［J］. 外国语文（5）：17–26.

李安慧，唐颖聪，2023.《习近平谈治国理政》（第一卷）韩译本翻译方法和技巧研究［M］//非通用语研究（第三辑）. 成都：四川大学出版社，95–107.

刘忠政，2022. 非通用语研究（第二辑）［M］. 成都：四川大学出版社.

刘忠政，2023. 非通用语研究（第三辑）［M］. 成都：四川大学出版社.

唐颖聪，2023. 外宣翻译视域下中国特色词汇“动态清零”的韩译研究［J］. 中国人文科学（84）：89–113.

唐颖聪，赵顺花，李安慧，2023. 党政文献《习近平谈治国理政》（第一卷）韩朝译本翻译策略与方法对比研究［J］. 中韩语言文化研究（25）：207–233.

习近平，2014. 习近平谈治国理政（第一卷）［M］. 北京：外文出版社.

당영총，2024. 수사학 시각에서 바라본 중국 정치 텍스트의 한국어 번역 방법 연구［J］. 한중경제문화연구（25）：137–161.

습근평，2015. 습근평 국정운영을 론함［M］. 북경：민족출판사.

시진핑 저，차혜정 역，2015. 시진핑 국정운영을 말하다［M］. 서울：와이즈베리.

生态翻译学视角下机器翻译与人工翻译对比

——以韩国商品广告语为例

荆繁青①

摘要： 随着科技的不断发展，机器翻译的发展进步迅速，已经成为人工翻译之外的又一重要选择。随着经济全球化的不断加深，广告日益成为现代生活消费过程中一个很重要的参考因素，充斥于我们生活的各个角落，广告语以宣传产品和服务为目的。本文基于生态翻译学的三维转换视角，以韩国广告语为例，从语言、文化、交际三个维度对机器翻译和人工翻译的适应与选择进行对比分析。机器翻译工具选择Papago及有道词典，研究发现现有的机器翻译在词汇、语法、翻译方法上都有着明显的缺陷和不足。机器翻译可以成为翻译工作者的辅助者，但现阶段无法取代人工翻译，需要进一步发展。

关键词： 生态翻译学；三维转换；机器翻译；人工翻译；广告语

一、理论背景

（一）生态翻译理论

胡庚申的生态翻译学理论从生态学的角度来阐述整个翻译过程。生态翻译学可以理解为生态学途径的翻译研究，或生态学视角下的翻译研究。生态翻译学结合了生态学与翻译学，是一项具有跨学科性质的交叉研究。生态翻译学将翻译生态整体性与译者主体性融入翻译的定义中。②

根据“翻译即适应与选择”，该理论在翻译的定义中明确体现了“译者为中心”

① 作者简介：荆繁青，四川外国语大学东方语言文化学院。

② 胡庚申：《翻译选择适应论》，湖北教育出版社，2004年，第13页.

的理念，翻译是“译者适应翻译生态环境的选择活动”。“翻译生态环境”是原文、原语和译语所呈现的“世界”，即语言、交际、文化、社会，以及作者、读者、委托者等相互连接、相互作用的整体。同时，该理论运用“适者生存”的自然法则，提出并论证译者在翻译过程中处于中心地位并起主导作用。翻译方法是“三维转换”，即语言维、文化维和交际维的适应性选择和转换。语言维关注的是语言本身，文化维关注的是话语中的文化信息是否得到正确传达，交际维关注的是原语的交际意图是否得到有效转换。[①]

（二）广告语翻译

广告语是商家用来宣传商品的语言，用简单易懂、内涵丰富、幽默简练的文字对商品的功能、特点、设计理念等进行介绍，由此来激发消费者的购买欲。总而言之，商品广告语具有传递信息和刺激消费的功能。当今社会，广告充斥在我们生活的方方面面，与我们的日常生活息息相关，进口商品进入我国，大部分需要通过良好的功效和出众的广告宣传才能深入人心。广告语翻译是一种跨文化交际活动，译者应当确保翻译符合目的语的语言环境和文化背景，使目的语读者顺利理解，避免出现误译、错译等现象，影响广告效果。

（三）机器翻译

随着全球互联网信息技术的不断发展以及世界各国交流不断加深，机器翻译应运而生。机器翻译（Machine Translation，MT）通常指利用计算机技术，将一种自然语言（源语言）转换为另一种自然语言（目标语言）。随着全球跨文化交流的持续增加，机器翻译开始在信息检索、跨语种日常交流以及人工智能等多个领域广泛应用。[②]

迄今为止，机器翻译技术大致经历了三个阶段。第一阶段是从20世纪50年代到20世纪90年代的基于规则的机器翻译。第二阶段是统计翻译阶段，主要是从20世纪90年代中期到2010年初期，这一阶段机器翻译主要基于大规模语料库。第三阶段是神经网络翻译阶段，大致涵盖了2010年后期至今，这一阶段，神经网络机器翻译成为主流方法，相比前两阶段有着更好的翻译效果和更高的可扩展性，优势明显，因此在其他任务中也得到了广泛应用。

① 马玉腾：《生态翻译学视域下〈琅琊榜〉字幕翻译的批判性研究》，山东大学硕士学位论文，2021年。

② 贺承浩、滕俊哲：《机器翻译综述》，载《电脑知识与技术》，2023年第21期，第31-34页。

二、机器翻译与人工翻译译文对比

（一）语言维翻译转换

“语言维的适应选择转换”是译者在翻译过程中对语言形式的适应性选择转换。① 侧重于最基本的语言层面，由于每一种语言都分属于不同的语系，因此在单词、语法上各有特点，在使用上也存在一定差异，因此应将其翻译为符合译入国语言使用习惯的语言。

汉语和韩语的“生态环境”有着巨大差异，两种语言的语言习惯和表达方式也不大相同。汉语和韩语分别属于不同的语系：汉语属于汉藏语系，句式多为主、谓、宾结构，主要通过语序和虚词表示语法关系；韩语属于阿尔泰语系，句式多为主、宾、谓结构且具有黏着语特征，所以在词汇和句子使用上存在很大差异。如果将韩语或汉语的语序和表达方式原封不动地进行转换，就会造成信息误差。

【例1】原文：그래. 이 맛이야! 고향의 맛 다시다!
Papago翻译：对，就是这个味道！故乡的味道再好！
有道词典：是的。就是这个味道！这是故乡的味道！
人工翻译：对，就是这味道！故乡的味道，大喜大！

这是韩国知名品牌大喜大的广告语，这则广告语采用口语的形式，增加了亲切感，表明该商品面向各阶层、各年龄段的人们，不论是谁都能享受到这份故乡的味道，感受到故乡的气息，同时还可以激发韩国国民的认同感，拉近与消费者的距离，得到更多消费者的支持。从以上翻译可以看到，Papago的翻译对“다시다”的意思进行了错译，有道词典的翻译对“다시다”的意思进行了漏译。大喜大品牌名称来自“맛이 좋아 입맛을 다시다”。其中“다시다”常与“입맛”搭配使用，表示看到美味的食物时，咂嘴、舔嘴的动作。选用“大喜大”这个词一语双关，同时运用意译和音译方法。这个词在广告语中极为重要，所以不能错译、漏译。尤其，一则商品广告最重要的就是准确传达品牌名称和理念，因此一定要翻译出“大喜大”。有道词典的翻译不太符合广告语短小精悍的要求以及汉语语序，没有根据目的语读者的阅读习惯进行翻译。

【例2】原文：수분 가득 맑고 건강하게 빛나는 아름다움과 새로운 뷰티를 통해 당신의 삶의 순간순간을 빛나게 합니다.

Papago翻译：通过充满水分、明亮健康闪耀的美丽与全新美妆，打造您生命

① 吴宇轩、王英莉：《生态翻译学三维转换视角下机器翻译与人工翻译的对比分析——以农业文本为例》，载《今古文创》，2024年第2期，第101–103页。

的每个瞬间。

有道词典：通过水分充足、健康明亮的美丽和新的美丽，让你生活的每一个瞬间都变得明亮。

人工翻译：生活中每一个高光时刻，源于无时无刻的饱满水润。

两种机器翻译都采用了直译的方法，但是人工翻译采用了调换语序、转换词性的翻译方法，这与中文的特点与表达方式有关。中文多使用四字词语来增强语句的韵律感，使单调的陈述句变得精简、朗朗上口。原文运用“를 통해”连接前后关系，韩语属于黏着语，通过丰富的助词和词尾来表达句子与句子之间的逻辑关系，如果这里直接翻译为“通过”会破坏广告的意义。因此这里将结果提前翻译，用“源于”过渡，会更加通顺，符合汉语习惯。另外两种机器翻译全部词语逐一翻译，十分烦琐，且不够通顺，有明显语病，所以在这里“당신의 삶의 순간순간을 빛나게 합니다”（使人生每一个瞬间更加闪亮）直接用“高光时刻”来翻译更能体现中文的精炼。人工翻译更符合广告语的特点，也更有利于产品的推广。

【例3】原文：토마토 뽀샵으로 눈부시게，촉촉하게，생기있게！

Papago翻译：用番茄美白打造耀眼、湿润、富有生机的肌肤！

有道词典：西红柿波小铺，耀眼、潮湿、有活力！

人工翻译：番茄美颜法，让肌肤更耀眼，更水润，更靓丽！

在此句中，“뽀샵”一词的机器翻译结果并不理想，其本意是照片美颜、“P图”的意思，Papago的翻译相比有道词典结果更为理想，有道词典对原文进行音译，但是意思完全不正确，在这里人工翻译更加恰当。且原文就是排比的句式，因此为了达到广告语的效果与作用，应该保持这一修辞特点，虽然后半句Papago翻译用词较为恰当，但是句式还需要进行进一步的调整。

（二）文化维翻译转换

文化维的适应性选择与转换，是指译者必须在翻译中注意双语内涵的传递与阐释。文化维的适应性要求译者关注源语文化与译语文化的差异，兼顾两者的特点，避免因片面地从单一文化背景出发而导致误译。

翻译不仅是语言现象，也是文化现象。汉语和韩语属于不同的文化体系，因此翻译者在翻译时不仅要传达语言方面的内容，还要传达文化背景知识和内涵意义，这一点相当重要。

【例4】原文：답핑트렌드

웬툰으로 완전 정복 팁핑의 꿀기능은?

살까 말까 할 땐 팁핑의 픽 구경!

Papago翻译：踏平趋势
用温顿完全征服TIPPING的蜜功能是？
犹豫要不要买的时候，就去看TIPPING的选择！
有道词典：答案趋势
用wentun完全征服小费的蜂蜜功能是？
不知道买不买的时候就看小费的皮克！
人工翻译：特评潮流
通过网络漫画完全掌握！特评的隐藏攻略？
犹豫买不买时，就逛特平精选！

这是一则与网购相关的广告语，“답핑”是英文单词“tip”（提示）和汉语“评”组合之后的音译，译文翻译为“特评”，首先能表达这是对某类商品的评价这一层基础含义，其次“特”可以传递给消费者这是一份特别的、可信的评论分析，可以对自己的消费选择有一定的帮助。且对上述两种机器翻译进行分析可以发现，机器无法对这些新造词或者特有名词正确识别并进行翻译。由此可见，在文化方面，机器翻译仍需要提高，扩充语料库。

【例5】原文：生活中离不开这口子
Papago翻译：생활 속에서 이 입을 떠날 수 없다. <입술>
有道词典：나는 그들을 떠나서는 생활할수 없다.（술에서 나오는）술
人工翻译：생활하면서 커우쯔를 떠날 수 없다. <커우쯔술>

这是中国知名白酒品牌口子酒的广告词。在这则广告中，将口子酒比作自己的生活伴侣“这口子”，语言风格幽默风趣，吸引了消费者的目光，最终引导消费行为。

在翻译结果中，Papago将“这口子”直接翻译成“입”（嘴），机器翻译没有理解广告词中特定词语的意思，导致了误译。机器翻译无法顾及上下文和广告背景。有道词典在翻译该广告词时加上了人称，且将“这口子”翻译为“그들”，指代错误，甚至还出现了隔写错误。另外，两个翻译工具对“口子酒”品牌名称的翻译也存在问题。Papago将其翻译成“입술”（嘴唇），将“입”和“술”合成就变为“口酒”，有道词典则翻译为“（술에서 나오는）술”，这种翻译不合逻辑。因此在这里，应该采取音译的翻译方法。而人工翻译能够考虑到上述问题，对其进行恰当翻译，让韩国人能读懂中国文化，理解该产品理念。

（三）交际维翻译转换

交际维的适应性选择与转换要求译者将选择转换的侧重点放在交际层面，译者不仅要关注源语的语言形式，还要传达其深层次的交际意图，并在目的语中产生尽可能接近目的语读者感受的交际效果。不仅要关注作者的意图能否正确反映给译入语国家读者，还要关注语言、文化等内涵传递给读者。广告语翻译的目的就是让国内外消费者更好地了解广告语的含义，进而提高消费者的购买欲和品牌认可度。

【例6】原文：라네즈는 더 빛나는 아름다운 속으로 당신을 이끌어갑니다!
Papago翻译：兰芝将你带入更加闪耀的美丽中！
有道词典：兰芝将你带进更加闪耀的美丽之中！
人工翻译：兰芝美丽新定义 天生之美 闪耀光彩

上述商品广告语采用了调换语序、转换词性的翻译方法，这与中国广告语的特点以及表达方式有关，中国广告语更多使用有节奏感的四字词语。这两种机器翻译均把“이끌어갑니다（引领）”翻译成“带入、带进”，而人工翻译将其转换为动名词兼备的“新定义”，也有一语双关的作用，侧面表现出了兰芝品牌引领潮流的含义，同时用两个四字词语概括强调了原句中的美丽与闪耀。这样翻译也更有文化气息，形式对仗。这样的翻译虽然没有完全顺从原句的意义，但是对于商品来说，更便于读者记忆，使其印象深刻，从而刺激消费。

【例7】原文：입안에서 톡톡 터지는 맛있는 비타민C-레모나 톡톡
생기있게 톡. 톡. 맛있게 톡. 톡.
Papago翻译：在嘴里啪啪爆发的美味维生素C-柠檬水
有活力地，啪啪。美味地，嗒嗒嗒。
有道词典：从嘴里喷出美味的维生素C-雷蒙那
充满活力的talk。talk。好吃的叭。
人工翻译：Lemona跳跳糖：在嘴里啪啪蹦跳的美味维生素C
持久蹦跳 美味无穷

这是一则零食广告词，这段翻译主要有两个重点，首先是产品名称的翻译，其次是对仗句以及拟声拟态词的处理。“톡톡”作为拟声拟态词，本意是接连裂开的声音、连续掉落的声音，用来描绘动作或行为，让语言更加生动形象，但是产品名称中这类拟声拟态词如何翻译是一大难题，这里借用了中国国内相似零食产品的名称进行翻译，即“跳跳糖”，两种产品具有相同的特性——粉类物质入口后会感觉在嘴里爆开。但是两者并不等同，至少它们的成分并不相同，跳跳糖顾名思义是糖，但是原文中的产品是维生素C，但至少前面的相似性为翻译成跳跳糖奠定了基础。原文的第二句为对称句，因此在翻译过程中保留其特点是无可厚非的，并且这两个四字词语能够很好地表达出“생기있게”和“맛있게”的意思。

Papago的翻译值得肯定的地方是它对大致意思进行了翻译，能够让大家理解其意义，但是商品品类翻译错误，第二句的对仗翻译没有进行加工，直接将拟声词翻译出来，这样并不恰当。有道词典的翻译“从嘴里喷出的美味”翻译得不够恰当，对商品名称进行了音译，并不是商品真正的名称，在第二句的翻译中甚至出现了英语，最终导致了错译现象，可以说是失败的机器翻译。

三、结语

本文从生态翻译学中的三维转换理论出发，从语言、文化、交际三个维度对韩国商品广告语的机器翻译和人工翻译结果进行对比分析。机器翻译在大规模语料库数据和先进的神经网络模型的支持下，在某些领域和特定语言上能够提供相对准确的翻译结果。但是，我们通过上述的案例分析中也可以看到，不同的机器翻译器之间存在差异，翻译结果良莠不齐。就上述使用的两种机器翻译软件而言，进行韩语相关翻译时Papago翻译器的准确度不论是在用词恰当程度还是语法句式上来说都明显高于有道词典。还可以发现，虽然机器翻译在不断进化，但是如果想要在译文中融入原文所包含的语言表达、文化背景以及交际习惯，人工翻译明显优于现阶段的机器翻译。

广告词有其特殊性，广告属于召唤类文本，在翻译过程中仅仅追求忠实于原文或者对等是完全不够的。译者在处理这类特定领域以及专业领域的文本和术语时，必须要结合一定的行业背景，并有一定的知识储备和翻译经验，才能完成正确的翻译。译者在翻译过程中不能仅仅局限于翻译思维，还要考虑企业和商品的需求，考虑是否能够更好地帮助企业树立品牌形象，是否符合商品定位，是否有利于刺激消费。但是至少在现阶段，机器翻译还做不到这一点。此外，机器翻译存在大量的错译、误译、漏译现象，在词汇、语法和语序等方面，以及翻译策略的选择上仍然存在很多问题，严重影响广告语的翻译质量，从而影响商品的发展。综上所述，在商品广告语的翻译方面，人工翻译质量远高于机器翻译。所以，机器翻译还有很长的一段路要走，在一定程度上，机器翻译可以为我们的翻译工作节约时间，提供帮助，但是至少在现阶段无法取代人工翻译，人工翻译在商品广告语翻译方面更具优势。

参考文献

马玉腾，2021. 生态翻译学视域下《琅琊榜》字幕翻译的批判性研究［D］. 济南：山东大学.

贺承浩，滕俊哲，2023. 机器翻译综述［J］. 电脑知识与技术，19（21）：31–34.

胡庚申，2004. 翻译选择适应论［M］. 武汉：湖北教育出版社.

胡庚申，2008. 生态翻译学解读［J］. 中国翻译，29（6）：11–15+92.

吴宇轩，王英莉. 2024. 生态翻译学三维转换视角下机器翻译与人工翻译的对比分析——以农业文本为例［J］. 今古文创（2）：101–103.

潘厉合，李凤萍，2022. 生态翻译视角下香氛广告语汉译的“三维转换”研究——以DIOR为例［J］. 海外英语（1）：181–183.

秦红梅，2023. 机器翻译和人工翻译的对比与分析——以伊丽莎白女王二世就新冠疫情发表的电视讲话为例［J］. 海外英语（15）：40–42.

蔡慧，2020. 生态翻译学视角的化妆品广告文本分析［J］. 现代交际（9）：104–105.

张兴华，姚硕，2022. 生态翻译学视角下广告语的翻译［J］. 英语广场（34）：15–19.

郑晓楠，2023. 机器翻译与人工翻译的译本对比分析——以广告宣传语的英译为研究对象［J］. 互联网周刊（21）：49–51.

권혁렬，2012. 광고 슬로건의 언어학적 의미구조의 특성에 관한 연구–담화분석 이론을 중심으로［D］. 서울：한양대학교.

당사의，2021. 인지언어학의 관점에서 본 한・중 광고어의 의인의화 연구［D］. 단국대학교.

纽马克理论视角下机器翻译与人工翻译对比研究

——以《韩国文化》一书为例

肖雅琦①

摘要：随着技术的发展，机器翻译进步迅速，得到越来越多的关注和研究，与此同时，也出现了许多“机器翻译将取代人工翻译”的声音。本文基于纽马克理论视角，运用其中的语义翻译和交际翻译方法对机器翻译和人工翻译进行对比研究，选取《韩国文化》一书中的内容作为例句，从词汇与语句两大层面进行具体分析。对比研究发现，虽然机器翻译速度快、效率高，但具有一定局限性，无法完全代替人工翻译。

关键词：纽马克理论；机器翻译；人工翻译；《韩国文化》

一、引言

机器翻译作为人工智能领域的一个重要分支，通常是指通过计算机技术将源语言自动转换为目标语言文字的过程。近年来，机器翻译发展迅猛，在神经机器翻译等多个领域得到了关注和实际应用，取得了一定成果。随着技术的不断提升和日益成熟，机器翻译有望在未来得到突破性发展，质量日趋完善，将得到更加广泛的应用。全球共有上千种语言，机器翻译的出现与发展在克服语言障碍问题上具有重要意义。机器翻译能够将多种语言进行自由转换，翻译速度快、效率高，在人类文明发展进程中具有颠覆性，同时，在全球化这一背景下，机器翻译也促进了不同民族与国家之间语言的学习与文化的交流。然而，近年来，机器翻译取代人工翻译的呼声不断，许多人将技术与人文进行对比，争论不休。

① 作者简介：肖雅琦，女，2002年生，籍贯湖南邵阳，四川外国语大学东方语言文化学院在读硕士。研究方向：朝鲜语笔译。

本文以《韩国文化》一书为翻译文本，该书在2022年由北京大学出版社出版，是由中韩多所高校专家、教授联合编写、审订，具有科学性与权威性。该书分为11章，系统地介绍了韩国传统文化的结构、特征和时代变迁，涉及很多与文化相关的概念与内容，包含大量的文化知识和信息，旨在提高读者的跨文化能力，提升读者的韩语语言水平，成为读者了解韩国文化的桥梁。本文选取Papago作为机器翻译的工具，将韩语例句翻译为汉语，与人工翻译的文本结果进行对比和总结，旨在检验机器翻译的质量，以期为机器翻译与人工翻译在韩汉翻译领域的对比研究提供借鉴和参考。

二、文本分析及理论介绍

原文选自由北京大学出版社出版，多名中韩专家、教授以高校韩国语专业教学大纲为基础编写的《韩国文化》，旨在提高读者的语言水平和文化修养。首先，从词汇层面来看，文本使用严谨的学术用语，具有科学性、实用性和权威性，同时涉及大量有关韩国传统文化的词汇。其次，从语句层面来看，文本语句完整准确、通顺自然，上下文语义连贯，各个章节内容紧密围绕主题叙述，具有较强的逻辑性与专业性。最后，从语言风格层面来看，语言简洁规范、表述自然，文本包含大量文化知识与信息，属于信息类文本，具有可读性。

纽马克理论由彼得·纽马克提出。彼得·纽马克是著名的翻译家和翻译理论家，曾担任语言学教授和语言学会会长。纽马克理论的核心内容是“语义翻译”和“交际翻译”，对当今的翻译研究和翻译实践有一定的指导意义。

语义翻译是指在目的语语义和结构允许的条件下，准确再现原文意义。语义翻译侧重于保留原作的语言特点及表达方式，更注重对原文文本的忠实性和准确性，并遵循源语言文化。因此，在语义翻译的指导下，要重点关注对词语和语句的分析，使目标文本更贴近原文。交际翻译更注重主观性和目的语读者的反应，强调译文的效果，注重使译文对目的语读者所产生的效果与原文对源语读者所产生的效果相同。因此，在翻译过程中，译文应不受原文结构和形式的舒服，达到通俗易懂、自然流产的阅效果，力求增进读者对译文的理解，排除歧义，减少晦涩难懂的译文。采用交际翻译并不意味着译文要完全脱离原文，而是为了减少目的语读者在理解上的困难与障碍。在交际翻译的指导下，通常会采用意译等方法，以确保交际顺利进行。

语义翻译力求保留原文内容，以单词、短语为翻译单位，而交际翻译力求通顺流畅，注重信息传递，易于读者理解，通常以句子和段落为翻译单位。但这两者之间的区别并不是绝对的，两者也不是相互排斥的，更不能孤立地使用其中一种，往往在对某些文本进行翻译时，往往需要交替使用语义翻译和交际翻译，二者相辅相成。

研究文本包含大量与文化相关的专有名词和学术用语，语句通顺自然，具有逻辑性和专业性，文本属于信息类文本，注重信息的传递。因此，结合文本分析，可以运用语义翻译和交际翻译的方法，对词语进行更加准确地翻译，提升译文效果。

三、机器翻译与人工翻译的差异性概述

随着机器翻译的不断发展与应用，以及机器翻译平台和软件在市面上的不断涌现，导致出现“机器翻译将取代人工翻译”的声音。机器翻译和人工翻译存在多方面的差异，各自具有独特的特点和适用场景。机器翻译与人工翻译的差异主要体现在以下几个方面。

首先，翻译速度与效率方面存在差异。人工翻译通常需要花费较长的时间，无法在极短的时间内完成翻译，难以处理大批量翻译任务。在文本极其复杂和专业性极强的情况下，人工翻译往往需要更长的时间和精力去完成，效率相对来说较低。然而，机器翻译可以降低翻译成本，其速度远远快于人工翻译，能在短时间内完成大批量翻译任务，效率明显更高，即使文本复杂、翻译难度大，机器翻译也能迅速为用户提供译文结果。

其次，翻译质量方面存在差异。机器翻译通过计算机程序将源文本翻译成目标文本，主要依赖算法和数据库，能处理常规性的翻译任务。但算法和语言数据库并非十全十美，具有一定的局限性，例如在进行法律、医疗等多种专业领域的翻译时存在困难，无法准确处理专业术语。有时机器翻译也无法理解文本语境，时常出现误译、歧义等问题，导致翻译出现偏差，此时就需要人工进行校对和修正。与此相比，人工翻译者通常具备一定相关领域的专业知识，不仅可以阅读、理解和把握上下文，还具备语言理解能力和翻译技巧，能够在翻译的过程中对原文进行妥当的处理，从而避免歧义和误译，确保信息的准确传达。

最后，在人文情感和文化传达方面存在差异。机器翻译根据算法对文本进行机械化的处理，通常拘泥于原文，难以捕捉和传达文本中的情感色彩和文化背景，特别是在处理小说等文学作品时，翻译结果常常不尽如人意。而人工翻译在处理如诗歌等创造性文本时更加灵活，可读性更高，能保留原文的情感和文化元素，发挥创造性，使译文更富有感染力。同时，人工翻译者能对文化差异更加敏感，使翻译更具有人文关怀。

总的来说，机器翻译在翻译速度和效率、翻译成本方面具有不可比拟的优势，但仍存在不少缺陷，人工翻译则在准确度、翻译质量和文化传达上更为可靠，因此，机器翻译难以完全取代人工翻译。

四、案例分析

案例分析部分是在纽马克理论视角下对机器翻译和人工翻译的译文进行详细具体的分析，主要分为词汇、语句两大层面进行对比研究。

（一）词汇层面

词汇层面主要从文化负载词的翻译、语义识别、词汇搭配三方面对两种译文进行对比分析。

1. 文化负载词

文化负载词是指某种语言、文化或社会背景下有独特含义或情感色彩的词汇，这些词常含有文化内涵，能够反映一定的历史、传统或价值观，在跨文化交际中，对文化负载词的理解和处理十分重要，机器翻译和人工翻译分别在处理文化负载词时，有着不同的翻译效果。

【例1】

原文：삼국시대에는 서옥제가 있었다.

机器翻译：三国时代有西旭帝制。

人工翻译：三国时期曾有赘婚制度。

“서옥제”对应的汉语是“壻屋制”，是指婚后男方去女方家生活，直到孩子长大后才一同回男方家生活的婚姻风俗，是韩国古代一种赘婿婚姻。机器翻译的语料库中不存在这一文化负载词的数据，只能生硬地对“서옥제”一词进行逐字翻译，最后得出一个错误的翻译结果，与该词语本身的含义相差甚远，结合语义翻译，人工翻译的翻译结果为“赘婚制度”，符合原文含义，也较好地翻译出这一关于风俗习惯的文化负载词。

【例2】

原文：환인은 자기의 아들인 환웅이 인간 세상에 뜻을 둔 것을 알고는 천부인 세개를 주어 인간세상으로 내려 보냈다.

机器翻译：桓仁得知自己的儿子桓雄志在人间后，给了三个天父，送到了人间。

人工翻译：桓仁得知儿子桓雄志在人间后，给了他三个天符印，并将其派去人间。

“천부인”指的是天符印，而不是机器翻译中的“天父”，机器翻译进行了逐字翻译。天符印又称天符三印，是韩国檀君神话中出现的神物，是天帝桓仁给儿子桓雄用来治理人类世界的三件物品。这一文化负载词在古代社会中象征着统治阶层的权威，一般以剑、铃铛、镜子三种形式而闻名。机器翻译无法正确表达原文的含义，传递了错误的信息。

【例3】

原文：한국의 관례는 고려시기에 중국의 것을 받아들여 주로 상층계급에서 행해져 왔다가 조선 시대에는 관례가 혼례에 흡수되어 그 사회적 의미가 많이 약화되었다.

机器翻译：韩国的惯例在高丽时期接受中国的，主要在上层阶级进行，但在朝鲜时代，惯例被婚礼吸收，其社会意义大幅减弱。

人工翻译：韩国的冠礼在高丽时期吸收了中国文化，主要在上层阶级进行，但在朝鲜时期，冠礼与婚礼一同举行，其社会意义大幅减弱。

“관례”是指冠礼，这一文化负载词是指古代男子二十岁时的成人仪式，而机器翻译成“惯例”，与原义不符。人工具备这一文化负载词的知识储备，得到的翻译结果为“冠礼”，符合原义，正确传达出词汇含义，符合纽马克的语义翻译与交际翻译的内容，

2. 语义识别

语言本身并没有固定含义，它作为一种符号被赋予含义后才被使用①。一个词汇可以有多种含义。在进行翻译时，要联系句子整体和上下文，判断词汇在该语境下地正确含义。然而，机器翻译有时无法准确识别词汇的语义，在词汇的多个含义中选择了错误的含义，因此导致了误译。

【例4】

原文：한국의 역사는 내란과 외침으로 점철되었다.

机器翻译：韩国的历史充满了内乱和呐喊。

人工翻译：韩国历史经历了内乱与外患。

“외침”有“呐喊”的意思，也有“外侵”的意思，而机器翻译不能结合语境和上下文意思，将“외침”译为“呐喊”，在多个含义中选择了错误的翻译，无法正确识别语义。结合“내란”一词的提示，应该将其翻译为“外患”，正确表达了原文内容。

【例5】

原文：문화관에 따르서 특정한 수를 길수 또는 신성수로 생각하고 있으며, 어떤 수를 흉수로 여겨서 기피하는 경우가 있다.

机器翻译：根据文化馆的介绍，将特定数量视为吉数或新星数，将某些数量视为凶数而回避。

人工翻译：根据韩国文化观念，韩国人将一些特定的数字被视为吉数或圣

① 朱婕：《汉韩机器翻译错误分析》，载《大众标准化》，2021年，第134页。

数，则忌讳某些凶数。

首先是“문화관”，机器翻译为“文化馆”，但在这句话中所要表达的是意思是“文化观念”，“문화관”确实有“文化馆”的意思，但机器翻译对其进行了错误的语义识别，选择了一个错误的含义作为翻译结果，而人工翻译可以根据句子逻辑进行判断。在多个语义中选出更为准确和贴切的翻译。再者，“신성수”不是“新星书”而是“圣数”，也是因为机器翻译无法正确识别其语义，因此造成误译，使得翻译效果不佳。

【例6】

原文：한국인의 전통사상 근간인 음양론에서는 기수는 양으로 우수는 음으로 치부한다.

机器翻译：在韩国人的传统思想根基阴阳论中，基数是阳，忧愁是阴。

人工翻译：在韩国人的传统思想根基——阴阳论中，奇数代表阳，偶数代表阴。

“기수”有“基数”“奇数”等含义，“우수”也有多个含义，如“偶数”“优秀”“忧愁”等，但是机器翻译无法对句子进行判断，难以选择正确的语义，得到的翻译结果不符合原文，也难以传达准确的信息。

3. 词汇搭配

在词语使用过程中，往往根据语言特征和社会、文化等因素，存在固定的搭配，其意义通常不能通过单个词义简单相加来理解，也不能随意搭配。

【例7】

原文：서울시 종로구에 위치한 창덕궁은 1405년 지어진 궁절이며，조선 왕조의 공식 궁궐인 경복궁에 이어 두 번째로 모습을 드러낸 궁궐이다.

机器翻译：位于首尔市钟路区的昌德宫建于1405年，是继朝鲜王朝的正式宫殿景福宫之后第二个露面的宫殿。

人工翻译：位于首尔市钟路区的昌德宫修建于1405年，是继朝鲜王朝的正宫景福宫后第二个修建的宫殿。

机器翻译将“모습을 드러낸 궁궐”这一搭配直译为“露面的宫殿”，但这并不符合汉语的表达习惯。在翻译时，如果完全按照字面意思进行翻译，译文容易变得十分生硬，且不符合目的语表达习惯，可读性差。人工翻译适当地对修饰语进行调整，使其符合语言表达习惯，而不是完全按照字面意思进行机械化地翻译。

【例8】

原文：이들 유적을 통해 신라 고유의 탁월한 예술성을 확이할 수 있다.

机器翻译：通过这些遗址可以确认新罗固有的艺术价值。

人工翻译：这些遗址体现了新罗特有的艺术价值。

为确保文本的流畅性，翻译时要使用符合目的语读者表达习惯的语言以准确传达文本信息。[①] “확이하다”一词本身是“确认”的意思，但是这句话的宾语是“예술성”，意思为“艺术性”，“确认艺术性”这一动宾搭配显然是不符合汉语表达习惯的，一般用“体现艺术性”来表达。由此可见，机器翻译十分机械化，完全按照字面意思进行翻译，翻译效果并不好。

（二）语句层面

除了词汇层面，以下将从语句层面上对机器翻译与人工翻译的译文进行对比和考察，分为译文效果、句式繁简以及语序处理三个方面。

1. 译文效果

为了保证译文效果，在翻译前要充分理解原文的含义、语境和情感色彩，确保译文准确表达原文的意思，也要考虑原文的语气和情感，尽量保持译文的语气和情感一致。

【例9】

原文：그래서 유채색은 욕정 등으로 동일시하여 가까이하지 않았다. 백색을 숭상하였던 백의민족이라는 의식의 일면에는 이와 같이 금욕적 인격 완성에 이르는 한국인 특유의 인생관이 엿보인다.

机器翻译：因此，将彩色视为欲望等，所以不靠近。从崇尚白色的白衣民族意识这一方面可以看出韩国人特有的“节制欲望”的人生观。

人工翻译：韩国人将彩色视为欲望，因此不喜爱彩色。从崇尚白色的白衣民族意识这一方面可以看出韩国人特有的“节制欲望”的人生观。

在处理“가까이하지 않았다”部分时，机器翻译无法结合语境进行进一步的理解，因此翻译结果难以传达正确的信息，读者也难以理解机器翻译的结果。结合下文，“가까이하지 않았다”所要表达的意思是韩国人崇尚白色，而不喜欢彩色。从纽马克的视角来看，人工翻译在翻译时进行了灵活处理，翻译为“不喜爱彩色”，译文效果更佳，读者阅读时一目了然。在交际维度上，人工翻译的译文水平要高于机器翻译。

---

① 周童、朱明爱：《韩汉机器翻译的译后编辑研究——以Naver Papago为例》，载《韩国语教学与研究》，2022年，第154页。

2. 句式繁简

在语言表达中，句子结构的复杂程度和简洁程度的不同。汉语简短精炼，句式简洁，通常更直接，强调重点，适合快速传递信息。因此在韩汉翻译过程中，要避免语言冗余，使表达简洁明了。

【例10】

原文：중국이나 미국, 러시아 등과 같이 여러 민족이 공존하는 다민족 국가와 달리 한국은 한민족이 전체 주민의 대부분을 차지하는 단일민족 국가이다.

机器翻译：与中国、美国、俄罗斯等多个民族共存的多民族国家不同，韩国是韩民族占全体居民大部分的单一民族国家。

人工翻译：与中国、美国、俄罗斯等多民族国家不同，韩国是以韩民族为主的单一民族国家。

在这句话中，“여러 민족이 공존하는 다민족 국가”用“多民族国家”一词便可准确表达，即使省略前面的修饰语，也并不影响原文含义的表达，反而更加精炼、明确。机器翻译的“多个民族共存的多民族国家”显得十分冗长，且意义重复表达，这个时候可以进行减译，让句子一目了然，达到两种语言人群交际的效果。

3. 语序处理

语序，也称语态，指句子中各成分的排列顺序。在不同的语言中，语序可能有所不同，甚至在同一种语言中也可能有多种语序。汉语和韩语两种语言表达顺序不同，在转换过程中，要分析句子成分之间的逻辑关系，按照译入语的语法规则积极调整语序，进行翻译。

【例11】

原文：김치는 무, 배추, 오이 등의 채소를 소금에 절인 다음 고추, 마늘, 파, 생강, 젓갈, 등의 양념 및 부재료를 함께 버무린 후 밀봉하여 일정한 온도에서 일정 기간 발효시켜 먹는 음식이다.

机器翻译：泡菜是将萝卜、大白菜、黄瓜等蔬菜用盐腌制后，将辣椒、大蒜、葱、姜、鱼酱等调料及辅料一起拌匀，密封，在一定温度下发酵、保水一定时间后食用的食品。

人工翻译：泡菜是一种由萝卜、大白菜、黄瓜等蔬菜用盐腌制的食物，放辣椒、大蒜、葱、姜、鱼酱等调料后拌匀，进行密封，并在一定温度下经过一段时间发酵后食用。

韩语例句由一个长定语进行修饰，在韩汉翻译过程中，如果不对长定语进行处理，整个汉语语句会十分冗长、累赘，且不符合汉语的语言特征及表达习惯。机器翻译得出的译文中的“食品”前是一个很长的定语，译文结构冗长，前后成分脱节，失去呼应，而人工翻译灵活地将句式进行调整，部分定语不变，部分定语后移动，使之独立成句，译文既忠实原文，有通顺流畅。

五、结语

在全球化背景下，各国不断加深交流与合作，随着“一带一路”倡议的实施，翻译担任着不可缺少的重要角色。机器翻译的出现，在经济、政治与文化等方面的交流中发挥着积极作用，同时也为人工翻译带来了机遇与挑战。通过机器翻译与人工翻译在汉韩翻译领域的对比研究发现，机器翻译的效果并不理想，人工翻译在词汇和语句两大层面上的表达会更加精准，但机器翻译的速度更快、效率更高。在未来的研究中，可以结合机器翻译和人工翻译的优势，探索更有效的翻译模式，可以先利用机器翻译工具进行初步翻译，再由人工翻译进行修正和润色，以提高翻译效率和质量。总的来说，机器翻译和人工翻译各有优势，相辅相成，机器翻译不可能完全替代人工翻译，而是要在实际应用中可以根据具体需求和翻译任务的特点选择合适的翻译方式，以达到最佳的翻译效果。

参考文献

朱婕，2021. 汉韩机器翻译错误分析［J］. 大众标准化：134–136.

周童，朱明爱，2022. 韩汉机器翻译的译后编辑研究——以Naver Papago为例［J］. 韩国语教学与研究：152–160.

非通用语跨文化研究

从《社帕昆昌昆平》中的劝诫词看泰国传统社会价值观

段召阳[①] 赖林[②]

摘要：《社帕昆昌昆平》是泰国古典文学的瑰宝，被誉为泰国“平律格伦诗之冠”，是大城王朝中期至曼谷王朝初期泰国社会的真实写照，也是当时社会的“百科全书”。[③]作品对人物的爱憎褒贬，对事件的品评论说，基本上反映了大城王朝中期至曼谷王朝初期人民群众的价值观。尤其是《社帕昆昌昆平》中父母在儿子离家从政或女儿出嫁前对子女的告诫，体现了泰国古代社会要求臣子忠诚于君王，子女服从于父母，女子温柔贤淑的传统社会价值观。本文对《社帕昆昌昆平》中体现的社会价值观进行了阐述，赞同了其中部分价值观，并指出其中体现的封建思想和价值观念不符合现代社会的发展，应予以摒弃。

关键词：《社帕昆昌昆平》；社会价值观；忠诚；温柔贤淑

《社帕昆昌昆平》是泰国著名的叙事长诗，是泰国古典文学中的瑰宝，“社帕”的意思是“叙事说唱”，即民间艺人以说唱的方式表演《昆昌昆平》。《昆昌昆平》主要讲述了大城王朝时期素攀地区富豪昆昌、武将昆平和美女婉通三人之间的三角爱情和婚姻悲剧，故事情节跌宕起伏，关键是其中的人物故事比较接近泰国老百姓的现实生活，是泰国封建社会的真实写照，因此《昆昌昆平》是最受泰国老百姓欢迎的说唱故事。但因民间流行的唱本在公元1767年大城被缅军攻陷时散佚，后由曼谷王朝二世王和宫廷诗人根据残存材料和艺人口述，再补充完善后编写成书，最后由丹隆亲王主持校订出版。因其辞藻华丽优美，被誉为泰国“平律格伦诗之冠”[④]。

《昆昌昆平》这部作品脱胎于民间故事，是对大城王朝中期至曼谷王朝初期泰国社会的真实写照，是当时社会生活的“百科全书”，基本反映了当时人民群众的道德

① 段召阳，女，1980年生，硕士，云南师范大学华文学院副教授，主要研究方向：泰语语言文学。

② 赖林，女，1981年生，硕士，云南师范大学华文学院讲师，主要研究方向：汉泰互译教学与研究。

③ 栾文华：《泰国文学史》，社会科学文献出版社，1998年，第101页。

④ 栾文华：《泰国文学史》，社会科学文献出版社，1998年，第101页。

观和价值观[①]。《社帕昆昌昆平》中的唱词内容，尤其是唱词中父母在儿子离家从政或女儿出嫁前对子女的告诫，体现了泰国古代统治阶级要求臣子忠诚于君王、子女服从于父母、女子温柔贤淑的传统社会价值观。

一、要求臣子忠诚于君王的价值观

“忠君”是一种以忠诚于君主为核心的政治和社会观念。在泰国传统文化中，君主被视为国家的象征和代表，因此忠诚于君主就是对国家和社会的忠诚。《社帕昆昌昆平》向男性传达了其作为“王前足下灰”，要对君王绝对忠诚的价值观。在《社帕昆昌昆平》中，当通巴喜得知儿子昆平将离家去往京城为官时，就对昆平讲述关于从事宫廷政务必须具备的四个基本条件和从政为官的十条准则，伟大的母亲通巴喜告诫儿子要牢记这些准则，其中最重要的一点就是要对君主忠诚。母亲通巴喜的言辞，不仅体现了母亲对儿子的殷切希望，也表达了深深的爱子之情。特别是母亲在唱词中要求儿子忠君的思想观念，母亲的话语潜移默化地影响了泰国民众，通过唱词在民间的传播，统治阶级要求老百姓忠君的思想也得到了实现。

其时通巴喜，
听完帕莱构言语之后，
开心地流下了眼泪。
她慈爱地抚摸着帕莱构，
去吧，不用担心，不必牵挂，
儿妻留于家，
为娘自会照顾她，
不会让她吃苦受累。
儿应勤于政务，终有一天自会苦尽甘来。
若勤于公务，
有了成效，自会加官进爵，
这也相当于我儿替父实现其人生愿望。
但宫廷的事务，
难于做好，
古人曾言，
须具备如下四点，
一为同族优秀之人，
行为举止端正。
二须受过优良教育，

① 栾文华：《泰国文学史》，社会科学文献出版社，1998年，第96页。

具备足够学识。
三要年龄正当时，
勇于担当有责任。
四要才思敏捷头脑清，
能明辨是非。
作为王足下微如尘土的臣子，
必须满足上述四个基本条件。
而你兼已具备，
可以去辅佐国王了。
但请牢记切勿过于自负，
认为一切都无所畏惧，
目空一切，将招来砍头之罪。
儿呀，你切记要记住为娘的话。
古语云，作为王的臣子，
必须要全力维护王的尊严，
书中早已记载作为王臣应遵守的准则，
自古以来就有述说，
一须王前显才能，
二须勤政至成功。
三须用心于公务，
四须忠诚品德高。
五须谦恭不自大，
六不能恃宠而骄。
七不能觊觎王位，
八时刻关注公务。
九勿牵扯宫内女，
十忠于王勿顶撞。
这就是侍奉王时须遵守的十准则。
儿务必牢记，
忠诚最重要。
我的儿啊！昆平！务必牢记为娘所说，
愿我儿一切顺利，
克服所有困难、挫折和痛苦，
终有一天让这片土地的主宰者，
封你为披耶。

上述《社帕昆昌昆平》唱词中，男主人公昆平的母亲对儿子提出的忠告，要求儿子务必牢记的为官十则，尤其是对王的忠诚思想尤为重要。关于泰国的忠君思想，最早可追溯到大城王朝初期由拉玛堤巴迪一世（又称乌通王，1350—1369年在位）责成婆罗门祭司编写的《水咒赋》（又译《誓水赋》），其中说国王乃天神下凡，地位崇高无比，人们必须对王绝对忠诚。因此，泰国宫廷在举行忠君宣誓仪式时必须齐颂《水咒赋》，并喝下一碗滴入宣誓人血的酒，以表达对国王的忠诚。这个仪式自大城王朝初期乌通王时期开始后就一直被暹罗（泰国旧称）历代王朝沿用，延续了六百多年，直到1932年资产阶级维新政变后才被废除。

“忠君”思想在泰国古代社会受到极大推崇，但在现代民主社会中，这种传统的价值观显得有些过时和落后，因为现代国家和社会需要更多的自由、平等和民主。因此，《社帕昆昌昆平》中反映的忠君的传统社会价值观，是古代统治阶级宣扬的封建统治思想的集中体现，是由当时的社会制度所决定的。

二、要求子女服从于父母的价值观

《社帕昆昌昆平》除了向民众传达一种对君王忠诚的社会价值观，也教导女性应该听话孝顺、听从父母的安排、顺从父母的旨意等。在《社帕昆昌昆平》唱词中，中通村村长散康曼和妻子西恩昂劝说女儿劳通嫁给未曾谋过面的帕莱构（后获封爵位，更名为昆平）时，他们通过明喻、暗喻等各种方式劝说自己的女儿嫁给帕莱构，作为劳通的父母，他们是劳通婚姻的主宰者，也是女儿命运的安排者。他们劝说劳通，如果嫁给帕莱构，他们全家的命运将会发生改变，就再也不会像小草那样被人任意揉捏和践踏。他们对女儿的劝诫，其实就是希望女儿顺从父母的安排，以“家族利益”为重。在那个女性没有任何选择权的封建社会，“父母之命，媒妁之言”，无论结婚的男女双方是否相互认识、互相了解，是否两情相悦，只要是父母为儿女安排好的，儿女都无权选择，基本都必须顺从于父母的安排，才是孝顺的表现。唱词内容如下：

啊！我们的乖女儿劳通啊！
我们纯洁美丽的女儿啊！
南北的士兵都聚集到了我们这里，
大米槟榔，什么都没有了。
此时已是怨声载道，
父母也不知道把你藏到哪儿去，
帕莱构的军队马上要撤回阿瑜陀耶城了，
有的人家全家都被掳走了，
财物也被没收了，
到处是妻离子散、衣衫褴褛的人。
父母害怕咱家也会遭受那样的情况。
帕莱构将军照顾体恤我们，
不让他的士兵来欺侮我们，

所以我们才暂时得以平安。
可是现在他们要班师回朝了，
父母很担心，
古语有云：挖池子时，
为迷惑鱼儿，不使它们起疑，
便先不食之，悉心照料之，
也不破坏池里的莲花，
不把池里的水搅浑，
随鱼儿觅食，待鱼儿增多，
这好比今日他们放过我们一样，
等他们想抓我们的时候就危险了，
根本无路可逃，
我们必须在荆棘扎伤我们之前折断它，
我们不愿像小草那样被人蹂躏和践踏。
而你就像一支蜡烛，
如今我们老了，什么都看不见了，
前面是漆黑的、满是荆棘的森林，
只有你的光芒能给我们带来光明。
我们含辛茹苦地把你养大，
我们的心肝宝贝呀！你幼小的时候依靠我们，
而当我们老了的时候，你就是我们的依靠。
现在我们把你献给将军，让他疼爱你，
你不要觉得伤心和难过，
他是一个战无不胜的大将军，
这对你来说应该是最好的归宿，
以后你也可以依靠他，
清迈和阿瑜陀耶，
将来可能还会，
兵戎相见。
你长得如花似玉，
谁都想来霸占你，
如果你还在中通，
无论是谁来了都会争先恐后地，
追求你，
你肯定也会嫁给他们其中的一个，
最终嫁得远远的，
我们觉得嫁给将军没什么不好的，我们的宝贝女儿，
他年轻帅气，你青春正茂，你们刚好相配，

你们结合将是一段好姻缘，
桑婉和桑薇也会随你陪嫁，
服侍你到终老，
仆人为娘也替你安排好，
不要再把愁眉展！

通过对上述《社帕昆昌昆平》中中通村村长散康曼和妻子西恩昂劝说女儿劳通的这段唱词的分析可以看出，泰国古代传统文化中，女子根本没有自主择偶的机会，其婚姻不可能建立在自由恋爱和两情相悦的基础之上，而是要建立在家族利益之上，要求女子必须按照父母的安排，顺从父母。《社帕昆昌昆平》故事本身起源于民间，并在民间长期口耳相传，反映了民间老百姓的思想观念，后又经拉玛二世和三世两位国王、宫廷诗人和达官贵人等统治阶级的编撰，能充分反映这些作者的思想观点和情趣喜好。因此，《社帕昆昌昆平》中反映的价值观念，就是泰国封建社会价值观念的真实写照。如今，随着女性独立意识的增强，这些封建传统价值观念再也不能束缚追求独立自主的当代女性。

三、要求女子温柔贤淑的价值观

在古代社会，温柔贤淑的女子一直是泰国男性梦寐以求的女性形象，通过对《社帕昆昌昆平》唱词所歌颂赞扬并最终获得“善果”的劳通和巧季丽雅二人命运的分析，她们都具有共同的品质，即不仅花容月貌、温文尔雅，而且忠贞于丈夫，对丈夫百般体贴，从不逾矩。而最终获得“恶果”的两位女子，一位是欲弑夫的普克莉，一位是“身侍二夫”的婉通。对比《社帕昆昌昆平》唱词对故事中不同女性结局的安排，就能知道统治阶级所歌颂赞扬的女性的大概形象。泰国古代社会温柔贤淑的女性形象标准具体从何而来，目前尚无定论，泰国学术界倾向于认为是印度文化影响下形成的。印度文化对东南亚及中南半岛腹地的影响广泛而深远。据普皮撒迈推测，关于淑女（unsun）形象的来源，应该是受到印度的影响，因为在印度古老的经书中讲到，君主若要成为大帝必须具备七宝，“淑女”就是其中的一宝。被誉为南传佛教教科书的《帕銮三界》，是素可泰时期的国王立泰王参考了三十多部印度经典创作的，也提及君王七宝之一的淑女。[①]因此，无论是印度教还是佛教，其宣传的温柔贤淑的女性形象就成了古代泰国完美的女性形象。

在《社帕昆昌昆平》中，澜沧公主索通被父母献给帕潘瓦萨王，在她被嫁去阿瑜陀耶前，她的母亲格颂教导说：

① 赵泽君：《泰体西用：泰国女性形象发展研究》，广大外语外贸大学硕士论文，2020年，第33页。

出身名门莫要忘，言行举止须得体。
虽嫁君王莫失礼，当作奴仆不横行。
古有教妇之言道，善恶七行要分明。
一不可伤夫害命，二不可贪得无厌，
三不可懒惰懈怠，皆为恶世不祥妻。
常言贤妻有四德，一应慈爱侍丈夫，
二应同甘能共苦，三应尊夫与敬婿，
四应甘心受差遣，……
就如王上脚下灰。

无论是中国传统文化，还是泰国传统文化，母亲在女儿出阁前都会对其进行一番教诲，内容通常要求女儿出嫁后要忠于丈夫、服侍好丈夫等。母亲喜巴占在女儿娘萍出嫁前，提醒女儿娘萍道："当你嫁给帕莱构之后，你的角色就从以前那个被妈妈疼爱的掌上明珠转换成了别人的妻子，从今往后你就要去侍奉你的丈夫帕莱构，你千万不能说错话来做错事，特别是不能小心眼，不能吃醋，不能冒犯丈夫，否则就会被丈夫嫌弃。"从母亲喜巴占对女儿的教诲中不难看出，封建传统社会都希望将妇女教导成贤妻良母的形象，女人一旦结婚，就应该以丈夫为中心，做一个贤良淑德的好妻子，这样才不会被丈夫嫌弃，才会开心幸福。母亲对女儿的话传达的是丈夫在家中的主导地位和妻子的从属地位，表达了封建社会要求女人温柔贤淑的传统社会价值观。如娘萍（后更名为婉通）出嫁前，她的母亲喜巴占这样叮嘱女儿：

啊！
不谙世事的女儿，温柔的女儿娘萍！
我的掌上明珠啊！你未曾经历过男人。
听为娘肺腑之言，前世姻缘早已定。
从无人入得了你的眼，如今帕莱构令你动了心。
为娘爱你心疼你，从未鞭责体罚你。
如今你已长成人，即将离我而远去。
为娘担心你愚钝，说错话来做错事。
千万不要小心眼，这会招致夫君厌烦。
保持清醒的头脑，就如为娘教过你。
里外都要多注意，夫前躬身合十站。
不吃醋来不顶撞，不逾矩立于夫前。
为娘养你到如今，望你成为好妻子。
祝你幸福到永远！

赵晓兰曾说过："在人民的生活中，口头文学不是作为一种单纯的文学而是作为意识形态的综合体现，兼有文学、科学、哲学乃至宗教等多方面的内容。"《社帕昆昌昆平》故事起自民间，长期在人民群众中口耳相传，再加上民间“伶工”的加工润色，所以作品的雏形便带有浓重的民间文学色彩[1]。《社帕昆昌昆平》除了它的文艺和审美价值，更具有深刻的社会内容。索通的母亲要求女儿懂得“善恶七行”，婉通的母亲要求自己的女儿温柔贤淑，而清迈公主索发被赐予帕莱安后，其母阿巴颂苏玛丽教导女儿要小心伺候好丈夫，还要时刻取悦丈夫，以免被丈夫抛弃，在唱词中是这样描述的：

嫁作他妇莫轻心，丈夫威严须谨记。
夫在旁人不敢欺，夫弃就如入绝境。
弃妇何处不被嘲，令作他妇难久长。
皆因已失处子身，如同虫蚀肚中肠。
嫁作他妇勿大意，若失一足命难定。
取悦夫婿每时刻，夫上疼爱不冷落。
若对夫君有不满，切勿当着他人面。
关注夫婿的喜好，夫婿自会夸赞你。
取悦夫婿女人身，夫婿满意不抛弃。
照顾夫婿的饮食，夫婿满意是根本。
就算年华失去时，夫婿终将不嫌弃。
日日必吃你的菜，望你用心来对待。

从上面几个泰国父母对子女的劝诫可以看出，泰国古代社会对传统女性的要求，也体现了父母对女儿的关爱和担忧。其实，在中国文化中，新娘子出嫁前父母也会告诫自己的女儿出嫁以后要牢记的一些事情，如“从今以后要独立，不可拗性惹是非。说话轻言又细语，切莫大喊放粗声；对待公婆要恭敬，对待小姑要细心；妯娌之间要和气”；另外，还要晚睡早起、烧菜煮饭、照顾小姑小叔、遇事忍让等。但中国父母对女儿出嫁前的劝诫，更多是要求女儿处理好嫁入夫家后与公婆、姑叔和妯娌之间的关系，主要表达的是父母对女儿出嫁后身份和角色变化的担忧。

“温柔贤淑”的女子形象是男权社会男人理想的妻子形象，为了使泰国的女性成为男权社会男性理想的形象，他们就通过民间文学中的各种言词，间接地表达其理想的女性形象标准，从而使女性按照其倡导的社会价值观方向发展。另外，《社帕昆昌昆平》被艺人在民间说唱，通过他们的“口”教化女性。虽然最初在民间流行的《社帕昆昌昆平》原稿大都散佚，现在的皇家图书馆“定本”又是曼谷王朝二世王到四世王之间重新整理、创作补遗，又经丹隆亲王在五室王时期最后校勘整理、增补而成。这些作者包括了一国之君、宫廷诗人、贵族文人[2]。因此，作品中所反映的思想和社会价值观念正是这些作者的思想观念。在古代社会，话语权基本都掌握在掌握知识的

① 栾文华：《泰国文学史》，社会科学文献出版社，1998年3月，第96页。
② 栾文华：《泰国文学史》，社会科学文献出版社，1998年3月，第96页。

男性作者手中，他们的思想就是统治阶段的思想。他们把自己心目中理想的“完美女性”通过说教的方式表达出来，宣传自己心目中温柔贤惠的女子形象。如今，随着科技的发展和教育的普及，社会对女性的要求越来越高，不仅要求温柔贤淑的女子形象，还要求女性要聪明智慧能干善良等，对女性的要求越来越高。女性也在这个包容开放的社会中越来越独立自主。当今社会，个性鲜明、独具魅力的女性比比皆是，这些都说明社会在不断进步。

四、结语

《社帕昆昌昆平》中母亲对儿子、父母对女儿的劝诫词，体现的是臣子忠诚于君王，子女服从于父母，女子温柔贤淑的封建传统思想和社会价值观念，其核心就是要求为臣、为子、为妻的必须绝对服从于君、父和夫，反映了封建社会中君臣、父子、夫妇之间的一种特殊的道德关系。中国民俗学家王娟教授指出，歌谣的口语化特点使得歌谣通俗易懂，极易被人模仿和传诵。歌谣中蕴含的思想和观念也就非常容易被人们所接受。《社帕昆昌昆平》之所以在民间受欢迎，以及受统治者欢迎的原因在于这种唱词通过在民间演唱，这种为臣的忠于君王、为子的顺从父母和为妻的贤良淑德的社会价值观潜移默化地影响着泰国广大人民群众，因此，《社帕昆昌昆平》深受统治阶级的喜爱和追捧。但《社帕昆昌昆平》中体现的封建思想和价值观念已不符合当今的社会的发展，不能再像古代社会时期那样影响和禁锢人们的思想，必须随着社会的发展变化而变化。

参考文献

程露，2022.《社帕昆昌昆平》与泰国传统社会社会价值观一探［J］. 百色学院学报（2）：56-63.

廖宇夫，2006. 泰国《昆昌昆平唱本》女性形象对现实社会的影响［J］. 东南亚纵横（7）：5.

栾文华，1998. 泰国文学史［M］. 北京：社会科学文献出版社.

王娟，2011. 民俗学概论［M］. 2版. 北京：北京大学出版社.

赵晓兰，1993. 歌谣学概要［M］. 成都：成都电子科技大学出版社.

赵泽君，2020. 泰体西用：泰国女性形象发展研究［D］. 广州：广东外语外贸大学.

กรมศิลปกร. พ. ศ. 2513. เสภาเรื่องขุนช้างขุนแผน ฉบับหอสมุดแห่งชาติ［M］. ธนบุรี：ศิลปาบรรณาคาร.

韩国交流习俗中的年龄探询与现代隐私观念变迁

冯月鑫[①]

摘要：在人类文化的多元舞台上，每个民族都拥有其独特而丰富的传统习俗。韩国，作为东亚文化圈的重要一员，其交流习俗中的隐私文化具有鲜明的特色。本文探讨了韩国交流习俗中的年龄探询现象及其文化因素，分析了韩国人探询其他隐私的习俗背后的文化根源，阐述了韩国隐私文化在现代社会的变迁，揭示了韩国社会在尊重隐私与保持好奇心之间的平衡努力。

关键词：交流习俗；年龄探询；隐私观念；文化根源

一、引言

众所周知，隐私不能被随意公开，需要受到保护，这种保护十分有必要。首先，这是个人或由个人组成的集合体的合理需求。例如很多人在无人打扰时，通过独处、沉思，可以做到放松身心、自我重新审视。这样可以对自己的经历进行总结和评估，以便更好地计划将来的行动。其次，保护隐私有利于个人的生存。例如保护好个人的通讯号码、家庭住址，可以免受不法侵扰。对于个人或者集体而言，保护隐私可以维持正常的生活状态、保护自主性、调动积极性，对内在和外界都十分有益。因此对于隐私保护越来越受到人们的重视。

在多元化的全球文化背景下，不同国家和民族之间的交流习俗展现出丰富多样的特点。这些习俗不仅反映了各自文化的独特性，也影响了人们在社交互动中的行为和态度。特别是在涉及个人隐私方面，不同的文化有着不同的理解和处理方式。本文旨在探讨韩国文化中的一种独特交流习俗——年龄探询，并分析其背后的文化原因和这种文化在现代社会的变迁。

---

① 作者简介：冯月鑫，女，1984年生，硕士，重庆外语外事学院副教授。主要研究方向为韩国语语言学、翻译、韩国文化。

隐私作为一个跨文化的话题，在韩国有其特殊的表现形式。传统上，韩国人在初次见面时常常会询问对方的年龄，这一行为在其他文化背景下可能被视为侵犯隐私。然而，在韩国文化中，这一行为却是基于尊重、关心以及避免交流中的误解和失礼。通过了解对方的年龄，韩国人在交谈中能够更准确地使用敬语和礼仪，达到建立更为和谐的人际关系的目的。

随着全球化的推进和现代社会的快速发展，韩国的交流习俗也在经历着变化。一方面，随着个人隐私观念的增强，韩国人在交流中对个人隐私的尊重意识逐渐提高；另一方面，现代韩国人的社交行为中仍然保留了某些传统习俗。这种变化与保留并存的现象，为我们提供了一个研究文化习俗与现代隐私观念之间关系的窗口。

本文将从韩国交流习俗的年龄探询传统出发，分析其背后的文化原因，并探讨这一习俗在现代社会中的变迁。通过深入研究韩国文化中的这一独特现象，我们可以更好地理解不同文化背景下的隐私观念，以及如何在尊重个人隐私的同时，建立有效的社交互动。这对于促进跨文化交流和理解具有重要意义。

二、韩国交流习俗的年龄探询传统与原因

在大多数国家日常社交活动中，初次见面便询问他人年龄、婚姻状况、子女情况等私人问题，会被视为不适当的行为。这种初次见面问东问西的行为往往会给他人带来不适和侵犯感，在绝大多数社交场合中，打探这些私人信息是不必要的，也是不恰当的。但是在现实生活中，韩国人经常在第一次见面时就“热情”地询问对方年龄多大、是否结婚等问题。在他国人看来，这些都是非常私密的问题，见面探询这些，会显得有些粗鲁无礼。为什么韩国人对这种行为见怪不怪，习以为常，甚至可以说是达到了执着的地步呢?

在现实社交活动中，韩国人往往初次见面就想了解对方的年龄，可以说大多数韩国人把年龄探询作为互相了解的第一步，其实这是有着极强的现实意义的。究其根源，是因为韩国社会深受儒家思想文化的影响，讲究长幼有序，对待长辈要谦恭有礼。这已经成为刻入韩国人骨子里根深蒂固的文化习俗。这种文化习俗在社交活动礼仪中的显著体现，就是交流中对地位辈分高的、年长者都要用敬语以表示尊重。韩语里有敬语与非敬语之分，问对方的年龄正是为了决定以后交流时是使用敬语还是非敬语，以及要不要用某些礼仪对待。而年龄是与儒家思想中的长幼有序观念密切相关的，所以在沟通的一开始，就要先知道对方的年纪是否比自己大。如果对方比自己年龄大，就一定要使用敬语；如果年纪比自己小，就可以说非敬语；如果彼此还不熟，则要视情况选择使用敬语或者非敬语。称呼比自己小的人为“진문수 씨”（陈文洙先生）或者“문수 씨”（文洙先生），会给人一种亲近感，但如果这样称呼比自己大的人，就不太妥当，会让对方感到不快。根据年龄，选择恰当的称呼和词尾（是否尊敬），可以让彼此变得更加亲近。

韩国人在日常交往时非常重视对方的年龄。彼此交流时询问对方的年龄，可以帮

助人们确定彼此之间的相对地位和适当的行为方式，以表达尊重和亲近；可以做到未雨绸缪，避免判断错误而失礼于对方。询问年龄韩语中的敬语和非敬语之分也反映了这种文化背景。根据对方的年龄和婚姻状况，选择正确的语气可以使交流更加亲近和得体。对于韩国人来说，询问年龄是一种表达关心和试图亲近对方的方式，他们认为这是一种示好的行为。久而久之，韩国人就不认为年龄是隐私，问这些私人问题并不是恶意打听隐私，而是想拉近与对方的距离，以便更好地进行交流。所以问年龄就只是韩国文化的一个剪影，是韩国特有的文化习俗，并不是他们在刻意冒犯别人。

见面询问年龄以确定年长或年幼这一行为，在韩国校园中则是以另一种方式呈现，那就是询问学号。学号作为学生在校园内的一种身份标识，其实质上是对年龄的一种延伸表达。通过学号，人们可以迅速识别出学生的入学年份和相应的年级，从而判断出学生之间的前后辈关系。韩国独特的兵役制度使得大学生在服兵役期间需暂停学业，退役后回归校园，这使得仅凭就读年级判断年龄变得困难。因此，询问学号成了一种在校园内，乃至全社会广泛流行的社交方式。然而，值得注意的是，尽管韩国大学入学率较高，但仍有部分人因各种原因未能接受高等教育。因此，随意询问他人的学号，在特定情况下，可能被视为一种不礼貌的行为。

在韩国，晚上时常发生因饮酒引发的暴力事件。这些事件往往发生在互不相识的邻桌酒客之间，起初可能只是言语上的争执，但后续可能升级为肢体上的冲突。这些冲突的核心常常是关于年龄问题。“나이도 어린 놈이 반말을 했다”（“一个黄毛小子居然跟我说平语”）的行为从刑法上来看并不能定罪，但若从“국민정서법”（国民情绪法）上来看，则会构成非常重要的“罪名”。警局里那些暴力事件嫌疑人的辩解几乎是千篇一律的，他们说“다른 건 다 참겠는데, 나이 어린놈이 반말하는 건 도저히 못 참겠다.”（“别的都可以忍，但黄毛小子居然跟我说平语，这一点实在是忍无可忍。”）①。当然，“다른 건 다 참겠다”（别的都可以忍）这种话并不可信，但它确实反映了韩国文化中的一种特殊现象。对比自己年长的人使用不敬的语言，被视为一种严重的冒犯，这几乎触及了社交交往的“底线”。这种不敬的行为轻则会引起对方的不满，重则可能引发激烈的冲突，甚至打架斗殴事件。

三、韩国人探询其他隐私的习俗及其文化根源

上文介绍了韩国人为了分清长幼，喜欢初次见面就问年龄或学号。久而久之，韩国就形成了不把年龄当作隐私的独特文化。除了年龄，韩国人还喜欢打听别人的其他隐私。

如果在韩国生活一段时间，就会发现韩国人特别“热情”，喜欢询问一些在很多国家看来较为隐私的问题，有时候还问得特别细。尤其是四十岁以上的妇女，她们会对你的很多事情很感兴趣。比如在聊天过程中得知你是外国人，她会以“你韩语说

① 오창익：<십중팔구 한국에만 있는>，한국：삼인，2018年，第280页。

得太好了”的赞扬来打开话题。遇到年轻人会问“你是留学生吧？”，得到肯定回答后，会问：“你在哪所大学学习啊？”得到答案后，通常会以“那个学校很好啊，不是一般人都能进的。”等话语来恭维一番，之后会继续问：“你有男/女朋友吗？”如果是已经参加工作的人，她还会问“在哪儿工作啊？”“具体做什么事情啊？”“工作累不累啊？”等，然后会围绕你的工作单位聊一聊。与中国人不同，韩国人一般不会直接问工资的具体数目，他们比较忌讳这一点。但他们往往也会通过旁敲侧击问一些问题，比如：“收入还好吧？”“工作还满意吧？”遇到已经工作的人，必问的是：“结婚了吗？”如果回答结婚了，则会继续问“有孩子吗？”“有几个孩子啊？”“孩子多大了？”“爱人是做什么的？”等；如果回答没结婚，则会继续问“怎么还没结婚啊？”“喜欢什么类型的啊？”等。另外，还会问到父母的情况：“父母身体还好吧？”“父母是做什么的？”；他们在问外国人这些问题的时候，都是很亲切、单纯地问候，并未带有恶意。因此在与韩国人进行的商务交流中，如果被问及关于个人生活的情况，如年龄、婚姻状况、经济状况和家庭背景等，应有充分的心理准备。这是因为，在韩国文化中，这类信息通常不被视为个人隐私的禁忌话题，人们普遍对了解他人的背景持有较高的好奇心，并将询问个人信息视为正常且重要的交流环节。韩国人爱打听他人的隐私，也会无视自己的隐私。即使你不问，他也会拿着手机给你看其家人的照片，说“这是我妻子”“这是我儿子”“我爸爸妈妈都住在××”；去韩国朋友家做客，他会拿出家里的相册给客人看，介绍家庭成员等。

韩国人特别“热情”的习俗由来已久，这是因为韩国历史上以农耕为主，历朝历代都深受儒家思想的影响。家族观念非常强，族人住在一个村子里，邻居家有几个碗几个勺子都一清二楚。互相见面唠家常，就喜欢谈论这些事，家家户户也没有什么隐私可言。大家问这些问题并没有不良念头，纯粹是出于关心的角度。儒家经典《论语》中有一句经典名言“君子坦荡荡，小人长戚戚”，教育人们在生活中要心胸坦荡。受其影响的韩国人也认为彼此交流不应该遮遮掩掩，他们觉得大家知根知底，坦诚相待，是建立亲密关系的基础。

四、韩国隐私文化的现代变迁

在传统的韩国文化中，对于年龄、婚姻状况等个人信息的询问被视为一种关心和亲近的表现。但是近些年来，这种习俗发生了一些改变，首先是从年轻人开始的。因为当今世界国家间交流愈来愈频繁，很多年轻人有国外留学、工作和生活的经历，适应了西方文化。逐渐都不再主动透露个人隐私，也不去触碰别人的隐私。随着经济的快速发展，国民生存竞争的加剧，韩国涌现了很多新的社会问题，很多年轻人在就业、工资水平、结婚、生育等方面或多或少会存在一些问题。比如很多年轻人在某一时间段找不到工作，即便找到工作了也是临时工，而且工资较低。当被问及工作相关的隐私时，如果找到了称心如意的工作还好，没找到好工作的时候就特别尴尬，瞬间就觉得交流不下去了。再就是未婚的问题，韩国未结婚的单身男女很多。结婚的年龄也越来越晚，晚婚的现象已经见怪不怪。结了婚没有生孩子，在韩国也是非常普遍的情况。据最新报道，韩国生育率持续下跌至0.72，就业难，房价高，尤其是下一代教育内卷化导致的高昂教育费用等现实问题，导致韩国年轻人“晚婚”甚至“不婚”的现象日趋增多。因此，尽管韩国人仍然喜欢问一些私人问题，但是在当今的社会形势下，有些人在家庭、学业、事业等方面或多或少有些不足，慢慢地大家在交流时就会有意识地回避这些问题。问这些问题真的要非常小心，否则很容易引起对方反感。尽管相较于以前，韩国人问个人隐私的情况少了，但他们对别人的隐私依然有强烈的好奇心。

也有反对声音认为，对别人的隐私或敏感问题过分关注和刨根问底式的询问是韩国人必须改正的错误习惯。问问题的时候不能一味受好奇心驱使，也要考虑被问者的立场和感受。韩国有很多人因为害怕被亲戚朋友问“什么时候结婚、什么时候生孩子、什么时候就业、在学校排第几”等问题，甚至不敢参加过节或家族活动。很显然，这些打着关心名义的询问已经影响了对方的生活。还有生孩子的问题，尤其是婚后很久还没有孩子的夫妇，就特别怕别人问为什么还没有孩子的问题。因为不是一个人问，而是周围的人都在问，接二连三、没完没了地问，熟人之间还可以解释为关心，但有些并不熟的人也问这么私密的问题就会让人觉得多管闲事。因被问及隐私或敏感问题而感到不愉快的情况，大多发生在彼此关系还不太亲密时，不熟的人之间问过于私密的问题会招致对方的不悦。因为关系好的人之间可能不需要问，也都心知肚明。

五、总结

韩国交流习俗中的隐私文化，深受儒家文化的影响，强调个人与社会的和谐共处，而非个体隐私的绝对保护。在传统的韩国社会，询问年龄、婚姻等隐私被视为拉近人际关系的手段，而非侵犯个人隐私的行为。然而，随着现代化进程的推进，韩国社会对隐私的认知也在发生变化。尽管依然保持着对他人隐私的好奇，但现代韩国人在交流时已经更加注重对他人隐私的尊重与保护。这种变迁既体现了韩国社会对个人隐私权的日益重视，也反映了韩国人在传统与现代之间寻求平衡的努力。

参考文献

董南南，2021. 从语言系统看韩国人的思想意识特征［J］. 西部学刊（24）：158–160.

钟俊昆，2016. 韩国民俗生活的记忆与叙述［M］. 北京：中国社会科学出版社.

오창익，2018. 십중팔구 한국에만 있는［M］. 서울：삼인.

中国古代货币在朝鲜半岛流通始末

刘乐源[①]

摘要：朝鲜半岛铸钱始于高丽王朝成宗十五年（996）。在高丽王朝之前，朝鲜半岛还没有钱币的铸造，朝鲜半岛流通的钱币多由中国流入。据1963年韩国银行发卷部编撰的《历代韩国货币概观》记载，古代朝鲜半岛多用唐钱、宋钱，如“开元通宝”唐钱及“太平通宝”等北宋年号钱。1948年大韩民国政府成立以来，宋钱在韩国各地时有出土，数量可观，少则数十枚，多则上千枚。朝鲜王朝世宗5年（1423）始铸“朝鲜通宝”，注意发展生产，繁荣经济，此钱也在中国、日本、越南各地有出土记录。19世纪末，当时朝鲜王朝与中国、日本及西方各国通商，中国袁世凯像银币、日本明治贸易银币、西班牙银币、墨西哥银币等外国银元也随贸易往来先后流入朝鲜半岛。本文从中国货币在朝鲜半岛的流入、兴盛、没落三个阶段，浅析中国古代货币在朝鲜半岛流通始末。

关键词：古代货币；朝鲜半岛；韩国；流通

朝鲜半岛铸钱始于高丽王朝成宗15年（996）。在高丽王朝之前，朝鲜半岛还没有钱币的铸造，朝鲜半岛流通的钱币多由中国流入，最早可追溯到春秋战国时期的空首布、尖足布、方足布、明刀、尖首刀。这些中国货币在朝鲜半岛北部两江道、慈江道、咸镜北道、黄海北道等地时有出土。

据1963年韩国银行发券部编撰的《历代韩国货币概观》记载，古代朝鲜半岛多用唐钱、宋钱，如唐钱“开元通宝”“乾元重宝”及北宋年号钱“太平通宝”“淳化通宝”“至道元宝”“天禧通宝”“咸平通宝”“祥符通宝”“天圣元宝”等，“钱质小薄，千钱贯之，私铸甚多”。

自1948年大韩民国政府成立以来，宋钱在韩国各地时有出土，数量可观，少则数十枚，多则上千枚，与高丽王朝所铸的东国重宝、东国通宝、海东重宝、海东通宝、三韩重宝、三韩通宝并行流通。朝鲜王朝世宗五年（1423）始铸“朝鲜通宝”，注重

① 作者简介：刘乐源，男，1989年生，硕士，任教于荆州职业技术学院，二级朝鲜语/韩国语笔译。主要研究方向：中外文化交流。

发展生产，繁荣经济，此钱也在中国、日本、越南各地有出土记录。

19世纪末，朝鲜王朝与中国、日本及西方各国通商，中国袁世凯像银币、日本明治贸易银币、西班牙银币、墨西哥银币等外国银元也随贸易往来先后流入朝鲜半岛。

一、中国货币的流入

中韩两国自古就有密切的交流。在朝鲜半岛出土的古墓文物中始终能找到中国货币，从刀币、布币到清代中晚期钱币均有出土记录，数量和品种都较为可观。朝鲜半岛早期没有自行铸造货币，以物物交换、实物贸易为主，兼用中国货币为辅。中国货币的流入始于春秋战国，盛于唐宋，没于晚清，这与中国国力变化及世界局势发展有着紧密关系。

自1920年以来，朝鲜半岛北部两江道、慈江道、咸镜北道、黄海北道等地大量出土公元前4世纪以后的燕国明刀币，表明燕国的经济影响力已辐射至朝鲜半岛北部，这标志着中国货币开始流入朝鲜半岛。同时，公元前4世纪以后的朝鲜半岛也通常被认为进入了“早期铁器时代”。

西汉初年，燕王卢绾叛乱失败，其部下燕人卫满从汉朝境内逃亡至朝鲜半岛，并于公元前194年篡夺了被认为是箕子朝鲜的当地政权，自称朝鲜王，史称卫满朝鲜，并征服了真番、临屯等朝鲜半岛北部的部落。[①]

公元前2世纪末，卫满朝鲜与西汉交恶，汉武帝派杨仆、荀彘进攻朝鲜，朝鲜王右渠被杀，都城王险城被汉军攻克，卫满朝鲜灭亡，时为公元前108年。汉朝在其故地上设置乐浪、真番、临屯、玄菟四郡，史称“汉四郡”。公元前82年，真番、临屯二郡被撤销，玄菟郡北迁至中国境内，朝鲜半岛北部全归汉朝乐浪郡管辖。乐浪郡时期的考古文物极为丰富，汉朝的五铢钱及五铢钱铸造模具在考古文物中大量出现。[②]

二、中国货币的兴盛

676年至892年为朝鲜半岛历史上的统一新罗王朝时代。当时朝鲜半岛中、南部地区以金城（今韩国庆州）为中心，处于新罗王朝统治之下，济州岛的耽罗国、郁陵岛的于山国亦为新罗的附庸。新罗王朝确立了以“骨品制度”为核心的贵族社会，以严格的血缘关系为纽带决定政治地位和社会地位，强化了以国王为顶点的中央集权体制，全面推广佛教，对外则迅速修复了与唐朝的关系，并不断派遣人员入唐为质、朝贡、留学、贸易，大量吸收盛唐文化，促进了新罗文化的发展，在公元8世纪前半期（圣德王至景德王时期）达到顶峰。

① 参见司马迁：《史记》卷一百一十五列传第五十五《朝鲜列传》。

② 参见苗威：《乐浪研究》，高等教育出版社，2016年。

唐朝武德四年（621）始铸的“开元通宝”及乾元二年（758）始铸的“乾元重宝”，随着新罗王朝与唐朝贸易的频繁而大量流入，遍及朝鲜半岛各地。随着两国贸易的不断增加，新罗王朝官方及民间见有利可图，开始大量私铸中国货币。这些朝鲜半岛私铸的“开元通宝”“乾元重宝”被日本泉界称为“朝鲜版开元通宝”“朝鲜版乾元重宝”，钱文与中国相同，制式相近，尽管工艺粗糙，钱体单薄，但仍不易区分，有待进一步考证研究。

918年，后高句丽泰封君主弓裔部下起事，拥立王建为王，935年合并新罗，936年灭后百济，实现了“三韩一统”。朝鲜半岛铸钱始于高丽王朝成宗十五年（996），当年始铸“小型无文铁钱”“小型无文铜钱”“大型无文铜钱”，这些钱币于1920年首次在朝鲜开城的高丽古墓中出土，而非平背无钱文，仅在墓葬中发现，且无详细史料记载，被史学界认为是随葬品，不是流通货币。高丽王朝成宗十五年（996）、穆宗元年（998）、肃宗二年（1097）先后始铸乾元重宝背东国铁钱及铜钱、东国重宝、东国通宝、海东元宝、海东重宝、海东通宝、三韩重宝、三韩通宝等货币。[①]按照日本1938年出版的《东亚钱志》所说，铸乾元重宝背东国钱是高丽王朝钱币的一种。[②]而中国的古今史学主流认定，这是唐代管辖高度自治的东北少数民族政权渤海国的铸币，存在一定的学术争议。[③]

高丽是一个农业国家，其经济构造主要依托土地财政，但境内多山而贫瘠，如李齐贤所言：“三韩之地，非四方舟车之会，无物产之饶、货殖之利，民生所仰，只在地力。而鸭绿以南，大抵皆山，肥膏不易之田，绝无而仅有也。”[④] 高丽景宗年间（975—981）开始实施田柴科制，即对出产农作物的田地和出产木柴的山泽的分配制度，其分配对象为贵族（两班）、军人（武人），他们在为国任职时享有这些土地的收租权，一旦去职就得归还国家。

为缓解政府财政压力，高丽王朝积极开展海外贸易，与宋、辽、金、元、日本等周边邻国积极进行商品贸易。高丽王朝首次对宋钱的需求却是源于日本。日本以“钱质不良”为由拒收高丽钱，要求高丽在对日贸易中将宋钱作为唯一的结算货币，这导致高丽大量从中国输入宋钱。高丽官方和民间也大量私铸唐钱“开元通宝”“乾元重宝”和北宋钱“太平通宝”“元丰通宝”。在高丽时期古墓中大量出土北宋年号钱“太平通宝”“淳化通宝”“至道元宝”“天禧通宝”“咸平通宝”“祥符通宝”“天圣元宝”，以及高丽私铸的“太平通宝”“元丰通宝”，甚至日本铸造的北宋年号钱“元丰通宝”也有出土。

据韩国货币收集协会、韩国银行货币博物馆于1960年至1990年间在韩国各地民间征集（不含海外流入）的200万枚货币进行了分类，涉及的中国古代货币[⑤]情况如表1。

---

① 韩国银行发券部：《历代韩国货币概观》，东亚出版社，1963年，第5页。

② 奥平昌洪：《东亚钱志》，岩波书店，1938年，第52页。

③ 参见洪遵于南宋绍兴19年（1149年）所著《钱志》，该书系我国目前存世最早的钱币类书籍。

④ 参见《高丽史》卷八世家第八《文宗世家二》。

⑤ 指1882年以前铸造并流入韩国的中国古代货币。

表1　见于韩国的各类中国古代货币

名称	种类/版别	始铸年代（公元）	大致数量（枚）
半两	四铢	西汉文帝五年（前175）	200
大泉五十	/	新王莽居摄二年（7）	150
货泉	/	新王莽天凤元年（14）	200
汉五铢	西汉、东汉	西汉武帝元狩五年（前118）	1000
隋五铢	/	隋文帝开皇元年（589）	200
开元通宝	小平	唐高祖武德四年（621）	5000
开元通宝	会昌	唐武宗会昌五年（845）	1500
开元通宝	南唐	五代南唐元宗（960）	5000
乾元重宝	小平	唐肃宗乾元二年（759）	5000
乾元重宝	重轮	唐肃宗乾元二年（759）	60
汉元通宝	小平	五代后汉高祖建祐元年（948）	200
周元通宝	小平	五代后周世祖显德二年（955）	3000
乾德通宝	小平	五代前蜀王衍建德元年（918）	1000
咸康通宝	小平	五代前蜀王衍咸康元年（925）	1000
唐国通宝	篆书小平	五代南唐元宗交泰元年（918）	1000
宋元通宝	小平	北宋太祖建隆元年（960）	3000
太平通宝	小平	北宋太宗太平兴国元年（976）	5000
淳化元宝	楷书小平	北宋太宗淳化元年（990）	3000
淳化元宝	行书小平	北宋太宗淳化元年（990）	3000
淳化元宝	草书小平	北宋太宗淳化元年（990）	3000
至道元宝	楷书小平	北宋太宗至道元年（995）	3000
至道元宝	行书小平	北宋太宗至道元年（995）	5000
至道元宝	草书小平	北宋太宗至道元年（995）	5000
咸平元宝	小平	北宋真宗咸平元年（998）	5000
景德元宝	小平	北宋真宗景德元年（1004）	5000
祥符元宝	小平	北宋真宗祥符元年（1008）	10000
天禧通宝	小平	北宋真宗天禧元年（1017）	5000
天圣元宝	楷书小平	北宋仁宗天圣元年（1023）	5000

续表

名称	种类/版别	始铸年代（公元）	大致数量（枚）
天圣元宝	篆书小平	北宋仁宗天圣元年（1023）	5000
明道元宝	楷书小平	北宋仁宗明道元年（1032）	3000
明道元宝	篆书小平	北宋仁宗明道元年（1032）	2000
景祐元宝	楷书小平	北宋仁宗景祐元年（1034）	5000
景祐元宝	篆书小平	北宋仁宗景祐元年（1034）	3000
皇宋通宝	楷书小平	北宋仁宗宝元二年（1039）	5000
皇宋通宝	篆书小平	北宋仁宗宝元二年（1039）	5000
庆历重宝	小平	北宋仁宗庆历元年（1041）	2000
庆历重宝	折三对读	北宋仁宗庆历五年（1045）	200
庆历重宝	折三顺读	北宋仁宗庆历五年（1045）	200
至和元宝	楷书小平	北宋仁宗至和元年（1054）	3000
至和元宝	篆书小平	北宋仁宗至和元年（1054）	3000
至和通宝	楷书小平	北宋仁宗至和元年（1054）	3000
至和通宝	篆书小平	北宋仁宗至和元年（1054）	3000
嘉祐元宝	楷书小平	北宋仁宗嘉祐元年（1056）	5000
嘉祐元宝	篆书小平	北宋仁宗嘉祐元年（1056）	3000
嘉祐通宝	楷书小平	北宋仁宗嘉祐元年（1056）	3000
嘉祐通宝	篆书小平	北宋仁宗嘉祐元年（1056）	5000
治平元宝	楷书小平	北宋英宗治平元年（1064）	5000
治平元宝	篆书小平	北宋英宗治平元年（1064）	5000
治平通宝	楷书小平	北宋英宗治平元年（1064）	3000
治平通宝	篆书小平	北宋英宗治平元年（1064）	3000
熙宁元宝	楷书小平	北宋神宗熙宁元年（1068）	8000
熙宁元宝	楷书小平	北宋神宗熙宁元年（1068）	6000
熙宁重宝	折二楷书	北宋神宗熙宁元年（1068）	6000
熙宁重宝	折二篆书	北宋神宗熙宁元年（1068）	3000
元丰通宝	行书小平	北宋神宗元丰元年（1078）	8000
元丰通宝	篆书小平	北宋神宗元丰元年（1078）	8000

续表

名称	种类/版别	始铸年代（公元）	大致数量（枚）
元丰通宝	隶书小平	北宋神宗元丰元年（1078）	50
元丰通宝	折二行书	北宋神宗元丰元年（1078）	5000
元丰通宝	折二篆书	北宋神宗元丰元年（1078）	5000
元祐通宝	行书小平	北宋哲宗元祐元年（1086）	5000
元祐通宝	篆书小平	北宋哲宗元祐元年（1086）	5000
元祐通宝	折二行书	北宋哲宗元祐元年（1086）	3000
元祐通宝	折二篆书	北宋哲宗元祐元年（1086）	2000
绍圣元宝	行书小平	北宋哲宗绍圣元年（1094）	5000
绍圣元宝	篆书小平	北宋哲宗绍圣元年（1094）	5000
绍圣元宝	折二行书	北宋哲宗绍圣元年（1094）	2000
绍圣元宝	折二篆书	北宋哲宗绍圣元年（1094）	2000
元符通宝	行书小平	北宋哲宗元符元年（1098）	3000
元符通宝	篆书小平	北宋哲宗元符元年（1098）	3000
元符通宝	折二行书	北宋哲宗元符元年（1098）	2000
元符通宝	折二篆书	北宋哲宗元符元年（1098）	3000
圣宋元宝	行书小平	北宋徽宗建中靖国元年（1101）	6000
圣宋元宝	篆书小平	北宋徽宗建中靖国元年（1101）	8000
圣宋元宝	折二行书	北宋徽宗建中靖国元年（1101）	3000
圣宋元宝	折二篆书	北宋徽宗建中靖国元年（1101）	2000
崇宁通宝	小平	北宋徽宗崇宁元年（1102）	100
崇宁通宝	折十瘦金体	北宋徽宗崇宁元年（1102）	3000
崇宁重宝	折十	北宋徽宗崇宁元年（1102）	3000
大观通宝	小平	北宋徽宗大观元年（1107）	3000
大观通宝	折十	北宋徽宗大观元年（1107）	2000
政和通宝	楷书小平	北宋徽宗政和元年（1111）	6000
政和通宝	篆书小平	北宋徽宗政和元年（1111）	8000
政和通宝	折二楷书	北宋徽宗政和元年（1111）	6000
政和通宝	折二篆书	北宋徽宗政和元年（1111）	3000

续表

名称	种类/版别	始铸年代（公元）	大致数量（枚）
宣和通宝	楷书小平	北宋徽宗宣和元年（1119）	3000
宣和通宝	篆书小平	北宋徽宗宣和元年（1119）	2000
宣和通宝	折二楷书	北宋徽宗宣和元年（1119）	3000
宣和通宝	折二篆书	北宋徽宗宣和元年（1119）	3000
建炎通宝	楷书小平	南宋高宗建炎元年（1127）	50
建炎通宝	篆书小平	南宋高宗建炎元年（1127）	50
建炎通宝	折二楷书	南宋高宗建炎元年（1127）	1000
建炎通宝	折二篆书	南宋高宗建炎元年（1127）	2000
绍兴元宝	折二楷书	南宋高宗绍兴元年（1131）	1000
绍兴元宝	折二篆书	南宋高宗绍兴元年（1131）	2000
绍兴通宝	折二篆书	南宋高宗绍兴元年（1131）	100
乾道元宝	折二楷书	南宋孝宗乾道元年（1165）	100
乾道元宝	折二篆书	南宋孝宗乾道元年（1165）	1000
淳熙元宝	折二楷书	南宋孝宗淳熙元年（1174）	1000
庆元通宝	小平	南宋孝宗庆元元年（1195）	50
庆元通宝	折二	南宋孝宗庆元元年（1195）	50
庆元通宝	折三	南宋孝宗庆元元年（1195）	1000
嘉泰通宝	折三	南宋宜宗嘉泰元年（1201）	1000
开禧通宝	小平	南宋宣宗开禧元年（1205）	1000
大宋元宝	小平	南宋理宗宝庆元年（1225）	1000
大宋元宝	折二	南宋理宗宝庆元年（1225）	1000
绍定元宝	小平	南宋理宗绍定元年（1228）	100
绍定元宝	折二	南宋理宗绍定元年（1228）	1000
端平元宝	小平	南宋理宗端平元年（1234）	15
端平通宝	折三	南宋理宗端平元年（1234）	1000
嘉熙通宝	小平	南宋理宗嘉熙元年（1237）	100
嘉熙通宝	折二	南宋理宗嘉熙元年（1237）	1000
嘉熙重宝	折三	南宋理宗嘉熙元年（1237）	100

续表

名称	种类/版别	始铸年代（公元）	大致数量（枚）
淳祐元宝	小平	南宋理宗淳祐元年（1241）	100
淳祐元宝	折二	南宋理宗淳祐元年（1241）	1000
皇宋元宝	小平	南宋理宗宝祐元年（1253）	1000
皇宋元宝	折二	南宋理宗宝祐元年（1253）	2000
开庆通宝	小平	南宋理宗开庆元年（1259）	50
景定元宝	小平	南宋理宗景定元年（1260）	100
咸淳元宝	小平	南宋庆宗景定元年（1265）	50
咸淳元宝	折二	南宋庆宗景定元年（1265）	1000
清宁通宝	小平	辽道宗清宁元年（1055）	50
咸雍通宝	小平	辽道宗咸雍元年（1065）	50
寿昌元宝	小平	辽道宗寿昌元年（1095）	50
天盛元宝	小平	西夏仁宗天盛元年（1149）	100
正隆元宝	小平	金炀帝正隆元年（1156）	6000
大定通宝	小平	金世宗大定十五年（1175）	6000
至大通宝	小平	元武宗至大三年（1310）	50

综上，不难看出流入朝鲜半岛的中国古代货币中唐钱和宋钱的数量明显居多，在我国较为常见的四铢半两、大泉五十、货泉、南北朝时期货币、隋五铢、元代货币、明清货币却在朝鲜半岛较为少见。笔者认为，造成此现象主要有以下几点原因：

（1）公元前108年，汉武帝灭亡卫满朝鲜，将其故地纳入汉朝版图，并设置“汉四郡”，因此五铢钱在朝鲜半岛（尤其是北部）出土较多；

（2）新罗王朝和高丽王朝对华、对日贸易的需要，大量引入及私铸唐钱、宋钱，因此唐宋货币在朝鲜半岛存世量巨大；

（3）战乱阻断了我国与朝鲜半岛的经济、文化交流，导致南北朝及五代十国时期的货币流入朝鲜半岛较少；

（4）元代在朝鲜半岛推行纸币，高丽钱与元纸币并行流通，导致元代金属货币流入朝鲜半岛较少；

（5）1392年朝鲜王朝建立后，世宗大王（1418—1450年在位）、仁祖大王（1623—1649年在位）先后铸造了铜质优良、工艺精美的朝鲜通宝、常平通宝等本国良性货币并迅速占领市场。常平通宝流传到中国，犹如日本的宽永通宝，二者都属于数量最多而品相佳好的货币，故颇受朝鲜国内欢迎。这在很大程度上满足了朝鲜百姓对货币的需求，再加上唐钱、宋钱在朝鲜王朝与中国、日本的贸易中仍继续流通，导致明清两代流入朝鲜半岛的货币较少。

三、中国货币的没落

19世纪中期，朝鲜王朝兴宣大院君实行闭关锁国的政策，迫害国内基督教徒，最终导致1866年8月法国派舰队攻打江华岛，法国战败，史称“丙寅洋扰”。① 随后，朝鲜王朝又于1871年遭遇美国入侵的“辛未洋扰”，直到1875年日本入侵的“云扬号事件”后，闭关锁国的大门被彻底打开，开始沦为半殖民地半封建社会。

高宗十九年（1882），朝鲜王朝开始试铸近代机制金属货币——“大东银钱”，与朝鲜通宝、常平通宝并行流通，这是朝鲜半岛历史上的首枚近代机制金属货币，但由于银价飞涨及担心贵金属的过度流失，“大东银钱”在第二年的6月停止铸造。随后，在高宗二十年（1883）至建阳二年（1896）间，朝鲜王朝及大韩帝国当局在外国势力的介入下在仁川设立“典圜局”，先后发行铸造常平通宝机制币，大朝鲜开国纪年及大韩光武、隆熙纪年的金币、银币、铜币、镍币等货币。由于朝鲜王朝国力衰落，再加上日本及西方列强的粗暴干涉，上述货币的发行量均不大，甚至有些品种仅存数枚试铸品，现今只能在韩国银行货币博物馆里见到。②

19世纪末以来，朝鲜王朝与中国、日本及西方各国通商贸易，导致外国货币大量流入，其中包括中国袁世凯像银币、日本明治贸易银币、西班牙银币、墨西哥银币等外国银元，以及“光绪元宝”“大清铜币”等中国铜元及日本明治铜元等铜币。同时，当时出现了被泉界称为“韩改币”的仿造铜板。我国近代机制铜币诞生于清光绪二十六年（1900），最早参与仿造我国机制铜元的是日本和韩国的不法商人。中国铜元问世后，国内外不法商人通过对这种新式货币进行研究分析，并很快发现其铸造弱点。当时中国各省铜元局直接从日本进口已加工好的铜坯，印花后即成可流通的铜元。此法看似便利，但也给伪造者提供了不当谋利的机会。他们利用手摇私铸机器，雕刻中国铜元印模，用日本制造的铜坯直接压印，一枚枚仿造的“光绪元宝”铜元就这样问世了。后来，伪造者认为购买日本铜坯成本太高，转而低价收购朝鲜王朝铸造的五分铜元作为铜坯造假。朝鲜王朝铸造使用铜元比中国早8年，分为“大朝鲜开国某年”“大韩光武某年”两种，朝鲜五分铜元大小、重量与中国“光绪元宝”当十铜元相当，但其与银元的比价较低，一块银元可换朝鲜五分铜元200多枚，但改制成光绪当十铜元后每百枚即可换一块银元，获利相当可观。造假者将低价收购来的朝鲜五分铜元面文稍加打磨，直接冲压印上“光绪元宝”当十铜元的图案文字，投入中国沿海市场流通，并逐步扩散至内地，甚至在西北地区也有发现。使用朝鲜铜元改铸“光绪元宝”当十铜元时，由于手摇机械压印的冲压力度不够，往往会产生叠压现象，原有朝

① 参见《朝鲜王朝实录·高宗实录》卷十六。

② 金仁植，《韩国货币价格图录》，五星K&C出版社，2009年，第140–143页。

鲜铜元上的文字花纹不能被完全覆盖，总有少部分残存于改铸而成的“光绪元宝”之上。于是出现了“光绪元宝”与“大朝鲜开国某年”“大韩光武某年”字样并存，中国蟠龙图案和朝鲜嘉禾纹饰交错叠压的奇怪现象。

随着日本对朝鲜半岛侵略步伐的加快，对货币发行的干涉也随之加剧。1894年中日甲午战争爆发后，日本第一银行于1897年向日本银行提出“朝鲜国货币私议”方案，开始将其他外国金融势力及外币排挤出朝鲜半岛，强制发行有“银”字刻印的明治1元银币。日本第一银行于1902年至1910年间在朝鲜发行了10元、5元、1元、50钱、20钱、10钱等不同面值的纸币，完成了对朝鲜货币发行权的控制，独霸朝鲜金融市场。

1910年8月，日本根据《日韩合并条约》，正式将朝鲜吞并。1911年2月28日，根据“朝鲜银行第28号法案”，原“韩国银行”被改称为“朝鲜银行”，并于1914年首次发行100元面额的“朝鲜银行券”，同时对日本第一银行、韩国银行发行的货币进行限期回收，禁止外国货币流通。至此，中国货币彻底退出朝鲜半岛。

参考文献

苗威，2016. 乐浪研究［M］. 北京：高等教育出版社.

韩国银行发券部，1963. 历代韩国货币概观［M］. 首尔：东亚出版社.

奥平昌洪，1938. 东亚钱志［M］. 东京：岩波书店.

金仁植，2009. 韩国货币价格图录［M］. 首尔：五星K&C出版社.

韩国光复军在渝成立及发展过程研究①

杨健宇　杨春杰②

摘要： 1910年8月，日韩签订不平等条约《日韩合并条约》，强占吞并朝鲜半岛，随后韩国人民开始了长期的反抗日本殖民统治，争取民族自由独立的斗争。后因独立运动在韩国无法正常开展，韩国人民将独立运动的主阵地从朝鲜半岛转移到中国，并在上海成立临时政府。此后因尹奉吉在上海的义举，日本军警在上海大肆搜捕韩国独立运动者，临时政府被迫撤离上海，开始了长达7年的西迁，直至1939年才落脚重庆，并在重庆迎来了抗日独立运动最辉煌的历史阶段。其中最为重要的是韩国光复军在渝的成立及发展，其间与国民政府以及共产党开展多方位密切合作，直到抗战胜利为止。本文从韩国光复军在渝成立及发展过程为切入点，探讨这一时期韩国光复军与国民政府及共产党合作的具体内容。

关键词： 反法西斯；抗日；韩国临时政府；韩国光复军

一、韩国光复军的成立背景

（一）韩国临时政府的成立

1919年，由韩国独立运动志士发起的“三一”运动被日本残酷镇压后，韩国的抗日独立运动在国内难以为继，越来越多的韩国独立运动志士认识到设立一个能够统一领导独立运动的机构的重要性和迫切性。最终于同年4月13日，韩国临时政府在上海正式宣布成立，并发布《布告》和《宣言书》。《布告》呼吁全体韩国人民争取“千秋万载”“恢复国权”，并提出了“争取民族完全独立”等六项政治纲领。《宣言书》强调临时政府是承继韩国民族历史，顺应世界大势的合法政府。4月17日，得到法国

① 本文系四川外国语大学研究生科研创新校级重点项目（项目编号：SISU2023YZ005）的研究成果。

② 作者简介：杨健宇，男，1999年生，四川外国语大学东方语言文化学院硕士在读，主要研究方向：亚非语言文学朝鲜语方向（区域国别方向）。杨春杰，男，1992年生，重庆大韩民国临时政府旧址陈列馆文物博物馆馆员，主要研究方向：中韩抗战史。

驻上海总领事署和法租界公董局[①]的默许。韩国临时政府虽然只是继远东、中国等地3—4月间先后成立的一个类似政府组织中的一个，但上海独特的地域优势，以及上海临时政府成员的成功斡旋，使其最终成为韩国各独立运动组织合并后的办公地，从而揭开了韩国独立运动崭新的篇章，4月13日也成为现韩国政府法定的临时政府成立纪念日。[②]韩国临时政府的成立，标志着韩国独立运动领导机构的正式形成，不仅为在韩国在华抗日独立运动志士提供了精神支柱，也为此后积极从事抗日救亡的韩国独立运动志士们树立起一面聚集力量的旗帜，并由此开启了在华长达27年的抗日独立运动。

（二）韩国临时政府的迁徙

1932年1月，日本攻占上海，同年4月29日，日本帝国主义为庆祝天长节和日军在“一·二八”事变中的胜利，日本驻华大使重光葵等军政要人率领1万余名日本海、陆、空军和1万余名日侨，在上海虹口公园举行阅兵式。当天上午11点半左右，韩国独立运动志士尹奉吉向礼台投掷炸弹，导致日本军政要人死伤惨重。尹奉吉的此次义举极大鼓舞了在华韩国独立运动志士们的士气，也让中国政府看到了韩国临时政府在意识形态上可能与其有些许偏差，但在抗日方面是站在同一条战线的。尹奉吉在上海虹口公园的义举发生后，韩国临时政府为了躲避日本方面的追踪，开启了长达7年的流亡之旅，不得不化整为零，辗转中国各地，一路西迁，直到在重庆落脚。

（三）韩国光复军的成立

1938年10月10日，金若山在国民政府的扶持下在武汉建立朝鲜义勇队[③]，此时在重庆任韩国临时政府主席的金九认识到建军的必要性，并开始着手与国民政府商讨创立光复军事宜。于是在1940年3月2日，韩国临时政府主席金九向国民政府提出了创立光复军的请求。最终在国民政府的协助下，金九于同年9月17日在重庆嘉陵宾馆召集了中外众多知名人士，共同见证了韩国光复军的正式成立。

---

① 上海法租界公董局是上海法租界的最高行政当局。1854年，上海法租界为抵御小刀会给租界带来的损失，从而加入上海英美租界，受上海租界工部局统一管理。1862年4月29日，法兰西第二帝国驻上海领事爱棠宣布法租界自行筹办市政机构“法租界筹防公局”，1865年后确定译名为上海法租界公董局。

② 贾庆海：《韩国临时政府三阶段之态势比较研究》，载《大连近代史研究》，2014年第11期，第368–386页。

③ 朝鲜义勇队是1938年由金若山在中国汉口（武汉）组织的朝鲜半岛独立运动团体，对抗日运动做出较大贡献。朝鲜义勇队成立后即投身于中国抗日战场，他们最初在第五战区活动，从1938年至1940年的两年间，义勇队转战于6个战区13个省份，主要是投身敌后宣传工作，参加过湖北会战、昆仑关争夺战、中条山反扫荡战等战役，是朝鲜义勇军的前身。

二、韩国光复军在渝发展过程

（一）正式组建阶段

金九和韩国临时政府的建军请求得到了中方的呼应。徐恩曾将金九建立韩国光复军的计划书和建议上报朱家骅后，朱家骅随即于1940年2月28日呈报国民政府方面，建议予以批准。4月11日，国民政府批准成立韩国光复军。同年5月18日，朱家骅随即将这一消息告知金九。5月23日，徐恩曾在中央调查统计局约见金九，主要讨论韩国光复军问题。金九明确表示若能将军事政治统归临时政府办理，必能发挥更大的力量。名义上论金九与重庆时代的韩国抗日复国独立运动上虽为党军，而其实内部指挥权，皆属临时政府。金九的建军理念十分明确，就是要借此提升临时政府的影响力和地位，以与金若山领导的左翼力量相抗衡，求得发展机会。在1940年6月，金九代表韩国临时政府向国民政府提交了《韩国光复军编练计划大纲》，详细阐述了光复军的性质、任务、兵力规模、组织结构、招募与训练方式以及活动区域等关键信息。这一计划得到了中国方面的初步同意。至此，由金九一手主导的韩国光复军建军计划初步取得了成功。①9月17日，韩国光复军在重庆嘉陵宾馆成立，并由中央军事委员会管辖，其粮食、装备、资金由中央军事委员会直接补给。韩国光复军在成立之后广泛开展对敌宣传，协助中国军民管训战俘，并向海外派遣工作队，协助盟军作战等。

（二）整备完善阶段

韩国光复军司令部成立初期，光复军名义上有三个支队，但实际人数不足30名。而以罗月焕为首的韩国青年战地工作队通过近半年的招募，兵力已达到100余名，所以韩国临时政府想尽办法把韩国青年战地工作队收编于韩国光复军，以扩大集中韩国光复军的军事力量。随后国民政府以韩国青年战地工作队的领导力量罗月焕为起点，开展收编工作。同时，光复军总司令部也对罗月焕的韩青班进行支持，派宋寿昌、黄学秀、赵敬韩、赵时元等人参与韩青班的管理和教学工作。经过不懈的争取，最终在1941年的元旦，韩国青年战地工作队正式收编于韩国光复军第五支队，且任罗月焕为韩国光复军第五支队的支队长。不过，其领导成员大体没有变化，仍保持了相对的独立性。②

虽然韩国青年工作队编入了韩国光复军，但光复军总体规模仍小，在对抗日军时的作战能力十分有限。因此，中央军事委员会于1942年5月15日批议，将包括金若山在内的余留重庆的朝鲜义勇队骨干成员收编进光复军，组成光复军第一支队，任命金若

---

① 石建国：《论金九与重庆时代的韩国抗日复国独立运动》，载《韩国研究论丛》，2007年第4期，第222–251页。

② 王建宏：《韩国青年战地工作队研究》，载《朝鲜·韩国历史研究》，2015年，第369–388页。

山为支队长。原朝鲜义勇队的主力军则北上进入华北平原的太行山区与八路军共同抗日。至此，由前朝鲜义勇队骨干成员组成的第一支队和前韩国青年工作队组成的第五支队成为韩国光复军的主力军，开始了在后方对敌宣传工作为主的抗日独立斗争。

（三）解散收尾阶段

1945年8月15日，日本军国主义宣布无条件投降。随后，韩国光复军组织了“国内挺进队”，计划前往朝鲜半岛并进一步进入中国，但因驻扎在朝鲜半岛的日军阻拦，未能实现其计划。[①]1945年10月下旬，重庆各界举行了各种仪式，欢送韩国临时政府成员回国。这一系列事件记录了韩国光复军在中国的努力以及中韩两国人民共同对抗日本侵略的历史。

韩国临时政府还成立了负责善后事宜的宣抚团。11月5日，韩国临时政府官员以及韩国光复军总司令部成员乘专机离开重庆踏上归国之路。为了感谢中国人民的深厚友谊，韩国临时政府主席金九在起飞前发表了《致中方告别书》，并表示：“抗日战争八年来，我国临时政府随国府迁至重庆，借拨政府建筑、供应军备、维护侨民生活，感慨万千。”[②]但由于日本投降后，苏联和美国各自进入朝鲜半岛南北两端，所以中方希望朝鲜战后独立的愿望未能完全实现。随后因国内外的种种原因，韩国光复军成员不得已以个人身份陆续回国。

三、韩国光复军与国共两党的合作（抗日战争时期）

（一）韩国光复军与国民政府的合作

国民政府对韩国临时政府提出的认可韩国临时政府并确保战后韩国独立的请求，表示了积极的支持和肯定。1942年3月22日，国民政府立法院长孙科就“韩国独立问题”进行了公开发言，他表示：“我们的目标不仅是支持韩国的独立，更希望为韩国的独立提供帮助和推动。目前，我们的首要任务是支持韩国临时政府的一切抗战行动。”孙科的公开发言标志着国民政府领导层首次在公众视野中呼吁立即认可韩国的临时政府，这引起了韩国独立运动的各个政党的密切关注，并在全球范围内引起了热烈的反响。[③]

1. 人员培养

国民政府对韩国军事人才培养的历史可以追溯到大革命时期，早在1924年，在孙

① 牟元义：《韩国光复军发展历程探析》，载《大连近代史研究》，2020年第17期，第225-232页。

② 牟元义：《韩国光复军发展历程探析》，载《大连近代史研究》，2020年第17期，第225-232页。

③ 甘露：《重庆时期韩国临时政府的外交活动论述》，载《唐山学院学报》，2013年第2期，第20-22页。

中山创办的广东大学里就有不少朝鲜青年。黄埔军校1925年7月到10月每期都招收韩国青年，共培养45名韩国独立事业人才。1926年9月，国民革命军占领武汉以后，在中央军校武汉分校设立特别班，又招收一批韩国学生。至大革命后期，聚集于武汉分校的韩国青年已达150余人。[①]国民政府培养的这些韩国青年在后来的韩国独立复国运动中起到了领头作用，也带动了更多的韩国青年踊跃加入中韩联合抗日战线中。

2. 资金援助

韩国的许多爱国独立运动志士在中国境内长期进行抗日活动和独立复国运动，从各方面得到中国人民和政府的援助，但他们仍在经济上有着诸多难题。于是，金九等韩国临时政府重要官员通过各种渠道联系国民政府方面为其提供经济上的援助。随后，国民政府方面为韩国独立运动提供多方面的资金援助，尤其是韩国临时政府创立光复军后，规模的扩大导致财力和物资的需求增大，国民政府最终决定批准每月补助12万元，1943年7月再增至每月20万元。[②]

国民政府不仅持续响应韩国临时政府的援助和贷款请求，而且为了解决韩国在物资供应上的问题，特别是在粮食采购和药品供应上，国民政府为韩国独立党和韩国侨民提供了便利和关心。例如，1942年居住在重庆的韩国独立党的123名家属向重庆粮食管理委员会发送了一封信，请求“根据官方的米价购买规定，允许他们每天购买9市斗的维食米”。后续，国民政府粮食部长徐堪依根据朱家骅的建议，即使在重庆“民食供应处停止销售官米”的情况下，仍然决定按照官方价格向韩方每月销售官米24石6斗。还有，在药品供应方面，国民政府卫生署批准以“比其他市场更为便宜”的价格为韩侨提供药品。[③]

3. 推动改组

国民政府当局考虑到朝鲜半岛有韩国光复军与朝鲜义勇队两大武装力量，分别由韩国独立党与朝鲜人民革命军所把持，极有可能发生矛盾与冲突，故曾数次要求两军联合，共同抗日。经过国民政府几番协调，韩国独立党和朝鲜人民革命派最终签订了一项联合协定，将原来的朝鲜义勇队编入韩国光复军，任命朝鲜义勇队的领导金若山为光复军副司令兼第一支队队长，而李青天则继续担任总司令。

4. 支持韩国在战后实现独立

当第二次世界大战步入中后期的时候，同盟国的胜利形势已日渐明朗，同盟国各

---

① 方永春、吕秀一：《中国对在华大韩民国临时政府的援助》，载《近代史研究》，1994年第3期，第88-102页。

② 李欢：《全面抗战时期中国政府对韩国临时政府的援助研究》，重庆大学硕士学位论文，2023年，第27-28页。

③ 武菁：《抗战时期国民政府与韩国独立运动》，载《安徽大学学报》（哲学社会科学版），2008年第3期，第120-124页。

国都在考虑战后世界秩序的重新安排。[①]当时中方不仅承认韩国临时政府的合法性，又在创立光复军和发展过程中提供各种援助，还在国际上力争各国承认韩国的独立地位。[②]国民政府在政治上援助韩国临时政府的一大表现即为：力争国际社会特别是美国、英国、苏联等同盟国重点关注韩国问题并承认韩国临时政府。国民政府多名官员积极主张承认韩国临时政府，国民政府在开罗会议前曾与美方保持密切沟通。国民政府在开罗会议力争在韩国问题上取得突破，《开罗宣言》最后的发表是全面抗战时期国民政府与韩国临时政府共同努力取得的成果。[③]宋子文在华盛顿与美国国务卿赫尔的会面中明确表示，中国坚决反对任何国家在战争结束后占领新的领土，并同时宣布中国支持韩国在战后实现独立。

（二）韩国光复军与共产党的合作

1. 声援与支持抗日独立事业

早在中国共产党成立之前，我国共产主义运动先驱就积极地支持朝鲜半岛人民的反日独立事业。“三一运动”爆发以后，对“三一运动”予以舆论上的支持，李大钊和陈独秀创办的《每周评论》、毛泽东创办的《湘江评论》、周恩来创办的《天津学生联合会会报》，都对运动作过详细的报道。陈独秀称赞：“朝鲜之民族解放运动，伟大，正直，悲壮，显示了真理，开创了以人民为中心，以暴力为主导的时代。”建党后，更为积极地赞颂了朝鲜半岛人民的抗日独立事业，第二次国共合作实现后，中国共产党方面也采取各种形式公开支持朝鲜独立运动，《新华日报》等广泛宣传朝鲜独立运动。[④]1943年7月22日，《新华日报》报道韩国光复军官兵待遇提高，完全按照中国军事机关部队同等待遇；1944年6月22日，《新华日报》报道《韩国光复军积极协助同盟国作战》。不难看出，中国共产党在舆论上的广泛宣传和道义上的真诚支持并不亚于国民政府，也是因诸如此类的文章相继报道，不断声援与支持同中国一同作战、联合抗日的韩国光复军，为后来在华形成联合抗日统一战线奠定了基础。

2. 促进在华联合抗日统一战线

就中国共产党而言，出于对世界反法西斯战争和共同抗日的大局考虑，在全力支持各敌后抗日根据地朝鲜独立同盟和朝鲜义勇军的同时，仍然支持以韩国临时政府为代表的朝鲜民族主义党派的反日复国独立运动，包括韩国临时政府争取国际社会正式

---

① 杨天石：《蒋介石与韩国独立运动》，载《抗日战争研究》，2000年第4期，第1–26页。

② 정병준 : 카이로회담의 한국 문제 논의와 카이로선언 한국조항의 작성 과정. 역사비평，2014，307–347.

③ 李欢：《全面抗战时期中国政府对韩国临时政府的援助研究》，重庆大学硕士学位论文，2023年，第27–28页。

④ 夏雪：《抗战大后方——韩国临时政府西迁重庆之生活略探》，载浙江大学韩国研究所主编，《第十五届中国韩国学国际研讨会论文集·历史卷》（韩国研究丛书之五十八），民族出版社，2014年，第44页。

承认的各种形式的斗争。[①]也就是说，在全面抗战爆发后，中国共产党就提出“抗日民族统一战线”的方针，支持建立“朝鲜民族广泛的反日统一战线”。对包括韩国临时政府在内的韩国独立运动的认识和评论中意识形态的色彩日渐淡化。中国共产党在国统区的机关报《新华日报》中也将韩国临时政府主席金九作为重点关注的对象，给予了公平、公正和客观的报道。[②]虽然在两者在意识形态上有所差异，但是在抗日问题上目标是一致的，都谋求着民族独立，这也是中国共产党支持金九最主要的原因。

四、结语

综上所述，韩国光复军自创立以来，就接受国民政府和中国共产党的援助和支持，原因也只有一个，就是各方拥有共同的目标：反日本帝国主义。也是在中国多方面的援助下，韩国光复军规模不断扩大，干部队伍的军事素质素质不断提高，整体抗日实力日益增强，使其在翻译破译、审讯俘虏、情报收集、策反敌军等方面发挥了特殊优势，在很大程度上配合了中国军队以及同盟军在抗战一线的作战行动，加速了日本帝国主义的溃败。虽然，在日本投降后由于各方压力，朝鲜未能真正独立复国，但是，不难看出韩国光复军对于抗日起到较为重要的作用，这也是中国人民和朝鲜半岛人民共同抗击日本帝国主义、反法西斯主义、实现民族独立的历史见证。显然，近几年中韩关系因国际上的复杂形势跌入冰点，但我们应当铭记，先驱们共同抗战的宝贵历史，时刻提醒着我们要履行促进两国文明交流互鉴的职责，共同搭建中韩两国人民增进相互理解、深化感情的桥梁。如今的和平来之不易，我们要共同维护和平，携手共建人类命运共同体。

参考文献

方永春，吕秀一，1994. 中国对在华大韩民国临时政府的援助［J］. 近代史研究（3）：88-102.

甘露，2013. 重庆时期韩国临时政府的外交活动论述［J］. 唐山学院学报，26（2）：20-22.

贾庆海，2014. 韩国临时政府三阶段之态势比较研究［J］. 大连近代史研究（1）：368-386.

李欢，2023. 全面抗战时期中国政府对韩国临时政府的援助研究［D］. 重庆：重庆大学.

牟元义，2020. 韩国光复军发展历程探析［J］. 大连近代史研究（1）：225-232.

石建国，2007. 论金九与重庆时代的韩国抗日复国独立运动［J］. 韩国研究论丛（4）：222-251.

石源华，1998. 论中国共产党与韩国临时政府的关系［J］. 韩国研究论丛（S1）：117-127.

王建宏，2015. 韩国青年战地工作队研究［J］. 朝鲜・韩国历史研究（1）：369-388.

王建宏，2022. 中国学界韩国独立运动史研究（1992—2021）［J］. 当代韩国（3）：87-128.

武菁，2008. 抗战时期国民政府与韩国独立运动［J］. 安徽大学学报（哲学社会科学版）（3）：120-

① 石源华：《论中国共产党与韩国临时政府的关系》，载《韩国研究论丛》，1998年第1期，第117-127页。

② 王建宏：《中国学界韩国独立运动史研究（1992～2021）》，载《当代韩国》，2022年第3期，第87-128页。

124.

夏雪，2014. 抗战大后方——韩国临时政府西迁重庆之生活略探［C］//浙江大学韩国研究所. 第十五届中国韩国学国际研讨会论文集·历史卷（韩国研究丛书之五十八）. 北京：民族出版社：44-48.

杨天石，2000. 蒋介石与韩国独立运动［J］. 抗日战争研究（4）：1-26.

정병준, 2014. 카이로회담의 한국 문제 논의와 카이로선언 한국조항의 작성 과정. 역사비평: 307-347.

浅谈茅盾和姜敬爱作品中的民族危机意识

——以“农村三部曲”和《人间问题》为例

余子健[①]

摘要： 20世纪30年代，中韩两国无产阶级作家纷纷在其作品中对本国人民的社会生活进行了手术般的分析解剖，力求真实还原人民被压迫的悲惨事实，以探寻救国之道，而在这一过程中，处处透露着作家的民族危机意识。本文以“农村三部曲”与《人间问题》为研究对象，研究茅盾和姜敬爱两位作家如何从资本主义的经济掠夺以及殖民地的政治控制的角度对近代中韩两国社会底层人民生活的悲惨现状进行描绘，并分析两位作家的民族危机意识。

关键词： 茅盾；姜敬爱；农村三部曲；《人间问题》；民族危机意识

一、绪论

近代以来，中韩两国人民在帝国主义的残暴侵略下，社会各阶层的民族意识逐渐觉醒，并尝试以各种方式寻求民族独立。其中，作家群体的救国方式大体表现为对社会现实矛盾的揭示与批判以及唤醒民众反抗意识的愿望。茅盾和姜敬爱作为中韩两国20世纪二三十年代左翼作家的代表，相比于其他作家群体，对家国社会、政治等领域表现出超乎寻常的关心，在其作品中如实地刻画了当时社会出现的各种不正之风和种种社会矛盾，具有强烈的现实主义特色。而这种对社会矛盾的揭示与批判很大程度上源于作者的民族危机意识。

本文所研究的民族危机意识，是民族意识在整个民族存亡层面上的具体表达，同时也是民族意识最直接、最朴素的内在要求，具体表现为国家或民族对于自身所面临的潜在威胁或困境的一种认识和敏感性。在甲午中日战争战败以及西方资本大规模输

① 余子健，男，2000年生，四川外国语大学东方语言文化学院硕士在读。主要研究方向：亚非语言文字朝鲜方向（区域国别方向）。

入的背景下，种种外部因素均加剧了国内百姓贫困潦倒的状况，使得民族危机意识在当时中国国内自上而下地普遍觉醒。一般来说，普遍认为近代帝国主义的侵略有四种表现形式，即军事侵略、政治控制、经济掠夺、文化渗透。本文中研究分析的“农村三部曲”（《春蚕》《秋收》《残冬》）与《人间问题》分别从资本主义的经济掠夺以及殖民地政治控制的角度描绘了近代中韩两国社会底层人民生活的悲惨现状，对于下文分析两位作家的民族危机意识具有代表性、全面性，这也是笔者选择这四部作品的初衷。

本文主要分析茅盾和姜敬爱的代表作“农村三部曲”及《人间问题》中对抽象社会矛盾的具体描写、刻画以及批判的过程，结合作者所揭示的解决这类社会矛盾的方法，研究两位作家忧国忧民的民族危机意识。

二、社会剖析与民族危机意识的关系

正式分析作品内容之前，有必要分析社会剖析这种行为与民族危机意识的关系。本文中所谈论的社会剖析主要依据科学的世界观与方法论客观揭示、分析社会矛盾，真实地反映社会生活的全貌，强调文学创作与现实生活的联系。董诗顶和盛翠菊认为，社会剖析的价值和意义在于将建立在自身生活、学习、思考的经验收获，以及在科学世界观基础上形成的社会观、文学观，与社会现实紧密结合起来。①刘杰宝和于博认为，社会剖析倾向于站在马克思主义科学理论的基础上，客观理性地描写分析社会矛盾，探索展望社会发展趋势，追求反映社会生活的全貌，强调文学创作与现实生活的联系。②以上四位学者的观点均认为社会剖析强调文学创作与现实生活的联系和对于社会矛盾的分析。而正如上文所言，民族危机意识具体表现为国家或民族对于自身所面临的潜在威胁或困境的一种认识和敏感性。而作家群体，尤其是左翼作家群体，极具现实主义色彩的社会剖析式写作风格恰恰与作家本身的民族危机意识有着密不可分的关系。

三、社会矛盾的揭露与社会出路的揭示

（一）封建地主、资本对于底层工农的剥削

在茅盾的“农村三部曲”与姜敬爱的《人间问题》中，均刻画了封建地主阶级对底层人民的全方位剥削。姜敬爱《人间问题》中的主要矛盾为龙源村地主郑德浩对阿

① 董诗顶，盛翠菊：《“社会剖析”范式的价值与意义》，载《湖北社会科学》，2017年第1期，第136页。

② 刘宝杰、于博：《论“社会剖析派”小说的艺术特征》，载《西昌学院学报》（社会科学版），2015年第2期，第36页。

大、善妃、狗屎蛋等底层农民的剥削以及仁川码头里资本家对工人阶级的剥削。

《人间问题》中提到，善妃的父亲民洙在大雪天帮地主郑德浩上门讨债时，因为看到对方家中甚至比自己家还要贫困且房屋尚不能遮风蔽雪，产生了怜悯之心，不仅没有收回债而且还倒贴给对方钱财。地主郑德浩得知此事后则大发雷霆：“‘疯子！这么个大善人，干吗还来别人家混饭吃啊？你给我滚！要行善，回你自己家行善去吧！’……德浩跳起身来，狠踢了民洙一脚。如果不是有人在场，他真想打他个半死。”民洙收债不成反倒贴钱财表现了民洙的善良，得知此事的郑德浩的行为则直接表现了其作为封建地主的尖酸刻薄。郑德浩对于民洙的言语刻薄，并且仅仅因为没收到钱就想把为其收债的民洙“打个半死”，地主对于农民阶级的剥削被刻画到了极致。

类似的例子还有狗屎蛋一家辛勤劳动了一年的成果却被地主郑德浩无情地仅仅当作还债以低价“强制征收”。

“去年正月借给你十五块钱，到这个月就是10个月了，连本带利已经超过二十块。你先给我四袋稻谷，就这样，害怕要少收你三四块钱哩！肥料钱、高利粮还要从你这里扣……你从这里拿走七袋稻谷，还有十多块钱没算他的。有什么法子呢？你们都是靠种地吃饭的，我少不了要吃点亏！我拿出半袋稻子，你拿出半袋稻子，合成一口袋，算是我送你！看你今年庄稼种得还不错，嘿嘿！……”①

德浩在炕上翻了个身。他本打算让那几个小子多受几天罪，清醒清醒脑子，好懂得这个世界上的规矩。可是天气渐渐转冷，必须赶在下雪前把场打完，没办法只好把他们放了；再说传闻今年秋天要实行米谷统制，谷价看涨，也得尽早让他们以低价把债还清。②

从引文中不难看出，地主郑德浩通过对农民放高利贷一步步压榨底层农民辛勤劳动成果，并且还极度伪善地表示自己才是吃亏的一方：“就这样，害怕要少收你三四块钱哩！……我少不了吃点亏！”然而真实情况却是，德浩知道谷价即将上涨，强制让他们以低价卖出，还清债务，从而进一步压榨更多的利润。并且在狗屎蛋带头造反被抓进警察局时，德浩并没有因为狗屎蛋的妈妈过来求情而放了狗屎蛋，而是出于“必须赶在下雪前把场打完”进一步压榨其劳动力。这件事也使得阿大第一次对于当时社会上看不见的“法”，也即是德浩口中的“世界的规矩”产生了质疑。

另外，善良淳朴的善妃在德浩家的生活也是充满了无尽的压榨与伪善。民洙去世后，善妃的妈妈卧病在床，德浩就如同“救世主”般出现，关切地询问善妃妈妈的情况并给予物质上的支援，“他掏出一张五块钱的纸币，扔到善妃面前。‘我家有蜜，拿来点，掺点水给你妈喝。’”，并且在善妃的妈妈怀揣着对德浩行为的疑惑去世

---

① 姜敬爱：《人间问题》，张琳译，人民文学出版社，1982年，第93页。
② 姜敬爱：《人间问题》，张琳译，人民文学出版社，1982年，第98页。

时，他帮助没爹没娘的善妃处理妈妈的后事，让她搬进了德浩家。引用原文中的话便是“德浩夫妇似乎比善妃妈在世的时候还喜欢她，怜惜她”[①]。然而日后，德浩夫妇便慢慢地开始将善妃当成下人使唤，善妃在遭到了郑德浩的凌辱后还被诬陷勾引其女儿的同学信哲，精神上和身体上不断受到压迫。

“农村三部曲”中对阶级矛盾的刻画则相对较为隐晦。因蚕花丰收成灾，以至于农民饥肠辘辘无以为食，而被迫掀起“抢米囤”风潮，“几乎天天有饥饿的农民‘聚众滋扰’。那些乡镇上的绅士们觉得农民不太识趣，就把慈悲面孔撩开，打算‘维持秩序’了”。而这里地主阶级“维持秩序”的方法则是：“农民可以向米店赊米，到秋收的时候，一石还一石；当铺里来一次免息放赎……绅商们很明白目前这时期只能坚守‘大事化为小事’的政策，而且一百五十石的损失又可以分摊到全镇的居民身上”。面对农民的“抢米”行为，表面上看绅商向农民妥协，农民们获得了赖以生存的粮食，但究其本质来看，从白白被农民抢米，到现在绅商们只是看似吃亏似的“借”给农民米，这两者的差异不言而喻，这种为了日后继续压榨农民、调和阶级矛盾的手段不可谓不高明。

不仅如此，在父亲老通宝去世后，大儿子阿四仍想租田来种时，小儿子多多头劝阻的话语中显露着地主阶级对农民赤裸裸的“剥削”。

> “租田来种么？你做断了背梁骨还要饿肚子呢!年成好一亩田收了三担米，五亩田十五担，去了‘一五得五，三五十五’六石五斗的租米，剩下那么一点留着自家吃罢，可是欠出的债要不要利息，肥料要不要本钱？你打打算盘刚才是白做，自家连粥也没得吃！”[②]

引文中，多多头直截了当地向哥哥阿四指明了租田种的弊端，即租田来种也只是帮着地主种，绝大多数收益归还给了地主，农民只能从中得到极少的、维持生计的报酬，况且这样还只能勉强维持生计，租田的钱还会日复一日地产生利息，最终变成压倒农民生活的债务。

（二）经济侵略对于小农经济的冲击

除了对地主阶级与农民阶级矛盾的刻画，贯穿“农民三部曲”整体的一条暗线则更多体现了当时外来资本对于中国数千年来自给自足的小农经济的侵略与打击。在《春蚕》的开头，茅盾就在针对镇上环境描写的同时不动声色地从侧面说明了资本经济已然在当时的中国扎根的景象。

> 汽笛叫声突然从那边远远的河身的弯曲地方传了来。就在那边，蹲着有一个

---

① 姜敬爱：《人间问题》，张琳译，人民文学出版社，1982年，第33页。
② 姜敬爱：《人间问题》，张琳译，人民文学出版社，1982年，第422页。

茧厂，远望去隐约可见那整齐的石“帮岸”。一条柴油引擎的小轮船很威严地从那茧厂后驶出来，拖着三条大船，迎面向老通宝来了。[①]

他自己也明明看到自从镇上有了洋纱，洋布，洋油，——这一类洋货，而且河里更有了小火轮船以后，他自己田里生出来的东西就一天一天不值钱，而镇上的东西却一天一天贵起来。[②]

不仅如此，茅盾通过对老通宝的心理描写，直接说明了外来资本对中国经济的沉重打击。这里作者实则从老通宝的视角阐述了当时中国社会的实际景象，不难看出，“镇上”实则代表了中国，“洋纱、洋布、洋油”则代表了当时的外来资本，“河里更有了小火轮船”则暗示着外来资本对于中国经济的侵入程度之深，由此刻画了当时社会底层人民“田里生出来的东西一天一天不值钱，镇上的东西却一天一天贵起来”的贫困生活，也为下文丰收成灾埋下了伏笔。

然而更使老通宝去年几乎气成病的，是茧子也是洋种的卖得好价钱；洋种的茧子，一担要贵上十多块钱。……世界真是越变越坏！“过几年他们连桑叶都要洋种了！我活得厌了！”[③]

在外来资本入侵的过程中，外来商品对中国原有商品的打击也是巨大的。文中老通宝的形象很好地代表了当时中国大多数农民的形象。老通宝对洋货持抵触情绪，当他得知一担洋茧要比一担土茧贵十块钱时内心的不甘，以及“过几年他们连桑叶都要洋种了！我活得厌了！”的无奈叹息，却是当时底层农民不愿提及的事实。

（三）反抗与斗争之法的揭示

如果说正确地分析和揭示社会矛盾是一个称职的左翼作家的门槛，那么在分析完社会矛盾后创造性地提出解决矛盾的方法才算一位高明的左翼作家。姜敬爱在《人间问题》的序章中直接表明其写作目的：“在这部作品中，我想努力把握时代的根本性问题，指出解决这种问题的要素、什么人具备这样的力量以及他们的前途”。[④]

太阳升起来了，漫天红光。工人们抬头望着太阳，深深感到了团结起来的力量的伟大！今天，太阳也仿佛想看看他们团结的气势，喷喷薄薄，向高空升起。工人们顿时感到心胸开阔，仿佛能把阳光下闪闪发光的大海都拥抱在怀里。……他们这些默默无闻、无权无势的人，似乎顷刻间竟有了能够支配宇宙的力量！一

① 茅盾：《春蚕》，《茅盾全集》（第8卷），人民文学出版社，1985年，第349页。
② 茅盾：《春蚕》，《茅盾全集》（第8卷），人民文学出版社，1985年，第350页。
③ 茅盾：《春蚕》，《茅盾全集》（第8卷），人民文学出版社，1985年，第351页。
④ 姜敬爱：《人间问题》，张琳译，人民文学出版社，1982年，第1页。

向横行霸道的银丝眼镜和那些船员，甚至汽船上的起重机，在他们面前都失去了活动能力，动弹不得。①

这段引文为阿大在仁川码头和工友们工作时的场景，不难看出作者所指出的“什么人”即为工人，在作者的视角下，团结起来的工人们具有能够“支配宇宙的力量”，而代表着资产阶级的“银丝眼镜”男和船员们则在代表着无产阶级的工人们面前“动弹不得”。

“难儿常说：世界上还有许许多多像德浩这样的坏人，要反抗他们，就必须团结起来。”②

“善妃，我们就是豁出命来也要进行斗争！……不管发生什么，都不能灰心，要继续斗争。光知道淌眼泪不行，要大胆一些！”③

而在回答“解决这种问题的要素”这一问题时，作者通过成为工人的善妃与难儿的相处过程中也多次暗示其回答，即要想反抗许许多多像德浩一样的地主阶级，工人阶级就必须团结起来，并且要豁出性命地与之斗争！

茅盾在“农村三部曲”中则成功刻画了多多头这一与老通宝这一代表中国传统“旧”农民形象完全相反的“新”农民形象。④

“你有门路，赊得到米，别人家没有门路，可怎么办呢？你有米吃，就不去，人少了，事情弄不起来，怎么办呢？——嘿嘿！不是白吃你的！你也到镇上去，也可以分到米呀！”⑤

“毒蛇也不吃窝边草！你引人来吃自家了！你引人来吃自家了！”⑥

与老通宝不同，正如上文提及，多多头在与阿四的交谈中反对其租田种的传统农民被剥削的生活方式，并主动带领村里人通过抢米囤等方式进行反抗斗争，甚至在自家仅剩的米被大家抢去吃时，表现出了一种“大义灭亲”式的革命精神。同时，老通宝强烈反对儿子的行为，但当“抢米囤”的队伍都安然回来并且每人带着五升米时，他墨守了一辈子的世界规则开始有所改观。一直到老通宝因为秋收失败而葬送性命

① 姜敬爱：《人间问题》，张琳译，人民文学出版社，1982年，第229页。

② 姜敬爱：《人间问题》，张琳译，人民文学出版社，1982年，第221页。

③ 姜敬爱：《人间问题》，张琳译，人民文学出版社，1982年，第234页。

④ 朱献贞：《多多头是一个“新农民”？》，载《山东青年政治学院学报》，2016年第6期，第37页。

⑤ 茅盾：《秋收》，《茅盾全集》（第8卷），人民文学出版社，1985年，第393页。

⑥ 茅盾：《秋收》，《茅盾全集》（第8卷），人民文学出版社，1985年，第393页。

时，他才认可儿子多多头的这一代表“新”农民形象的行为。

> 多早晚真命天子才来呢？黄道士的三个草人灵不灵？①

将近“冬至”的时候，村里忽然又纷纷传说，真命天子原来就出现在邻村，叫作七家浜的小地方。村里的赵阿大就同亲眼看过似的，在稻场讲述那个“真命天子”的故事。②

> 多多头揪断了那“真命天子”身上的铁链，也拿过洋油灯来照他的脸。这孩子简直吓昏了……“哈哈你就是真命天子么？滚你的罢！”③

《残冬》中，村坊上的大多数人都在期待着“真命天子”的到来，寄托于黄道士的三个草人，这些代表封建迷信的传统农民形象的人，并没有注意到多多头等新农民形象的消失，而是继续听着关于其所期待的“真命天子”的消息。更为讽刺的是，当村民口中所谓的“真命天子”被绑架，多多头等人将其救出，发现只是一个吓破胆的孩子，不禁嘲讽道“哈哈你就是真命天子么？滚你的罢！”，作者在此也正想表达农民应该破除封建迷信等旧思想，成为敢于反抗斗争的“新”农民。

四、结论

综上所述，茅盾在“农民三部曲”中揭露了外来资本主义经济侵略中国小农经济的客观现象以及封建地主阶级对农民无时无刻进行剥削的本质，并且在解决这一针对农民剥削的问题上给出了“多多头”这一“新”农民形象的解决办法。姜敬爱同样将近代朝鲜的社会矛盾总结为地主阶级和资产阶级对于工农阶级的压迫，并且创造性地指出了工人阶级联合起来，与地主、资产阶级反抗斗争到底的闪耀着马克思主义光芒的不二法门。

但归根结底，茅盾与姜敬爱对近代中韩两国社会矛盾分析之细，对解决方法提出之先进，离不开两位作家对自己国家民族的热爱，因此这四部作品充满着忧国忧民的民族危机意识。

参考文献

董诗顶，盛翠菊，2017.“社会剖析”范式的价值与意义［J］. 湖北社会科学（1）：136-139.

姜敬爱，1982. 人间问题［M］. 张琳，译. 北京：人民文学出版社.

① 茅盾：《残冬》，《茅盾全集》（第8卷），人民文学出版社，1985年，第424页。
② 茅盾：《残冬》，《茅盾全集》（第8卷），人民文学出版社，1985年，第425页。
③ 茅盾：《残冬》，《茅盾全集》（第8卷），人民文学出版社，1985年，第432页。

李延佳，贾振勇，2023. “时代性”的另面：茅盾“农村三部曲”的隐性艺术内涵［J］. 东岳论丛，44（1）：105–113.

刘宝杰，于博，2015. 论“社会剖析派”小说的艺术特征［J］. 西昌学院学报（社会科学版），27（2）：35–37+41.

茅盾，1985. 茅盾全集（第8卷）［M］. 北京：人民文学出版社.

朱献贞，2016. 多多头是一个“新农民”？［J］. 山东青年政治学院学报，32（6）：38–41.

이지현，2007. 茅盾의 문학이론 實踐性 研究［D］. 울산대학교 교육대학원.

曺樂鉉，1996. 강경애의「인간문제」考察［C］. 關大論文集，242：71–90.

非通用语教育教学研究

韩国综艺节目在韩语教学中的应用研究

王倩倩　何　妮　毕玥琦[①]

摘要： 近年来，韩国电视剧及综艺类节目吸引了众多国内青年的关注。随着社会发展和生活环境的改变，传统的教学模式在提升学生学习兴趣方面有其自身的局限性。鉴于此，本文以在国内年轻人中颇具人气的韩国综艺节目《新西游记》为例，探讨如何在韩国语教学中借鉴韩国综艺类节目来提升教学效果。本文从基础词汇教学及语言文化融合教学方面入手，认为在基础词汇教学方面可以借鉴《新西游记》中的游戏模式，采用竞答挑战式、谐音拓展式词汇教学，在语言文化融合教学方面，可以采用俗语对答游戏式教学、新词探究启发式教学、情景再现体验式教学等。在韩语教学中尝试借鉴韩国综艺节目，将相关内容与课堂教学相结合，有助于提升学生学习兴趣，在提升学生基础语言能力的同时，提高其跨文化交际能力。

关键词： 韩国综艺节目；《新西游记》；基础词汇教学；语言文化融合教学

一、绪论

近年来，韩国影视剧及综艺节目广受年轻人追捧，其中韩国TVN电视台推出的一档游戏通关类真人秀综艺节目《新西游记》以其幽默艺术，诙谐轻松的喜剧氛围，颇受观众青睐。在韩国语教学过程中，单纯的知识讲授在激发学生的学习兴趣方面有一定的局限性，将学生平时喜闻乐见的韩国综艺元素融入教学，有利于营造轻松快乐的学习氛围，进而激发学生的学习兴趣，提升教学效果。

目前有关韩国综艺节目的研究主要集中在探讨综艺节目的制作思路、对外输出策略、跨文化背景下的中韩综艺对比等，而将韩国综艺节目与韩国语教育相结合的研究成果并不多。其中，张旭（2018）在《韩国综艺节目在零基础韩语教学中的应用初

---

① 作者简介：王倩倩，女，1983年生，博士，四川外国语大学东方语言文化学院副教授，主要研究方向：韩国语言文化、韩国语教育。何妮，女，1998年生，四川外国语大学东方语言文化学院硕士研究生。主要研究方向：韩国文化语言学。毕玥琦，女，2000年生，四川外国语大学东方语言文化学院硕士研究生。主要研究方向：韩国语言学。

探》中提出，可截取综艺里的一些短视频或改良的游戏，丰富课堂内容，活跃课堂气氛。将《新西游记》与语言教学相结合的研究主要有刘鹏（2016）的《综艺节目在韩国高中汉语课堂教学中的应用》。该文以韩国综艺《新西游记》为例进行了汉语教学设计，并分析了在汉语课堂中使用综艺节目作为教学素材的优势和劣势。综合来看，目前将《新西游记》等综艺节目与韩国语教育相结合的研究极其有限。鉴于此，本文旨在通过借鉴《新西游记》的节目案例，探讨如何在韩语基础词汇教学及语言文化融合教学方面加以运用，以期在实现常规教学目标的同时，进一步增强韩国语教学过程中的交互性及趣味性，进而提升基础语言教学效果，更好地提高学生的跨文化交际能力。

二、基础词汇教学

词汇是语言的核心组成要素，词汇量不足在很大程度上影响听、说、读、写方面的有效输出，如何更有效地帮助学生准确掌握词汇含义及用法，是外语教学中一直以来需要密切关注的课题。《新西游记》在节目进行过程中采用了多种游戏，其中“辅音竞答”等游戏在词汇教学方面有很大借鉴意义。节目组成员在节目中为制造出幽默搞笑效果，经常会使用一些“谐音梗”，类似的“谐音梗”若能用于教学，通过谐音词（同音词）拓展式学习，将有助于加强学生对相关词汇的联想，进而扩大词汇量。基于此，笔者认为可以在基础词汇教学方面借鉴《新西游记》的相关节目形式，尝试开展竞答挑战式词汇教学和谐音拓展式词汇教学。

（一）竞答挑战式词汇教学

《新西游记》中有一个“辅音竞答”（초성퀴즈）游戏，由导演提供单词中的辅音字母，节目组成员需说出相应的代表性词汇，答案不能重复。在词汇教学过程中引入该游戏，在教师的引导下，可以针对性地帮助学生巩固所学单词，同时也能引导学生发散思维，在课堂上有效复习更多的单词。举例而言，若在课堂上新学习了“사람”（人）一词，在复习强化阶段，教师可给出“ㅅ、ㄹ”两个辅音，由学生竞答填词，学生可能会给出教师所期望的答案“사람”（人），也可能会给出“사랑”（爱）、“수리”（修理）等答案。与传统的词汇讲授法相比，此类竞答型的词汇教学会促使学生主动思考，同时激发学生的参与竞争意识，进而活跃课堂氛围，达到巩固和拓展所学词汇的目的。

《新西游记》中还有一项游戏是由导演说出缩略语，成员说出其完整表述。如导演提问“사탐”是什么的缩略语，成员们有的回答“사리탐욕”（私利贪欲），有的回答“사리탐정”（私利侦探），也有的给出了正确答案“사회탐구”（社会探索，即韩国的一门高考科目）。在词组、短语的教学过程中，可以借鉴该方法，由教师给出缩略后的提示词，引导学生说出相关表述。

《新西游记》中，节目组成员在进行上述游戏挑战时，往往会回答出让人意想不到的爆笑答案，教师可以在课堂上播放相关的短视频，将其作为一个活动范例或引子，在活跃课堂气氛的同时，告诉学生游戏规则，同时也可以对所展示视频中的词汇进行相应的拓展教学。

（二）谐音拓展式词汇教学

在韩国各大综艺节目中，用同音词替换原词的“谐音梗”屡见不鲜，在《新西游记》中也多处出现。在《新西游记》第七季第五期的一项“起床任务”游戏中，成员均不能吃早餐。圭贤说自己有“은행”（银杏），姜虎东便接了一句“你最富啊”。这是因为“은행”一词有“银杏”，也有“银行”之意，在节目中姜虎东利用其同音异义，由“银杏”联想到“银行”，活跃了气氛。在课堂教学中，可以适时引入该片段，一方面使学生明确该词的多重含义，另一方面以此引导学生学习相关的词汇知识。

在《新西游记》第三季第七期的一项“四字词语”游戏中，只要成员答错一道题，就要把摆在他们面前的一道食物去掉。输掉一局的姜虎东欲撤掉“파”（葱），同时说道：“파 잘 쳤어.”这句话中的“파”本指他面前的“葱”，而在高尔夫运动中也有“파”（par）一词，指“球员成绩打平了标准杆”，这句话还可以理解为“打了个不错的标准杆”。紧接着曹圭贤也接了一句“형이 좋은 보기를 주셨네요”（直译：哥给了个很不错的例子呢），这句话的“보기”既有“例子”之意，也指高尔夫中比标准杆少一杆的“柏忌球”（bogey），故该句子也可以理解为“哥打了个好柏忌”。随后，宋旻浩指着桌子上的方便面说“이게 과연 익을까요？”（直译：这个真的熟了吗？）句子中的“익을”与高尔夫中比标准杆少两杆的“老鹰球”（eagle）发音一致，这句话便可理解为：“这真的是老鹰球吗？”节目中成员们由“파”（葱）一词联想到一系列高尔夫专用词汇，这不失为一个很好的教学素材。若将此片段引用到教学中，不仅能让学生意识到联想记忆词汇的优势，同时也可让学生掌握更多的课外词汇，扩充词汇量。

在词汇教学过程中，授课教师可根据课程目标，对课程中涉及的同音词进行相应的课堂活动设计，既能活跃课堂气氛，又能实现词汇的联想式学习。韩语词汇中有很大一部分是汉字词，由于同一个韩语音大多与多个汉字相对应，因此在相关汉字词词汇的教学过程中，采用这种谐音式拓展型教学，有望在激发学生学习兴趣的同时提升词汇学习效果。

三、语言文化融合教学

一个合格的新时代外语人才，不仅需要掌握基础的语言知识技能，还需要对对象国的社会文化、风俗习惯有着深入理解，具备相应的跨文化交际能力。有关韩语文化方面的教学，仅仅依靠朝鲜（韩国）概况等相关的社会文化类课程远远不够，该类课程大都仅以一周一次课（2个学时）的频率开设一个或两个学期，学生在课堂上能学到的文化知识相对有限。语言与文化密不可分，语言中蕴含着诸多文化要素，在韩国语的教学过程中，若能在平时的基础语言知识教学过程中融入文化知识教育，能有效加深学生对相关对象国文化的理解。

俗语作为自古流传下来的典型语言形式，蕴含着一个民族的思维方式和传统文化。对相关俗语的理解以及知识储备，在很大程度上影响着外语人才的口语及翻译等实际交际能力。《新西游记》中有一项“俗语对答”的游戏，在韩语教学过程中可以借鉴该游戏来实现俗语及韩国相关文化的教学。与体现传统文化的俗语相比，层出不穷的新词则反映着时代的变迁和各种社会现象，通过对新词的引入和教学，有助于加深学生对韩国当今社会文化的理解。在韩语教学中，可以借鉴《新西游记》中有关新词的节目案例来实现语言文化融合教学。此外，《新西游记》是韩国的一档娱乐节目，在节目录制过程中本身就蕴含了诸多韩国文化因素，相关的视频片段也可以作为语言文化教学资料在韩国语教育中使用。

（一）俗语对答游戏式教学

在《新西游记》“俗语对答”游戏中，节目组成员需根据所给出俗语的前半部分，正确答出后半部分。这个游戏充分考虑了俗语约定俗成的语言特点，节目组成员给出的爆笑错误答案恰好可以作为反面教学素材来使用，在笑声中加深学生对相关俗语的准确理解和记忆。

如在节目第六季中出现了“가는 날이______”“얌전한 고양이______”等题目，正确答案分别应为“가는 날이 장날이다.”（“去的那天恰好是赶集日”，比喻事不凑巧）、“얌전한 고양이 부뚜막에 먼저 올라간다.”（“老实的猫先上锅台”，比喻外表老实背后搞小动作），节目组成员给出的错误答案则是“去的那天是回来的那天”“老实的猫不如狗”。节目组成员的答案多是源于生活的无厘头猜测，与正确答案形成了鲜明的反差，若在课堂中引入相关视频，不仅能强化学生对俗语原有形式的准确记忆，同时教师也可对俗语中出现的文化要素进行教学。在进行这两句俗语的相关教学时，可引入韩国传统的集市文化，进而引申到当今社会的购物生活文化；还可通过正确的俗语形式和错误答案，引导学生思考猫、狗在中韩两国传统文化中象征意义的异同，也可拓展引申与动物相关的现代社会生活文化等。

根据课堂教学需求，除了可以直接引用节目中出现的相关俗语，还可以根据学生的知识水平和俗语教学目标进行类似的游戏设置，让学生自己完成俗语对答，引导学生去推测、思考整个俗语的构成及其背后的实际语义及文化内涵。

（二）新词探究启发式教学

随着时代的快速发展，现代社会网络的普及催生了大量的新词和流行语，在韩国综艺节目中也出现了很多网络热词。新词很大一部分是由传统词汇相互组合缩略，或传统词汇与外来词汇组合缩略而来，由于新词紧跟时代潮流，贴近现实生活，通过相关新词的介绍和教学能够在很大程度上提升学生的学习兴趣，有助于扩大学生的词汇量，加深学生对新词背后韩国社会文化现象的理解。

《新西游记》中有一个环节，要求成员们根据所给出的缩略语新词猜出该词所表达的原句式及语义，在这一环节出现的新词反映出韩国人在饮食、生活等各个层面的文化。如节目中出现了“아아”“아바”等新词，这两个词分别由“아이스 아메리카노”（冰美式咖啡）、“아이스 바닐라라데”（冰香草拿铁）的首字母缩略而成。受西方文化影响，韩国境内咖啡文化盛行，通过这些新词的介绍和说明，有助于学生理解这一文化。

在《新西游记》中出现了“자만추”“인만추”等反映韩国年轻人恋爱态度的新词。“자만추”和“인만추”分别为“자연스러운 만남을 추구한다”（追求自然相遇）和“인위적인 만남을 추구한다”（追求人为相遇）的缩略词，“자만추”体现出韩国年轻人希望在校园、职场、兴趣社团等地方相遇成为朋友，继而发展为恋人的恋爱观；“인만추”则体现出更加主动的恋爱态度。还有一个新词“삼귀다”与男女双方感情关系相关，指双方关系处于“正式交往之前的暧昧阶段”。该词源于“사귀다”（交往）一词，由于“사귀다”的首字是“사”（四），其前便是“삼”（三），由此构成了新词“삼귀다”。该类新词贴近生活，颇具趣味性，方便学生记忆，也便于其理解韩国相关的社会文化。

课堂教学中教师可以采用类似的游戏，引导学生记忆新词，并了解相关文化。比如学习“갑자기”（突然）、“통장”（存折）、“알바”（兼职）等词时，可以引入新词“갑통알”，并给出提示该词是三个单词的首字缩写，引导学生推测其含义——“갑자기 통장을 보니 알바를 해야겠다”（忽然间看到存折觉得自己必须要打工了），进而引导学生思考韩国现代社会生存压力大、年轻人就业困难等现状。在学习与科技相关的内容时，教师可引入由“스마트폰”（智能手机）和“좀비”（僵尸）构成的新词“스몸비”（指走路时只顾看手机的低头一族），由“보조”（辅助）、“배터리”（电池）构成的“보배”（备用电池，与“宝贝”一词同形），引导学生在学习新词含义的同时，思考包括韩国在内的整个国际社会对手机过度依赖及因网络的迅速发展而引发的社会问题。

在课堂教学中，除了可以借鉴《新西游记》中的缩略语新词猜词游戏中的新词对学生进行相应的词汇及文化拓展教育，还可以此为切入点，进行其他类型的新词扩充教学。如在引入上述反映韩国人饮食文化的新词时，可以引导学生思考韩国人的居住文化。反映韩国居住文化的有“세권”（势圈）之类的词，诸如“역세권”“숲세권”“학세권”“슬세권”等词，分别由“역”（车站）、“숲”（树林）、“학”（学）、“슬”［“슬리퍼”（拖鞋）一词的首字］与“세권”（势圈）组合而成，表示住宅“临近地铁站等交通设施便利”“附近有树林等天然氧吧绿化环境好”“附近有学校或培训机构等教育设施”“附近有能够穿着拖鞋便能前往的大型购物中心、文化中心等设施”，该类词体现了韩国现代社会民众对于居住环境的要求和偏好。若

能在课堂上通过发散式联想对学生进行引导，则可以促使学生在了解相关饮食、居住文化的同时较轻松地掌握系列词汇。

目前信息技术高速发展，新造词层出不穷。在教学过程中，若能适时引入该类新词，一方面可以让学生了解新词的含义，进一步学习或巩固新词背后的基本词汇，另一方面还可以了解韩国新词的基本构成。新词均是在一定的社会背景下出现的，其本身反映着某种社会文化或价值倾向，在引入新词的同时，可以激发学生联想其背后的社会文化现象，加深学生对相关知识的理解和认识。教师在相应的教学环节引入新词时，可借助综艺节目的相关视频，活跃课堂气氛，带动学生思考；也可事先准备与课程内容相关的新词，借鉴综艺节目中游戏方法，引导学生去推测其语义，促使学生大胆思考及联想，提升学生的主动性，进而取得更好的教学效果。

（三）情景再现体验式教学

对于外语学习者来说，学习一门新语言，掌握该语言的交际技巧，需要了解其具体的使用情境。而由于受到教材本身形式的限制，学生们仅通过课本来学习有一定的局限性。在韩语教学过程中，教师若能多渠道借助反映韩国社会现实生活的相关辅助资料，对具体的交际情境予以再现，使学生切身体会到在实际生活中中韩双方在语言表达方式以及习惯上的不同，促使学生主动参与课堂，进行自主思考和分析，有望进一步提升学生对知识的准确理解和运用。

在《新西游记》第八季第四期中，六位成员举办了一次以平等、尊重为主题的团建会，在称呼环节要求成员使用“姓名+님”这一职场新式称呼。在韩语中“님”虽可表尊敬，但多用于“老师”“教授”“社长”“顾客”等表示职位、身份等词之后，很少直接用在“姓名”之后。在节目中成员尹志源在听到圭贤对自己采用“姓名+님”式的称呼后，脸色忽变。这是由于韩国社会有着严格的等级观念，尹志源比圭贤年纪长、资历高，听到对方如此称呼自己，即便是在游戏中依旧会感到不受尊敬。在《新西游记》第三季第六期中，一位成员称呼他以前的老师为“쌤”［“선생님”（老师）一词的口语略语］，现场便有前辈立刻反问为何要用该词称呼老师，并表示这是网络用词，在正式场合或对尊敬的人使用并不合适。在对韩国语敬语体或相关文化进行教学时，可通过这些综艺片段导入，引导学生思考中韩称呼上的差异，之后再引出韩国相关的敬语文化，让学生在潜移默化中意识到中韩文化的差异，通过观察现实场景中韩国人的肢体及情绪反应来加深对韩国敬语文化的理解，进而正确运用相关语言知识。

除了上述例子，《新西游记》作为一档韩国综艺节目，处处体现着韩国人的语言习惯和思维文化习惯。教师在教学过程中可根据教学目标进行相关的视频节选，在活跃课堂气氛的同时，通过真实的场景再现来引导学生更好地理解相关的语言文化知识。

情境再现的体验式教学不仅能让学生的注意力聚焦于课堂，主动参与教学，还能引导学生根据不同的交际情境，做出正确的交际行为，有助于加强学生对多元文化差异的敏感度，更好地培养学生的跨文化意识和能力。

四、结语

综艺节目趣味性强，若能在教学过程中适时加以运用，能在很大程度上丰富课堂教学设计，有利于激发学生学习韩语的兴趣，取得更好的教学效果。本文以《新西游记》为例，探讨了韩国综艺节目在韩国语教学中的应用可能性。

词汇作为外语学习的基础，数量庞大，学习者在学习过程中需要投入大量的时间去记忆，而单纯的记忆效果有限且容易给学生带来诸多学习压力。在词汇教学过程中，若仅是单纯的释义说明，学生的学习兴趣会下降，并且在课堂中对于相关词汇的即时记忆效果相对有限，会直接影响学生的词汇运用能力。笔者认为，在课堂词汇教学过程中，可以借鉴《新西游记》节目中的游戏类型，开展竞答挑战式词汇教学及谐音拓展式词汇教学，能活跃课堂气氛，加深学生学习印象，进而实现更好的词汇教学效果。

要培养新时代形势下的国际化外语人才，学习者除了需具备基本的词汇、语法等基础语言能力，还必须具备跨文化交际能力。在常规的课堂语言教学中，有必要将文化教学融入其中，在提升学生基础外语语言能力的同时，培养其跨文化意识。在教学过程中，可以借鉴《新西游记》中的俗语、新词等相关游戏，采用俗语接龙游戏式教学及新词探究启发式教学，同时根据教学场景需要，还可以截取《新西游记》中的节目片段来进行情景再现体验式教学。

基础韩国语教学涵盖语音、词汇、语法、文化、翻译等多个方面，《新西游记》等综艺节目除了在词汇教学、语言文化教学方面可以进行借鉴，在语音、翻译等方面也可进行借鉴。另外，除了韩国综艺节目，如何将学生关注较多的韩剧、综艺节目等引入教学，提升教学效果，有待进一步研究。

参考文献

金艳红，2016. 川韩旅游文化合作的前景分析——以韩国综艺节目《新西游记》在重庆成都拍摄为例［J］. 佳木斯职业学院学报（11）：56–57.

刘鹏，2016. 综艺节目在韩国高中汉语课堂教学中的应用［D］. 武汉：华中科技大学.

王冰，2019. 韩国体验类综艺节目叙事研究［D］. 南昌：江西师范大学.

王帆，2018. 浅析综艺《无限挑战》对韩国国家形象的媒介构造［J］. 传播力研究，2（25）：161–162+165.

张丽艳，2011. 对外汉语综合课文化因素教学研究［D］. 哈尔滨：黑龙江大学.

张旭，2018. 韩国综艺节目在零基础韩语教学中的应用初探——以《Running Man》和《超人回来了》为中心［J］. 戏剧之家（16）：189.

라서가，2012. 게임 캐릭터 컨셉 디자인 연구：–<신서유기>를 중심으로［D］. 서울：동국대학교.

YAO J Q，2020. 한국 리얼리티 프로그램의 속성이 관광목적지 이미지 및 방문의도에 미치는 영향：<신서유기> 시즌1의 한국 시청자를 중심으로［D］. 서울：경희대학교.

东盟区域高等教育合作的缘由、困境与延伸意义①

韩呼和②

摘要：自1965年东南亚教育部长组织成立以来，东盟区域教育合作历经漫长而曲折的历程。初期，东盟的教育合作参照了欧盟的模式，但随着时间的推移，东盟逐渐认识到自身高等教育体系的不足，尤其是在与西方国家的比较中显得尤为明显。这促使东盟国家致力于构建“独立自主”的区域高等教育体系，并推动其一体化进程。新加坡和马来西亚等教育强国的积极参与，为东盟高等教育区域化提供了有力支持。然而，由于区域内高等教育资源分布不均、成员国高校自主性不足以及民族主义与区域意识在涉及国家利益时的矛盾，东盟区域高等教育一体化的道路仍然充满挑战。为了增强东盟认同感，实施区域高等教育合作项目显得尤为重要，这不仅有助于培养东盟公民，尤其是年轻一代的区域认同感，还能在一定程度上推动东盟区域教育合作的深入发展。

关键词：东盟；教育；高等教育；区域认同

一、东盟区域高等教育：从早期合作到一体化发展

东南亚国家间的政府间区域教育合作可以追溯到1965年成立的东南亚教育部长组织（SEAMEO），这是在东盟（ASEAN）正式成立之前的先声。SEAMEO为东南亚国家间的教育合作奠定了基石。两年后，即1967年，印度尼西亚、新加坡、泰国、菲律宾四国共同发表了《曼谷宣言》，宣告了东南亚国家联盟（东盟）的正式成立。《曼谷宣言》虽提及了成员国在教育、职业技能和管理领域的合作与互助，以及对区域教育合作在区域政治和经济事务中的重要性，但此时东盟的区域教育合作还停留在理论

① 本文系四川外国语大学2022年度校级科研项目“马来西亚民族国家建构中多元伊斯兰行为体的结构与边界”（项目编号：sisu202217）的研究成果之一。

② 作者简介：韩呼和，男，硕士，四川外国语大学讲师，研究方向：东盟区域一体化。

构想阶段，并未实际落地执行。[①]直至1977年，教育问题才被正式纳入东盟成员国教育部长的政策职能范围，并从地区制度层面得到关注。随后，东盟相继推出了高等教育区域合作政策，初步构建了教育体系结构。为了进一步推动高等教育领域的合作，东盟还成立了区域合作委员会（Committee for Regional Cooperation）。然而，尽管东盟的教育合作扩展到了高等教育领域，但由于合作效果有限，并未能升级到战略合作的层面。

1992年，在东盟主办的第四次东盟峰会上，东盟国家领导人将高等教育合作和人力资源发展纳入重要议程，从而确立了高等教育合作在东盟一体化进程和人才培养中的核心地位。在这一政策指引下，东盟开始着手构建高等教育一体化进程的框架。其中，成立于1993年的东南亚教育部长组织高等教育与发展区域中心（SEAMEO-RIHED）扮演着关键角色，它不仅负责高等教育合作的管理事务和决策，还致力于推动东南亚高等教育的协调发展和合作共享。[②]1995年，东盟颁布了《东盟大学教育网络章程》，并据此成立了“东盟大学联盟”（ASEAN University Network，缩写AUN）。这一专门机构不仅得到了东盟成员国高等教育部长的支持，还获得了与会大学的广泛认同。[③]至此，东盟高等教育合作的目标和方向已十分明确，组织结构、职能和经费预算管理等方面也得到了规范。随后，东盟成员国间启动了12个高等教育合作项目，包括虚拟大学与网络学习、师生交流交换、高等教育质量保障等，这些项目的实施标志着东盟在高等教育领域的合作已从理论设想转变为实际行动，形成了专门的组织机构。[④]然而，尽管东盟高等教育区域合作得到了广泛关注，但相关政策主要散见于东盟部分国家关于区域教育领域的政策文件中，东盟地区层面尚未出台专门针对高等教育合作的文件。这表明，东盟在高等教育合作方面仍有待进一步完善和深化。

自2006年起，东盟区域的高等教育合作逐步向一体化迈进。在这一年，经过近十年的筹备，东盟大学联盟（AUN）开始招生，标志着东盟高等教育一体化从政策理念转变为实质性的探索与实践。[⑤]在此期间，东盟逐步构建了高等教育一体化及政策实施的层级管理体系，同时现有的区域机构也开始发挥核心作用。自2007年起，东南亚教育部长组织高等教育与发展区域中心（SEAMEO-RIHED）每五年制定一次高等教育研究计划，不仅设定了新的东盟高等教育发展目标，还对上一个五年计划进行了

---

① 陈飞燕：《政策文本视角下东盟高等教育区域性合作进程及其特点分析》，载《文教资料》，2021年第17期，第170页。

② 东南亚教育部长组织高等教育与发展区域中心官方网站，https：//rihed.seameo.org/what-we-do/，检索时间：2021年10月20日。

③ 李化树，叶冲：《论东盟高等教育共同空间构建及启示》，载《比较教育研究》，2015年第3期，第12页。

④ 陈飞燕：《政策文本视角下东盟高等教育区域性合作进程及其特点分析》，载《文教资料》，2021年第17期，第170页。

⑤ ASEAN Cooperation Initiative in Quality Assurance Assoc. Prof. Dr. Nantana Gajaseni Deputy Executive Director，ASEAN University Network At the Workshop on Enhancing Quality Across Borders Regional Cooperation in Quality Assurance in Higher Education 18 - 20 June 2007，Bonn，Germany. Retrieved from-https：//www. hrk. de/fileadmin/redaktion/hrk/02-Dokumente/02-07-Internationales/02-07-11-Dies/02-07-11-02-Enhancing_Quality_Across_Borders/WG_C_Dr_Nantana-Paper. pdf. Accessed on Oct. 20th，2021.

全面评估。2011年7月，SEAMEO-RIHED、AUN以及欧洲的欧洲高等教育质量保证协会（ENQA）等教育合作机构在德国波恩共同签署了备忘录协议，各方就成立东盟质量保证协会（ASEAN-QA）以推动高等教育质量保障达成共识。[①]2012年，SEAMEO-RIHED发布了一项关于东盟高等教育评估的综合调研报告。自那时起，东盟国家在与欧盟国家深化经贸合作的同时，也重视利用区域及外部资源，以促进并提升东盟高等教育质量，从而实现东盟高等教育的快速发展。

二、东盟区域高等教育合作缘由

自1965年东南亚国家成立东南亚教育部长组织（SEAMEO）以来，该区域的教育合作进程正式启动，呈现出与欧盟教育合作相似的趋势。[②]事实上，1961年7月18日欧共体成员国政府首脑通过的共同宣言，明确提出了教育、文化和研究等领域的合作，并建立了相关部长定期会议制度以协调合作事宜。[③]这一宣言标志着欧共体成员国在教育合作方面的明确意图。仅仅四年后，东南亚国家便迅速跟进，成立了东南亚教育部长组织（SEAMEO），显示出东盟在教育合作方面对欧盟模式的借鉴和追赶。在随后的区域教育合作过程中，东盟在多个方面“向欧盟学习”，展示了其在教育合作领域的开放性和学习精神。然而，要深入剖析东盟后续区域教育合作的缘由，我们必须同时从区域内部的需求和外部的影响因素两个方面进行综合考虑。

（一）外部因素：西方高等教育的全球扩张与渗透式发展

第二次世界大战后，高等教育机构间的国际合作、学术交流及融合发展逐渐崭露头角，成为全球教育和学术培训的新常态。鉴于教育合作在推动全球知识共享、文化理解以及社会进步方面的关键作用，高等教育机构不仅超越了国家界限，更日益成为区域和国际议程制定的重要平台。[④]这些议程不仅关注学术经验的提升和规范，更致力于促进不同文化间的深度交流和理解。在这一时期，大学亦被视为培育文化多样性和民族和解理念的摇篮。然而，这些倡议背后也隐含着地缘政治利益的考量。例如，西德在后统一时代实施了高等教育改革，旨在促进东德的社会融合；[⑤]苏联解体后，西方

① 袁景蒂：《东盟高等教育一体化动力与阻力探究》，载《上海教育评估研究》，2018年第2期，第31页。

② 欧盟素来是东盟事务研究者的参照单元。

③ 高耀明、张继龙、王丽平：《欧盟教育合作的演进及其启示》，载《外国中小学教育》，2019年第11期，第11页。

④ World Bank. Higher Education in Developing Countries：Peril and Promise. Washington，DC. 2000. Retrieved from-http：//www.worldbank.icebox.ingenta.com/content/wb/840. Accessed on Oct. 20th，2021.

⑤ Boatca M. Catching up with the（New）West：German“Excellence Initiative”，Area Studies and the Re-production of Inequality“Human Architecture”. Journal of the Sociology of Self-Knowledge，IX，2011：20.

国家则利用高等教育作为传播国家意识形态的重要渠道。[①]同时，美国、英国和澳大利亚等国的精英大学也在全球范围内积极建立分校，进一步推动了高等教育的全球化。欧洲博洛尼亚进程下欧洲高等教育区（The European Higher Education Area）的扩张，则凸显了高等教育体制内部的激烈竞争。各国或地区的高等教育体系都在努力巩固自身地位，扩大影响力，以在全球高等教育舞台上保持竞争力。因此，这些合作倡议不仅可视为全球高等教育体系霸权的谈判平台，亦可视为弱势方在维护自身权益、对抗潜在霸权的一种方式。

随着教育国际化和全球化的深入发展，东盟国家作为相对弱势的一方，不得不迅速融入国际高等教育合作与区域一体化的大潮中。在这一过程中，西方国家主导的高等教育服务扩张及其全球参与，对东盟国家的区域教育事务及其衍生产品，如国家文化进步和区域融合，构成了潜在的挑战。此外，东盟自身也显现出了鲜明的地区主义和文化主义倾向。一位马来西亚的高等教育官员明确指出："东盟应当从欧盟的发展中汲取经验，同时在这一过程中与博洛尼亚进程保持审慎的距离。"[②]柬埔寨高等教育部的一位副总干事也强调，需要用东盟的特色来应对高等教育的美国化和欧洲化趋势。[③]在柬埔寨暹粒举办的国际教育改革会议上，一位来自泰国的与会者进一步指出："每个国家都希望独树一帜，东盟也不例外。"[④]这凸显了东盟在利用高等教育推动区域发展时，既有意且客观上也必须从区域层面制定自己的发展蓝图和路径。从某种角度看，西方高等教育的全球扩张和渗透式发展是促使东盟加速推进区域教育一体化的外部驱动力。

（二）内部驱动力：区域强国的引领意愿

第二次世界大战后，东南亚国家积极致力于教育和经济的协同发展。自20世纪80年代起，东盟多数国家开始致力于完善教育制度，逐步实现小学免费义务教育，推动初中教育的普及和高等教育的大众化，并大力发展科技教育，培养中高级专业技术人才，以推动工业化进程。在这一背景下，高等教育逐渐从精英阶层的"专属品"转变为大众化的服务。东盟国家通过扩大办学规模、增加办学主体和多样化办学形式，推动了高等教育大众化的快速发展。然而，这一过程也暴露出诸多问题，如教育质量与数量的失衡、大学生人数激增与劳动力市场吸纳能力不足之间的矛盾、高等教育扩展愿景与经济承受能力之间的冲突，以及教育公平、师资队伍建设和大学内部管理机制

---

① Naidoo R. Rethinking development：Higher education and the new imperialism［M］//Handbook on globalization and higher education.Edward Elgar Publishing，2011，40-58. Retrieved from http：//books.google.de/books?id=i9S5FaP_oSsC&printsec=frontcover#v=onepage&q&f=false. Accessed on Oct. 21st，2021.

② Fahmi，Zita Mohd. "Higher Education—Key Quality Challenges." Presented at the Quality of Higher Education Workshop 2013，Yangon，Myanmar，February 8.

③ Nith，Bunlay. "Round Table Discussion：ASEAN Education." Presented at the international conference on educational reform 2013，Siem Reap，Cambodia，February 24.

④ Kanyajananiyot，Porntip. "Round Table Discussion：ASEAN Education." Presented at the international conference on educational reform 2013，Siem Reap，Cambodia，February 24.

等方面的挑战。[①]此外，东盟成员国之间的经济社会发展并不均衡，部分国家的高等教育已经实现了快速发展，而另一些国家仍停留在精英化阶段。这一现实要求东盟进一步加强高等教育领域的合作，实现资源共享和优势互补，以提升整个区域高等教育的活力和影响力。通过对外部和内部因素的综合分析，我们可以得出结论：东盟区域高等教育一体化是多种危机叙事共同推动的必然结果。这些说法反映了东盟高等教育与世界其他地区的差距，从而凸显了东盟国家加强自主区域高等教育建设并向一体化目标迈进的紧迫性。

从在教育领域具有显著影响力的成员国视角来看，我们可以发现另一种潜在的驱动力。在东盟内部，早期焦点在于调整各成员国的教育系统，以适应并助力主要由经济进程推动的区域一体化。在实际运作中，经济实力雄厚的成员国，如新加坡和马来西亚，在区域事务的讨论和谈判中占据了主导地位。例如，柬埔寨官员在2013年的高等教育一体化会议上明确指出："新加坡和马来西亚的高等教育代表无疑是本次会议中最具影响力的参与者。"[②]新加坡和马来西亚在扩大其高等教育的影响力的同时，还在更广泛的高等教育领域中寻求战略定位。东盟经济一体化和教育一体化对于新马两国而言，不仅是提升国家形象的重要机遇，更是巩固其作为区域强国地位的关键路径。

新加坡和马来西亚在追求更紧密的区域一体化进程中，对高等教育一体化事务表现出了极高的热忱和参与度。两国主导的质量保证机构在公报中明确指出："若成员国无法就区域方案达成共识，那么在经历多年的发展失衡后，要想充分利用区域发展倡议所带来的益处将变得愈发困难。"[③]为了成为实现和资助区域协调的优选候选方，两国还致力于创造高等教育一体化的必要条件。作为独立的主权国家，它们也需与全球教育强国展开竞争，这通常意味着构建战略联盟。作为英国教育体系的传承者，新加坡和马来西亚充分利用与英国的关系及英联邦成员身份，推广自己的高等教育体系，以在国际和地区层面获得更广泛的认可与接纳。

在跨国教育合作领域，马来西亚是提供英国大学学位项目最多的国家，而新加坡则拥有该地区排名最高的两所大学。在东盟平台的质量保证框架中，两国扮演着领导角色，其专业人员在区域质量保证和认证机构中占据显著比例。此外，两国的大学也是多个区域和国际高等教育协会的重要成员，如环太平洋大学联盟和国际研究型大学联盟。[④]这两个国家都选择英语作为主要的教学语言，这进一步增强了它们在教育领域的国际影响力。马来西亚和新加坡的这些角色和特性使它们既是外部标准的谨慎仲裁者，也是推动区域标准发展的内部驱动者。因此，在区域教育一体化政策制定中，

① 李化树、叶冲：《论东盟高等教育共同空间构建及启示》，载《比较教育研究》，2015年第3期，第10页。

② Feuer H N，Hornidge A K. "Higher Education Cooperation in ASEAN：Building towards Integration or Manufacturing Consent? ". Comparative Education，2015，vol. 51，issue 3，p.333.

③ Stella A. "Quality Assurance Arrangements in Higher Education in the Broader Asia-Pacific Region". Australia：Asia-Pacific Quality Network Inc，2008.

④ Feuer H N，Hornidge A K. "Higher Education Cooperation in ASEAN：Building towards Integration or Manufacturing Consent? ". Comparative Education，2015，vol. 51，issue 3，p.339.

两国自然而然地成为主导力量。尽管东盟高等教育一体化的区域解决方案是由成员国共同制定的，但这并不妨碍新加坡和马来西亚利用这一机遇来推动本国高等教育的发展。随着教育体系及相关机构从一个国家扩展至另一个国家和地区，两国的学位标准和语言得到了更广泛的接受，学术交流和劳动力流动也得以促进，从而扩大了它们在区域的影响力。可以说，东盟区域高等教育一体化不仅为新马两国扩展其高等教育市场和提升影响力提供了方向，还有助于在区域层面建立以两国高等教育方式为主导的体系。这将进一步加强两国在区域教育一体化进程中的领导地位。

三、区域高等教育合作的困境

（一）高等教育发展不均衡

高等教育合作一体化的顺畅推进，依赖于学校、教师、机构等核心要素的协同发展及它们之间的有效整合。在深入剖析东盟高等教育区域合作的政策文本时，不难发现“教育体制”“机构”“高校”“教师”“教育质量”等词汇频繁出现。为了进一步深化东盟高等教育合作，必须在区域层面实现这些要素的均衡配置。根据2018年的调查统计数据，新加坡、马来西亚、泰国和印度尼西亚在高等教育机构数量、学生规模和教师资源上均表现出显著优势，而文莱和老挝则明显滞后。[①]在QS世界大学排名中，新加坡、马来西亚和泰国的高校占据了东盟地区世界排名前500位的大部分席位。高等教育发展的不均衡不仅阻碍了区域内高校之间的平等对话与交流，更在一定程度上制约了整个东盟地区高等教育合作的整体水平。探究其背后的原因，经济发展水平的差异无疑是关键因素之一。新加坡、泰国、马来西亚和菲律宾等国经济发展水平相对较高，其高等教育也呈现出较为领先的发展态势，而文莱、印度尼西亚、越南等国则稍显逊色，缅甸、老挝和柬埔寨等国在东南亚地区的高等教育发展中则处于较为落后的位置。这种发展不均衡的状况不仅影响了区域内高校的交流合作，也对整个东盟地区高等教育合作的深入推进构成了严峻挑战。

东盟各国在教育质量与体系上也存在显著的差异。2012年，东盟质量保证协会（ASEAN-QA）针对东盟国家质量保障机构的现状进行了深入调查，并发布了报告《东南亚国家质量保证模式研究：针对东南亚质量保证框架》。报告明确指出，东盟在高等教育质量保证体系上所面临的最大挑战在于质量保证系统与高等教育方式的失调。此外，各国高等教育质量保证机构在数量和内部构成上也呈现出显著的差异，存在专家资源匮乏、内部结构不完善以及部分工作长期无人负责等问题。这些问题的根源主要在于对质量保证的支持措施不足，以及资源和政策的限制。具体而言，资金短缺、手段单一、智力支持不够以及实施质量保证的意识不强等因素，都制约了东盟高

① 袁景蒂：《东盟高等教育一体化动力与阻力探究》，载《上海教育评估研究》，2018年第2期，第34页。

等教育质量保证体系的发展。[①]欧洲咨询文件《加强欧洲和东南亚高等教育合作的战略》也强调了东南亚国家间高等教育体系的显著差异，并指出在推进区域、次区域及国家间教育合作的过程中，不应低估这种差异的复杂性。[②]当然，寻求教育的国际化和全球化并非必须等到东盟区域一体化成熟之后，但这从侧面反映了关键要素的缺失及其不平衡发展，切实阻碍着东盟高等教育的区域化发展。综上所述，东盟各国在高等教育领域面临着诸多挑战，需要加大支持力度、优化资源配置、完善政策体系，以促进高等教育质量保证体系的协调发展，进而推动东盟教育国际化的进程。

（二）成员国高校自主权的缺失

在多数东盟成员国中，高校普遍面临着自主权不足的问题。尽管东南亚国家的高校自主化进程在20世纪末至21世纪初逐渐启动，但从政府简政放权的程度和引入市场机制的效果来看，各国在这一领域的进展极不均衡。新加坡与马来西亚等国的高校自主化水平相对较高，而柬埔寨、老挝和越南等国虽然已取得一定进展，但发展速度依然缓慢。例如，柬埔寨政府早在1999年便启动了一项高校试验计划，并试图将其推广到全国，然而，实际最终成效甚微。越南的情况则更为严峻，其大学自治的进程至今仍显迟缓。[③]前文提到的东南亚教育部长组织高等教育与发展区域中心（SEAMEO-RIHED）一直致力于推动区域高等教育的协同发展，但受限于各国高校自主化进程的差异和内部管理水平的参差不齐，这一努力显得颇为艰难。[④]长此以往，东盟国家的高等教育自主化进程将难以按照联合制定的政策导向实现协调发展，这无疑会阻碍东盟区域高等教育一体化的步伐。在东盟高等教育合作中，学生交流是一个不可忽视的重要领域。而如何构建一所更具吸引力的大学，以及如何搭建区域内大学间的流动性平台，这些问题不仅需要外界的支持，更依赖于高校自身的内涵式发展和享有的自主权。面对教育国际化的激烈竞争，高校在科学研究和国际合作交流等方面应当享有充分的自主权。下放高校建设和发展的权力，可以使大学的发展更加灵活，有助于高校及时调整办学方针，以适应高等教育区域化发展的需要。因此，加强高校自主权，促进内部管理水平的提升，对于推动东盟高等教育一体化具有至关重要的意义。

① 袁景蒂：《东盟高等教育一体化动力与阻力探究》，载《上海教育评估研究》，2018年第2期，第34页。

② Academic Cooperation Europe-Southeast Asia Project. Strategies to Strengthen Collaboration in Higher Education Between Europe and South East Asia. ACCESS White Papers. Academic Cooperation Europe-South-East Asia Support. 2010.

③ 阮国治、武陈金莲：《越南高校办学自主权现实困境及对策思考》，载《高校教育管理》，2015年第2期，第72页。

④ 袁景蒂：《东盟高等教育一体化动力与阻力探究》，载《上海教育评估研究》，2018年第2期，第35页。

四、东盟高等教育合作的延伸意义：培育区域认同感

自1967年东盟成立以来，东南亚国家便踏上了区域一体化的征程。历经五十余载，东盟已从初创的政治联盟逐渐演进为集政治、经济、社会文化于一体的综合性实体。然而，东盟区域一体化是一条充满挑战的道路。成员国之间存在着不同的政权形式、宗教信仰、语言和文化差异；此外，五个创始国的发展水平就各不相同，越南、缅甸、老挝、柬埔寨和文莱的加入进一步加剧了成员国之间的贫富差距。此外，东盟一体化进程中最大的挑战在于涉及国家利益时所产生的“民族主义”与“区域意识”之间的矛盾。区域认同感的缺失已成为东盟一体化进程中的主要障碍，这也使得一体化之路变得漫长而曲折。因此，如何培养和增强东盟认同感成为东盟制定区域政策时必须要考虑的首要问题。已有研究表明，东盟有望通过共同的历史印记和丰富的多元文化遗产来培养东盟认同感，同时利用高等教育的内容和学习过程作为培养东盟认同感的手段。

“认同”（identity）这个词最早源于哲学领域，后来逐渐在心理学领域广为人知，并被进一步引入社会学研究。它指的是个体在认知和交往过程中，对价值观念、生活方式以及社会角色等所形成的心理和行为上的归属感和接纳。[①]简而言之，人的身份认同是一种文化身份的归属感，表现为社会成员对共同体文化的接受和认同，并由此产生的一种强烈的归属意识。在当今社会，身份认同的形式多种多样，涵盖了各种不同的角色归属。多数研究者认为，文化认同是最基础、最深层、最广泛的身份归属，它不仅是凝聚思想共识的重要纽带，也是构建民族共同体的精神支柱。建构主义理论对于“身份认同”的研究表明，文化认同既具有继承性，也具备发展性。建构主义观点认为，共同的历史经验和共享的文化符码为个体提供了一个稳定且持续的参照系和意义框架。然而，与此同时，文化身份认同也具有流动性和可变性。[②]换句话说，文化认同既是一种固有的身份特征，也可以通过重新塑造和建构来发展变化。

认同的塑造与建构和教育密不可分。教育不仅是获取理解的主要途径，其最终目标是寻求人类的共同理解，从而实现个性与共性的和谐统一。从教育社会学的视角来看，教育过程不仅帮助受教育者认识世界，完成社会化进程，还是个人塑造自我身份的关键环节。[③]因此，认同的建构与塑造成为教育追求的核心目标，而教育则是实现这一目标的重要手段。在认同建设方面，应推动国家间的合作与交流，通过制定政策、实施项目等方式，特别是针对年轻一代，培养他们对东盟区域的认同感。

① 朱东芹、胡越云、孙达：《多元视角下的海外华侨华人社会发展》，社会科学文献出版社，2019年，第93页。

② 葛彬超、孟伏琴：《青年身份认同的“微”建构》，载《中国青年研究》，2020年第6期，第107页。

③ 覃玉荣：《东盟一体化认同建构与高等教育政策演进》，载《现代教育管理》，2010第8期，第109页。

（一）SHARE：东盟区域高等教育合作项目

自2015年5月起，欧盟与东盟携手启动了“欧盟对东盟区域高等教育援助项目”，简称SHARE。该项目由欧盟提供1500万欧元的赠款支持，旨在强化区域间的合作，提升东盟高等教育机构与学生的质量、区域竞争力和国际化水平。自2016年起，SHARE为东盟大学生提供了500个为期一学期的东盟内部奖学金，成为东盟教育部门的旗舰项目，有效推动了区域高等教育的协同发展。该项目借鉴了欧洲伊拉斯谟项目（Erasmus Programme）的经验，致力于构建东盟高等教育空间，支持以人为本的东盟共同体建设。具体而言，SHARE通过构建紧密的资格框架、质量保障机制、东盟范围内的学分转换系统以及东盟品牌的奖学金计划，增强了东盟大学生的流动性。同时，该项目还促进了东盟高等教育连通性的提升，为平等的交流机会创造了条件，并加强了东盟大学间的联系，推动了欧盟与东盟大学之间的伙伴关系。[①]2021年7月，欧盟和东盟双方就SHARE方案举行了第12次政策对话网络研讨系列会，主题为“创造一个弹性和可持续的东盟高等教育空间”。此次活动为与东盟高等教育部门的主要利益攸关方交流提供了重要平台。在对话中，双方深入探讨了如何进一步推动东盟的高等教育合作和国际化进程，包括将计划成果的所有权转让给东盟实体和指定组织，以更好地嵌入东盟主导的可持续结构和进程。[②]对东盟而言，这不仅意味着在制度建设层面获得指导和建议，更是一个进行知识转移、业务咨询和技术援助等实践层面改进和推广的宝贵机会。先进的区域机制是SHARE项目成功的关键。只有确保方案实施的渠道畅通无阻，才能实现跨区域、跨国家的教育合作目标，并发挥更大的作用。

（二）SHARE项目促进区域认同感的培养

欧盟驻东盟大使伊戈尔·德里斯曼斯强调：“教育始终是欧盟与东盟合作关系的核心。通过共享高等教育旗舰项目，我们旨在推动两大区域间的人文交流，并增强东盟内部学生群体的流动性。”[③]改善地区内国家关系、促进人口流动，其中一个重要的目标是培养与强化区域认同感，形成共同的区域愿景和面向全球的统一立场。[④]SHARE项目的参与者在项目结束后分享了自己的经历。尽管他们并未直接使用“观念”“价值观”或“认同”等词汇来描述参与项目后的感受，但多数成员均表示，通过该项目，他们深入了解了东道国文化和自己的地域文化，同时也向他人分享了自己国家的文化。这充分表明，参与该项目的学生群体在一定程度上已经形成了“地域意识”，

① 欧盟对东盟区域高等教育援助项目（SHARE）官网，https：//www.share-asean.eu/，检索日期：2021年10月23日。

② 华中师范大学中印尼人文交流研究中心：《第12次共享政策对话：东盟、欧盟继续支持该地区高等教育国际化》，http：//cistudy.ccnu.edu.cn/info/1126/13535.htm，检索日期：2021年10月23日。

③ 华中师范大学中印尼人文交流研究中心：《第12次共享政策对话：东盟、欧盟继续支持该地区高等教育国际化》，http：//cistudy.ccnu.edu.cn/info/1126/13535.htm，检索日期：2021年10月23日。

④ Knight J.“Student Mobility and Internationalization：Trends and Tribulations”，Research in Comparative and International Education，2012，vol.7，issue 1，p.31.

从而有助于培养区域认同感。

根据现有研究成果，对于“区域化发展”的探讨，主要集中在区域一体化进程中“集体认同”的构建问题，并深入探讨了区域视角下国家单元认同与区域集体认同之间复杂的互动关系。经典的区域研究已经明确指出，虽然行动者的实力与观念能够各自独立地推动区域的形成，但仅仅依赖经济实力构建的区域往往缺乏必要的持续性和凝聚力。相比之下，观念认同在形成区域集体认同、确保区域认同持续且有效存在的过程中发挥着关键作用。[①]前欧盟驻东盟大使弗朗西斯科·丰坦曾强调：“各国学生通过接触不同的文化、语言、人群和地方，有助于增进国家之间的相互理解。”[②]东盟的每个成员国都拥有其独特的文化特色，然而，它们之间也必然存在着某种区域共性等待我们去发掘。从历史角度看，东南亚国家普遍受到印度文化、中国文化以及西方殖民主义的影响。正如一位学生在感谢信中所言：“我发现东盟国家之间有着诸多相似的文化特征。”[③]这种文化认同是族群认同、国家认同乃至区域认同的心理基石。特别是印度尼西亚、新加坡、马来西亚、文莱、菲律宾等海洋东南亚国家，它们拥有共同的历史渊源——同属古代“马来世界”这一地域文化圈，这使得它们在社会文化层面呈现出诸多相似之处。然而，这些相似之处往往需要在这些国家长期生活、学习、深入交流，甚至通过有针对性的教育过程才能被深刻感知和领悟。幸运的是，东盟学生交流项目正为这样的机会和便利提供了平台。如果我们进一步追溯更深层次的历史脉络，会发现东南亚国家的各民族之间存在着紧密的亲缘、地缘、文缘以及艺缘关系。这一历史关系的发掘不仅有助于我们理解东盟各国的共同性，更有助于形成和强化一种新型的区域观念，即“东盟共同体”的构想。

参与交流项目的东盟欠发达国家的学生，有望成为未来东盟各国的精英人才。他们从交流项目所获得的知识和体验，必将在日后的社会中发挥出不可或缺的作用。一位曾参与该交流项目的学生，心怀对家乡的深深眷恋，誓言回国后将助力政府优化学术体系，实现与东盟其他成员国的对接。在东道国的课堂上，他们不仅汲取了丰富的学术营养，更亲身体验了东盟各国间的制度差异，这无疑凸显了交流项目所承载的深远意义和明确导向。除了东盟国家间的高等教育交流，SHARE项目还独具匠心，从每500名学生中精心选拔出100名佼佼者，资助他们走进欧盟国家的交流课堂。[④]这样的跨国交流，无疑增强了学生对自己所属区域的归属感和认同感。在某些时候，当我们面对那些与“我们”迥然不同的特质时，反而能更加深刻地认识到“我们是谁”。[⑤]虽

① 李峰：《国家身份如何塑造区域认同：以东南亚的区域大国“身份地位化”为例》，载《南洋问题研究》，2018年第2期，第13–25页。

② Faces of SHARE：European Union Support to Higher Education in the ASEAN Region 2019. Retrieved from https：//www.share–asean.eu/sites/default/files/FoS%20FA.pdf. Accessed on Oct. 23rd，2021.

③ Faces of SHARE：European Union Support to Higher Education in the ASEAN Region 2019. Retrieved from https：//www.share–asean.eu/sites/default/files/FoS%20FA.pdf. Accessed on Oct. 23rd，2021.

④ Faces of SHARE：European Union Support to Higher Education in the ASEAN Region 2019. Retrieved from https：//www.share–asean.eu/sites/default/files/FoS%20FA.pdf. Accessed on Oct. 23rd，2021.

⑤ 通猜·威尼差恭：《图绘暹罗：一部国家地缘机体的历史》，袁剑译，译林出版社，2016年，第21页。

然东盟区域认同感尚未有明确的定义，但在区域层面，它已然成为东盟国家人民心照不宣的共识。从社会学的视角来看，这种区域共同特征在政策层面往往是一种服务于政治和经济实体的“建构”。当我们难以明确回答“什么是认同感”时，或许可以从与之相对的“他者”（otherness）中寻找答案。[①]在SHARE项目中，欧盟国家及其鲜明的文化环境便扮演了这样的“他者”角色，这种外部环境的对比与碰撞，反而促进了学生对东盟区域的认同感。一位参与SHARE项目的马来西亚学生在项目结束后表示：“我深为自己是一名东南亚人而骄傲，这里有着多元且丰富的文化、语言和宗教等人文景观。文化交流让我学会了用不同的视角去思考，向他人学习。”[②]这番话语透露出，在欧洲国家的学习生活期间，学生们始终以自己的地域身份为骄傲。在东盟的学习与交流中，“他者”的存在对于培育东盟的区域认同至关重要，而诸如东盟高等教育区域化发展项目等实践机会，则进一步催生并强化了这种区域认同感。

五、结论

东盟区域高等教育合作已从早期模仿欧盟的尝试，发展到追求自主一体化的努力。经过半个世纪的发展，尽管面临不均衡的教育发展、成员国高校自主权不足等挑战，但东盟国家逐渐构建了区域高等教育合作的体系，并开始注重培育区域认同感。教育合作不仅是提升区域认同感的重要手段，也是东盟国家应对外部高等教育全球扩张压力的策略。东盟内部的教育强国，特别是新加坡和马来西亚，发挥了引领作用，推动区域内高等教育资源共享、质量提升以及教育体系的国际化。进一步地，SHARE等项目通过支持学生流动性和增强区域内大学间的连接，有效促进了东盟高等教育的协同发展和国际化。这些合作并不仅仅停留在教育合作层面，更多地涉及文化和认同的构建。通过学生交流和教育合作项目，东盟国家学生之间的相互了解和交流被加强，共同的历史和文化特征被发掘和认同，从而在年轻一代中培养起对东盟共同体的认同感。这种认同感的增强是东盟一体化过程中的关键，也是东盟在全球化背景下维持自身特色和增强区域凝聚力的重要策略。综上所述，尽管存在挑战，但东盟区域高等教育合作展现出的积极发展态势，以及通过教育合作项目所表现的区域认同感的增强，为东盟一体化道路提供了新的可能性。展望未来，东盟区域高等教育合作将在促进成员国间的相互理解、文化交流、以及共同体意识的培养上，发挥更大的作用。

① 通猜·威尼差恭：《图绘暹罗：一部国家地缘机体的历史》，袁剑译，译林出版社，2016年，第7页。

② Faces of SHARE：European Union Support to Higher Education in the ASEAN Region 2019. Retrieved from https：//www.share-asean.eu/sites/default/files/FoS%20FA.pdf. Accessed on Oct. 23rd，2021.

“复语型”外语人才培养目标下英语在乌克兰语教学中的角色[①]

高 京[②]

摘要： 乌克兰语教学在中国尚处于起步阶段，大多数高校的乌克兰语教学以俄语为辅助语言，以培养“复语型”外语人才为目标。若能将英语融入乌克兰语课堂，用学生熟悉的英语讲解复杂的乌克兰语，既能减轻学生学习负担，也有助于培养“乌克兰语+英语”型人才。本文通过对比乌克兰语和英语在词汇、语法方面的共通之处，分析英语练习设置对乌克兰语的借鉴意义，以期为乌克兰语的教学提供一种新的可能性。

关键词： 乌克兰语；英语；乌克兰语教学；“复语型”外语人才

一、绪论

乌克兰自1991年独立以来，乌克兰语的地位迅速攀升，不少国家的视线开始投射到这个年轻的国家，学习其语言文化。2022年的数据显示，全世界有130万人正在学习乌克兰语[③]。在中国，乌克兰语的学习可以以“一带一路”倡议的提出为分水岭：在此之前，只有3所高校——北京外国语大学、上海外国语大学和中国人民解放军战略支援部队信息工程大学开设乌克兰语专业；此后，不少高校陆续开设了该专业。截至2024年，国内共有10所高校开办乌克兰语专业，包括四川外国语大学、西安外国语大学、天津外国语大学、大连外国语大学等7所外语类高校，这些学校无一例外都提出了“复语型”外语人才培养目标。

与乌克兰语专业如火如荼的开办形成鲜明对比的是，乌克兰语的教学仍然处于“摸着石头过河”的阶段。目前，大部分乌克兰语专业都面临着教师学历职称不高、

---

① 本文系四川外国语大学2023年教学改革研究项目研究成果。

② 高京，男，1989年生，硕士研究生，四川外国语大学西方语言文化学院讲师。主要研究方向：乌克兰语言学、乌克兰文学。

③ 数据来自网站：https：//www.radiosvoboda.org/a/ukrayinska-mova-viyna-rosiya/32171517.html。

教材匮乏、教学方法单一等严峻问题。在国内，有关乌克兰语教学的研究更是屈指可数，且大部分由在华留学的乌克兰籍学生所做。在开办乌克兰语专业的10所大学中，有8所学校的乌克兰语专业属于俄语或与俄罗斯相关的专业，教师多数都有俄语学习背景。这些高校大多都提出了“乌克兰语+俄语”的复语培养模式：学生在大一、大二学习俄语和乌克兰语通识课程，从大三开始学习乌克兰语专业课程，力图参考俄语的成熟教学体系来教授乌克兰语。

然而，几乎所有学生在进入大学时都没有俄语基础，俄语纷繁复杂的语法体系和同样具有挑战性的乌克兰语交织在一起，势必给学生带来巨大的学习压力，降低学习成就感。因此，正确使用学生们熟悉甚至熟练掌握的第一外语——英语来辅助教学，有助于提升学生的学习兴趣和获得感，提高教学效率和质量。本文将从词汇、语法和练习题设置三大板块出发，对比乌英两语共通之处，分析英语在乌克兰语教学中扮演的重要角色。

二、词汇

（一）外来词

乌克兰语属于印欧语系斯拉夫语族的东斯拉夫语支，英语隶属印欧语系日耳曼语族的西日耳曼语支。虽然乌克兰和英国在地理位置上相隔甚远，但两种语言在形成过程中都受到了西方语言两位“鼻祖”拉丁语和希腊语的重要影响：据学术界统计，在英语常用的20 000词中，直间接源于拉丁语的约10 400个，源于希腊语的约有2200个[①]；乌克兰最大的外来词词典《新外来语词典》显示，源于拉丁语的乌克兰语单词超过3000个，源于希腊语的超过2000个。此外，欧洲文明的不断交融使得两种语言源源不断地吸收了法语、德语、意大利语等词汇，乌英两语在词汇方面具有一定一致性。从近代起，英语国家科技突飞猛进，文化影响力扩大，乌克兰语中也出现了来自英语的外来词。

乌克兰语中的外来词可以通过语音判断出来：首音是［a］的乌克兰语单词大多是外来词，其中很多可以与英语类比记忆，如алгебра—algebra，актор—actor，артеріосклероз—arteriosclerosis，аромат—aroma，армія—army，арешт—arrest等。［f］这个音在斯拉夫语言中原本是不存在的。含有这个发音，即字母ф的所有单词都是外来词，几乎全部起源于拉丁语和希腊语，如факт—fact，фізика—physics，фігура—figure，конфлікт—conflict，фабрика—factory，фрукт—fruit，фольклор—folklore等。这些单词读音和英语非常相似，甚至可以直接从西里尔字母转写成对应的英文单词。

社会和科学领域的术语类乌克兰语和英语单词几乎都来自希腊语和拉丁语，如

① 信德麟：《拉丁语和希腊语》，外语教学与研究出版社，2007年，第10页。

музика—music，філологія—philology，техніка—technology，біологія—biology，хімія—chemistry等。如果英文名词的后缀是-ics，把-ics前的字母转写成西里尔字母，-ics变成-ика，就可写出对应的乌克兰语单词，如physics—фізика，linguistics—лінгвістика，mathematics—математика，electronics—електроніка，cosmetics—косметика，politics—політика，logistics—логістика，acrobatics—акробатика，diagnostics—діагностика，pragmatics—програматика，genetics—генетика等。

乌克兰语名词后缀-ція和英语名词后缀tion都来自拉丁语名词后缀-tionem，大多数以-ція结尾的乌克兰语名词可以转写成以-tion结尾的英语词，如інформація—information，революція—revolution，функуія—function，ситуація—situation，комунікація—communication，регуляція—regulation，адміністрація—administration，позиція—position等。

乌克兰语外来形容词从词性上分为三类：（1）辅音字母д，т，з，с，ц，ж，ч，ш，р，接后缀-ичн（ий）；（2）其他辅音字母接后缀-ічн（ий）；（3）元音字母接后缀-їчн（ий）[①]。这些词可以转写成以-cal或-ic为后缀的英语形容词，例如，категоричний—categorical，фанатичний—fanatic，фантастичний—fantastic，песимістичний—pessimistic，альтруїстичний—altruistic，харизматичний—charismatic，академічний—academic，епічний—epic，ідилічний—idyllic，хімічний—chemical，архаїчний—archaic，мозаїчний—mosaic，прозаїчний—prosaic，стоїчний—stoic等。

教师在讲授乌克兰语外来词时，可以有意识地引导学生推断对应的英文单词，或者反向推出英文单词对应的乌克兰语，同时补充一定量的词缀、词根、后缀和简单的拉丁语、希腊语知识，辅助学生记忆单词，拓宽知识面。

（二）动词

1. 带前缀的动词

乌克兰语动词可分为基础动词（主干动词）和带前缀的动词两大类。带前缀的动词是由前缀和基础动词构成的新动词，如基础动词йти（go）加上不同的前缀，可以构成увійти，вийти，перейти，підійти，зійти等新动词。这些前缀相当于英语中的介词，如у—in，ви—out，пере—across，піді—over，зі—from，这些新的动词可翻译为go in，go out，go across，come over，get off。教师讲解这些有前缀的动词时，可以把它们和英文中的动词介词词组对照，详细解释每个乌克兰动词前缀的含义。

2. 形动词

形动词是大部分中国学生学习的一个难点。形动词是动词的一种形式，“通过对

---

① Іван Огієнко：Історія Української літературної мови，Наша культура і наука，2004，С215.

对象执行的动作或针对它的动作来表达对象的特征”[①]。简而言之，形动词是修饰名词的从动词变换过来的形容词，它们保留了动词的一些特征：及物、不及物，主动语态、被动语态和时态。通过与英语的对比，可以得出这样的结论：形动词相当于英文中做定语的分词。例如：

（乌）Ця спляча дівчина–Марія.
（英）This sleeping girl is Maria.

在这两个句子中，形动词спляча和现在分词sleeping表示主动，动词sleep和спати是不及物动词。这两个句子也都可以改写成定语从句：Ця дівчина，яка спить–Марія.（This girl who is sleeping is Maria.）又如：

（乌）У музеї ми побачили картини，створені великими художниками.
（英）In the museum，we saw paintings created by great artists.

通过对比可以看到，створені великими художниками和created by great artists两个短语均修饰名词画作，створені和created都表被动。

3. 副动词

乌克兰语副动词是“一种不变的动词形式，是主要动作执行者的附加动作”，“动词形式的副词”[②]。副动词是从动词变化过来的副词，具有动词及物、不及物，完成体、未完成体，现在时、过去时两种时态和主动语态的特征。副动词和英语中的分词作状语具有高度一致性：可表示原因、时间、伴随和条件，逻辑主语必须和句子主语保持一致。如：

（乌）Нічого не знаючи про своє майбутнє，він почав плакати.
（英）Knowing nothing about his future，he began to cry.

Нічого не знаючи про своє майбутнє和Knowing nothing about his future表示原因。

（乌）Зробивши домашнє завдання，він лягав спати.
（英）Having finished his homework，he went to bed.

зробивши和having finished表示时间先后顺序。

---

① Оксана Микитюк：2010. Сучасна українська мова，Видавництво Львівської політехніки，2010，с.328.

② Оксана Микитюк：2010. Сучасна українська мова，Видавництво Львівської політехніки，2010，с.336.

（乌）Усміхаючись，шаш гість усміхнений вийшов із вітальні.
（英）Our guest left the living room smiling.

усміхаючись和smiling在句子中充当状语，表示伴随。

（乌）Йдучи вперед，ви знайдете кращиу дорогу.
（英）Walking ahead，you will find a better way.

副动词短语йдучи вперед和分词短语walking ahead表示条件。

教师在讲解这一部分知识时需要注意，英文中分词作状语有被动语态，但乌克兰语中没有。如Having been beaten by his father many times，he left home.可以翻译成带有表被动的形动词побитий的句子：Неодноразово побитий батьком пішов з дому.

（三）成语

在成语领域，乌克兰语和英语都从古希腊神话传说、名家作品、传统文化汲取了源源不断的营养。在前两者中我们可以发现不少能够互相直译的成语。如：ахіллесова п›ята—Achilles'heel（阿喀琉斯之踵）。根据希腊神话，阿喀琉斯是凡人珀琉斯和海洋女神忒提丝和之子。忒提丝为了让儿子刀枪不入，将年幼的阿喀琉斯倒提着浸进冥河，使其拥有不死之身。冥河水流湍急，爱子心切的忒提斯捏住阿喀琉斯的脚后跟不敢松手，不慎露在水外的脚踵成为阿喀琉斯身体上唯一一处“死穴”。成年后，阿喀琉斯被帕里斯一箭射中脚踝而死去。在乌英成语中，这个成语都指即使是再强大的英雄，也有致命的软肋或弱点。сізіфова праця—Sisyphean task（西西弗斯任务）。在希腊神话中，西西弗斯被惩罚将一块巨大的石头推到山顶，每次到达山顶后石头滚回原地，他必须周而复始、永不停歇地把石头推上去。这个成语在乌英两语中指无休止又无意义的任务或工作。教师在教授这些成语时，可以提前要求学生阅读相关神话故事，增强对欧洲文化的兴趣，加深对所学成语的理解。

三、语法

（一）格

和拉丁语一样，乌克兰语的名词有七种格。格是名词、代词、数词或形容词等词类当中，反映其在短语、从句或句子中所起语法功能的一种特定语法范畴，会使词发生不同程度的屈折变化。відмінок（格）最早出现在斯玛利斯托茨斯基和格尔特奈拉合著的《罗斯语法》一书中。中文中对乌克兰语格的翻译简单直接：一格、二格、三格、四格、五格、六格、七格。事实上，乌克兰语中每个格都有自己的名称，这些名称首次出现在由克里姆斯基于1907年编写的《乌克兰语语法》一书中。

一格називний відмінок直译为“名称格”，英文翻译为nominative case，或subjective case，upright case。通过英文翻译可以判断出，一格在句子中充当主语或表语。如：

（乌）Студенти зранку вивчають українську мову.

（英）Students learn Ukrainian in the morning.

студенти和students作主语。

（乌）Це цікавий роман.

（英）This is an interesting novel.

роман和novel作表语。

二格родовий відмінок是属格，或称所有格。二格的用法较为复杂，其中与英文对应的用法是表示所属关系，意为“……的”。如：колега мого батька—my father’s colleague，волосся Івана—Ivan’s hair，син Олександра—Alexander’s son等。教师需要让学生注意，在乌克兰语中所属者应后置，即放在修饰的名词之后。

三格давальний відмінок是与格。最基本的用法对应英文中的间接宾语。如：

（乌）Вчора Олена купила татові шарф.

（英）Yesterday Olena bought a scarf for her father.

татові是名词тато的三格形式，对应英文句子里的间接宾语father。

三格还可以表示自我感受。很多学生会混淆Мені нудно和Я нудний这两句话。它们的英文翻译分别是I am bored和I am boring。如果学生能够区分这两个英语句子——前者过去分词表示自我感受，后者现在分词表示性状，理解这两个乌克兰语句子也就毫不费力。以此类推，Їм цікаво对应They feel interested，表示他们感到有趣；They are interesting对应Вони цікавий，即他们是有趣的。

四格знахідний відмінок是宾格，作及物动词的宾语或双宾语动词的直接宾语。如：

（乌）Джон любить Ірину.

（英）John likes Elena.

四格名词Ірину和英文句子中的Elena是动词“喜欢”的直接宾语。

（乌）Вона купила сестрі нову сукню.

（英）She bought her sister a new dress.

四格短语нову сукню对应英文中的a new dress，作直接宾语。

四格的另外一种用法是表示动态运动的目的地，教师可以用英语中的动词接以to结尾的介词来解释，如：стрибати у воду—jump into the water，这里的water是动态动作的目的地，使用四格形式воду。再如зайти в кімнату—walk into the room中的四格名词кімнату亦是同理。

五格орудний відмінок的英文是instrumental case，顾名思义是工具格。英文中的by接交通工具和take接出行方式都可以用五格来翻译。比如下列这两组句子：

（乌）Діти поїхали поїздом до Пекіна.
（英）Children went to Beijing by train.
（乌）Мій дядько їздить на роботу автобусом.
（英）My uncle takes a bus to work.

五格поїздом对应by train，автобусом对应take a bus。

五格还可以和介词搭配，描述两个物体之间的位置关系，如：

（乌）Книги під столом.
（英）Books are under the table.

五格名词短语під столом对应under the table。再如：

（乌）Над ліжком висить одяг.
（英）Clothes hang above the bed.

над ліжком和above the bed相对应。

六格місцевий відмінок的英文是locative case，即表示方位的格。六格是表示方位的前置词和名词合并使用，表示静态概念，教师需要提醒学生注意四格动态区分，即区分英文中的in和into，on和onto。如：

（乌）Студенти вивчають українську мову в бібліотеці.
（英）Students study Ukrainian in the library.
（乌）Студенти кинулися у бібліотеку.
（英）Students rushed into the library.

前一组句子六格в бібліотеці对应in the library，表示静态；后一组四格短语у бібліотеку对应into the library，表示动态。

（二）补语从句

乌克兰语的补语从句可以用英语中的宾语从句来解释。例如：

（乌）Мати знала，що дитина повечеряла.
（英）The mother knew that the child had eaten dinner.

可以判断出，直接引语是陈述句Дитина повечеряла和The child had eaten dinner，引导词що对应that。

（乌）Він запитав мене，чи я розмовляю українською.
（英）He asked me if I speak Ukrainian.

间接引语是一般疑问句：Ти розмовляєш українською?和Do you speak Ukrainian?引导词чи对应if或whether。

（乌）Ці іноземці знають，звідки ти?
（英）Do these foreigners know where you are from?

间接引语是特殊疑问句Звідки ти?和Ці іноземці знають，звідки ти?英乌从句的引导词都是特殊疑问词。

通过对比可以发现，原本需要两节课甚至更长时间讲解的补语从句，如果从英语角度给学生分析，可以在一定程度上节省不少时间，更有助于学生理解新知识。

四、练习题设置

国内高校乌克兰语专业使用的教材均为外文教材。这些教材普遍存在配套练习少、练习题难度跳跃大、题型单一、习题不符合中国学生学习习惯等问题。这主要是因为这些教材的受众群体多为母语是斯拉夫语的学习者，如波兰人、俄罗斯人、白俄罗斯人、捷克人等。这些学习者对复杂的乌克兰语概念，如性、数、格、完成体、未完成体等，在学习母语时已经习得。因此，中国教师在教学工作中需要大量时间编写适合中国学生的练习题。

在初级乌克兰语教学阶段，教师可设计单选题、完形填空、判断正误、阅读理解和翻译句子等中国学生从小就熟悉和具有亲切感的题目，强化语法练习，巩固基础知识。在高级乌克兰语教学阶段，可以参考雅思英语或大学英语四六级考试的题目类型编写习题，重点提升学生听说读写综合能力。

五、结语

语言是从不停下脚步、博采众长的旅行家。所有语言在形成和发展过程中都受到了其他语言的影响，两种语言间有共通之处的情况并不少见。乌克兰语专业“复语”的“复”不一定桎梏在“乌克兰语+俄语”上。从俄语角度理解乌克兰语，诚然能让学生在理解概念时轻松不少，但代价是需要花费大量时间先学习俄语，最终可能导致两种语言皆未学精甚至混淆。乌克兰语和英语虽隶属不同语支，但都属于印欧语系，两者无论是在词汇上，还是在语法上有着明显的共通性和交融性，从英语的角度理解乌克兰语，有助于学生用较少时间掌握复杂的乌克兰语，同时也能强化国际通用语言英语的使用能力。此外，目前国际上研究乌克兰和乌克兰语的外语多为英语，“乌克兰语+英语”的模式可以更好帮助乌克兰语学习者通过不同国际声音了解到一个立体的乌克兰。

诚然，这样做也提出了一定的要求：高校乌克兰语教师需要具备扎实的英语知识，这种扎实不仅仅体现在听说读写上，教师还应该在英语词汇学、语法学和句法学上有一定的研究，能够将英语概念和乌克兰语概念熟练切换；乌克兰语学习者则需要具备一定的英语基础，能听懂教师的英文解析。挑战也清晰可见：教师能参考的乌克兰语英语教材乏善可陈且多老旧，瑕疵较多。研究英语在乌克兰语教学中所扮演的角色，在为乌克兰语教学打开一条可能的快捷通道的同时，也要求乌克兰语教学工作者丰富相关教材，深入研究乌克兰语与英语结合的教学法，建立一套完整成熟的教学体系。

参考文献

费舍尔，2023. 语言的历史［M］. 熊莎，译. 北京：中信出版集团.

格雷夫斯，2022. 希腊神话［M］. 习路德，王瑢，译. 长沙：湖南文艺出版社.

信德麟，2007. 拉丁语和希腊语［M］. 北京：外语教学与研究出版社.

张勇先，屈秉正，2022. 英语成语及英语文化［M］. 北京：外语教学与研究出版社.

OUGH S M，PRESS I，1999. Ukrainian：a comprehensive grammar［M］. New York：Routledge.

ЛУКІНОВА Т Б，2013，Українська лексика：семантичні зміни в запозичних словах［J］. Мовознавство（3）：18-38.

МИКИТЮК О，2010. Сучасна українська мова［M］. Львів：Видавництво Львівської політехніки.

ОГІЄНКО І，2004. Історія української літературної мови［M］. Київ：Наша культура і наука.

ФІЛОЛОГІЧНІ Н，2006. Теорія і практика викладання української мови як іноземної［C］. Львів：Львівський національний університет імені Івана Франка.

《习近平谈治国理政》在非通用语教学中的融入

——以“初级波兰语”为例[①]

高宇婷[②]

摘要：随着“一带一路”倡议的深入推进，中国与非通用语国家的交往日益密切，当前社会急需能够服务国家和地方重大战略需求的高素质非通用语人才。国内高校非通用语专业在建设过程中不断优化人才培养模式，纷纷将“讲好中国故事”的能力作为教育教学目标的重要内容。本文以“初级波兰语”课程为例，探究《习近平谈治国理政》融入非通用语课程教学的必要性和具体路径，分析融入过程中需要注意的问题，希望为非通用语教学及课程思政建设提供一些思路和借鉴。

关键词：《习近平谈治国理政》；非通用语教学；波兰语；课程思政

一、引言

教育部2017年印发的《高校思想政治工作质量提升工程实施纲要》中明确提出，要深入推动习近平新时代中国特色社会主义思想“进教材、进课堂、进头脑”（以下简称“三进”）。[③]高校外语类专业作为接触外来思想文化的前沿阵地，需要培养兼具国际视野和家国情怀的外语人才，深入推动“三进”工作显得尤为必要。我国非通用语专业在“一带一路”倡议提出后迎来了新一轮的蓬勃发展，但由于多数语种起步时间较晚，教材方面仍有较大空白。《习近平谈治国理政》多语种版本的出版为高校非

---

① 本文系四川外国语大学本科教学改革研究项目“《习近平谈治国理政》在《初级波兰语》教学中的应用研究”（项目编号：JY2380267）的阶段性研究成果。

② 高宇婷，女，1996年生，硕士研究生，四川外国语大学西方语言文化学院讲师。主要研究方向：波兰语教学。

③ 教育部，《高校思想政治工作质量提升工程实施纲要》，http://www.moe.gov.cn/srcsite/A12/s7060/201712/t20171206_320698.html，检索时间：2024年3月30日。

通用语专业课程思政教学提供了宝贵的教学资源，对于深化课程改革有着重要意义，如何将其有机融入各门课程是当代外语教师需要思考的问题。

二、《习近平谈治国理政》融入非通用语教学的必要性

专业课程是课程思政建设的基本载体。[①]波兰语作为非通用语，与其他外语类专业相比，在本科教学环节存在“零起点”“难度大”的特殊性，部分专业课程中思政元素的融入相对不足。当前大学波兰语课堂所使用的教材多为波兰原版教材，课堂主题涉及范围较广，比较适合国际交流，但由于其中蕴含的主要是西方国家的思想价值观念，“中国思想”“中国文化”在教材中的缺失不利于课程思政在实际教学环节的贯彻落实。目前，国内多数非通用语种都面临教材紧缺的问题，因此需要教师及时搜集具有习近平新时代中国特色社会主义思想的教学素材，适当增补到课堂教学过程中，帮助学生树立自我认同、坚定理想信念。

截至目前，《习近平谈治国理政》一书已翻译出版4卷，其中第一卷已推出41个语种[②]，能够满足大部分非通用语种的思政教学需求。波兰语版《习近平谈治国理政》虽然目前只出版了第一卷，但该书收录了习近平总书记围绕治国理政发表的大量重要讲话、谈话、演讲、答问、批示、贺信等79篇，书中18个专题涵盖了国际社会对当代中国的关注重点，能够有效增进波兰对中国发展理念、发展道路的理解与认识，有助于坚定学生理想信念，培养爱国情怀和社会责任感。

初级波兰语作为专业核心课程，大一学年总计232学时，占学生总课时比重较高。初入大学是学生思想观念形成的关键时期，尤其是外语专业学生感受到的文化对比较为明显，专业教师在引领学生认知对象国社会文化、打好语言基础的同时，更要帮助学生树立文化自信，使其意识到新时代外语人使命与担当。将《习近平谈治国理政》融入“初级波兰语”课程，有助于学生在大一阶段就加深对中国理论和中国实践的认识，从而培养出高素质的跨文化传播人才。

三、《习近平谈治国理政》融入“初级波兰语”课程的具体路径

（一）明确课程思政教学目标

教育部2020年印发的《高等学校课程思政建设指导纲要》中明确提出，要深入梳

① 教育部，《高等学校课程思政建设指导纲要》，http：//www.moe.gov.cn/srcsite/A08/s7056/202006/t20200603_462437.html，检索时间：2024年3月30日。

② 新华社，《〈习近平谈治国理政〉第一卷保加利亚文版正式出版发行》，载《天津日报》，2024年3月5日，第1版。

理专业课教学内容，结合不同课程特点、思维方法和价值理念，深入挖掘课程思政元素，有机融入课程教学，达到润物无声的育人效果。[①]将《习近平谈治国理政》融入“初级波兰语”课程，需要结合非通用语学科专业特点，明确课程思政教学目标，实现中波两种语言文化及价值观的比较学习。教师在帮助学生打好外语基本功、丰富专业知识的同时也要培养学生的国际视野与家国情怀，使其充分意识到外语人的使命与担当，思考如何将自己的个人理想与我国“一带一路”建设相结合。

“初级波兰语”作为专业基础课，学习内容多展现波兰国家人文与社会生活，由此可引导学生多与中国相关内容进行比较，找出异同，促进文化交流互鉴。在具体教学环节中，可根据教学大纲中不同单元的授课内容，确定有效的课程思政教学目标，如在“Szukam mieszkania”（寻找公寓）这一单元引入中国和波兰住房保障与供应体系相关内容，了解两国政府在解决民生问题上采取的措施，结合当前社会租房购房基本情况，引导学生正确认识社会热点问题。在“To jest moja wizytówka”（这是我的名片）这一单元引入“中国梦”相关内容，帮助学生树立基于社会需求的择业观、就业观，将个人发展与国家发展相结合，将“个人梦”融入“中国梦”，在服务国家建设需要的过程中实现自我价值。

（二）优化课程思政教学方案

《习近平谈治国理政》集知识性、思想性和教育性于一体，其波兰语版的出版为国内高校波兰语课程思政的实施提供了基础教学资料。基于波兰语专业本科低年级教育教学特点，波兰语版《习近平谈治国理政》在融入“初级波兰语”日常教学过程中，值得从语音（朗读）、词汇和语法三个角度进行挖掘，提取书中的知识点和思政点，浸润式融入学生学习全过程。

1. 语音（朗读）练习

朗读对于语言材料的理解、记忆，对于外语听、说、读、写能力的发展以及对外语语感的构建都有着极大的促进作用。[②]波兰语版《习近平谈治国理政》中的内容都可以作为学生课后进行发音练习的材料，通过大量的朗读训练，提升学生波兰语发音的准确性和流利度，产生的听觉记忆能够对书中涉及的高频词汇产生深刻印象，便于记忆。针对高校波兰语专业大一学生普遍“零起点”的情况，教师需要事先梳理朗读素材，将重要词汇、语句和段落根据发音规则重新整理，注意由易向难过渡。学生可以将自己朗读的内容进行录音，在回听的过程中发现问题并反复练习，教师根据学生差异进行针对性的强化训练。

---

① 教育部，《高等学校课程思政建设指导纲要》，http：//www.moe.gov.cn/srcsite/A08/s7056/202006/t20200603_462437.html，检索时间：2024年3月30日。

② 向银华：《试析朗读对外语学习的促进作用》，载《重庆交通大学学报》（社会科学版），2010年第2期，第127–130页。

2. 词汇掌握

英国著名语言学家David A. Wilkins曾说：“没有语法只能传递很少的信息，没有词汇则什么也传达不了。”词汇作为外语教学中不可或缺一部分，帮助学生完成词汇积累对于实现整体教学目标有着重要意义。《习近平谈治国理政》一书中涉及的社会主义核心价值观及实现中国梦等方面内容，对当代大学生有着文化熏陶作用。可以从政治、经济、文化等角度选取不同主题将高频词汇分门别类，形成《〈习近平谈治国理政〉波兰语热词汇编》。学生通过学习弥补相关词汇量的不足，在语言学习不断深化的过程中逐步提升波兰语政治术语的表达能力以及运用外语讲好中国故事的能力，拓宽新时代中国传统文化的推广之路。

3. 语法教学

语法知识的掌握程度直接关乎语言表达准确性，能够体现学生语言综合应用水平的高低。“初级波兰语”课堂教学中涉及大量语法内容，教师可以以《〈习近平谈治国理政〉波兰语热词汇编》为基础，将语法点与思政点相结合并融入现有教学课件，在课堂上选取《习近平谈治国理政》中与授课主题相关的语句和段落，引导低年级学生用相关热词造句。如在涉及与“中国梦”相关的内容时，可以使用“Chińskie marzenie jest marzeniem naszego państwa i narodu，ale również każdego zwykłego obywatela chińskiego.”（中国梦是国家的、民族的，也是每一个中国人的。）这一例句，带领学生复习波兰语工具格和属格的意义及用法，帮助学生理解中国特色话语体系。

（三）完善课程思政评价体系

课程思政需要结合具体的教学内容，让价值观念潜移默化地影响学生，其评价体系不宜量化。课程建设过程中需要依托学校、学院各级有效的质量评价与监控体系，完善“初级波兰语”课程思政评价体系可以从以下三个方面入手。

1. 增加多元化评价指标

构建完整的课程思政评价体系首先应该明确课程评价主体，通过督导评课、同行交流、学生反馈等方式进行不断优化，不以单一主体评价为最终结论。为使评价结果更加客观准确，需要加强教学管理，让多层评价主体切实深入课堂，师生共同完成课程思政教学效果评价。

2. 成立课程思政教学团队

聚集专业师资力量，以课程思政为核心，定期开展教学研讨会，分享和交流课堂教学经验，针对学生学习情况和教学评价及时对教学方案作出优化和调整。同时，充分发挥第二课堂的实践育人功能，教学团队围绕《习近平谈治国理政》组织策划一系列波兰语朗读、演讲、翻译比赛，并在赛后共同评估学生学习效果。

3. 注重学习效果过程性考核

当前《初级波兰语》课堂教学深入落实OBE教学理念，每个单元都对学生的学习成果有着明确要求，同时安排了不低于20%学时的实践教学环节。教师可在课程考核和成绩评定过程中加入对实践教学环节的考评，结合语言课程中融入的思政重点，检验学生对课程思政的情感态度状况和综合素养提升情况。

四、《习近平谈治国理政》融入非通用语教学时需要注意的问题

（一）提升教师课程思政教学能力

高校外语教师的“课程思政”教学能力是指外语教师将思想政治理论教育融入所授专业课程的能力，即外语“课程思政”教学能力。[①]长期以来，非通用语教学更多地关注学生语言技能和专业知识的掌握。随着时代的发展，当前急需推进课程思政教学改革，非通用语教师需要提高课程思政教学能力，通过丰富的教学内容与形式推动《习近平谈治国理政》多语种版本进课堂。

首先，教师应认同课程思政教育理念，具备与时俱进的政治理论知识，深刻理解《习近平谈治国理政》各专题表达的核心要义与精神内涵。应通过积极参加相关专题培训，了解教育政策，坚定政治立场，为实现思政育人筑牢理论基础。

其次，教师应充分发挥主观能动性，创新教学内容与手段，选取最易被学生接受的方式将思政元素融入课堂教学。以“初级波兰语”为例，该课程在教学形式上除了常用的讲授法，还采用读书指导法和讨论法指导学生用波兰语围绕当代中国的发展与成就发表各自看法，在了解波兰文化习俗的同时树立民族自信心。

最后，教师应整合周边教学资源，积极“走出去”，不断拓展课程思政改革路径。通过专业教师与思政教师之间的交流与合作，共同完成课程思政教学改革专项研究课题，打造外语类课程思政示范课程。同时，充分利用各地区优质特色育人资源，深入开展语言类实习实训、社会实践、志愿服务等活动。

（二）培养学生综合素质能力

非通用语专业作为外国语言文学类专业的重要组成部分，适用《外国语言文学类专业本科教学质量国家标准》（简称《国标》）。《国标》中的培养规格从素质、知识、能力三个方面论述了外语类专业学生应达到的基本要求，王丹从人文素养、思辨能力和跨文化交际能力三个方面论证了非通用语专业学生综合素质能力方面的主要问

---

① 李小霞：《新时期高校外语教师“课程思政”教学能力提升路径研究》，载《湖北经济学院学报》（人文社会科学版），2021年第3期，第153-156页。

题[①]，通过《习近平谈治国理政》提高学生的综合素质是衡量非通用语专业思政育人效果的重要标准。

《习近平谈治国理政》涉及我国政治、历史、社会文化等方面内容，收录的文章和讲话经常引经据典，赋予了典故鲜活的时代内涵。学生可以通过中外语言版本对照阅读的方式，增进对中国优秀传统文化和社会主义文明道德的理解，在进行外语专业技能训练的同时，丰富内心精神世界，提升自身的人文素养。

思辨能力是指依据标准对事物或看法做出有目的、有理据的判断的能力。[②]非通用语专业从“零起点”开始教学，大一年级教材内容大多贴近日常生活且较为基础，难以为学生提供更多符合其思维阶段的外语信息量。教师通过寻找《习近平谈治国理政》中与专业知识相契合的思政点，以课后作业的形式将阅读材料和对应的主观题布置给学生，引导学生主动思考，积极作答。

跨文化交际能力作为外语专业人才培养的重要目标之一，从语言技能和跨文化意识角度对学生的能力与素质提出了要求。学生在母语和外语间切换时，容易忽略两种语言文化背景之间的差异性，在表达过程中产生词不达意的现象，甚至造成误解。通过阅读《习近平谈治国理政》，了解习近平新时代中国特色社会主义思想最新成果的外语表达，积累重要词汇、短语和句式，对于提升翻译水平和跨文化交际敏感度有着重要意义。

五、结语

当前国内高校非通用语专业多采用“复语”“复语+复专业”“非通用语+专业”的人才培养模式，将语言和某学科专业相结合，学生基于对对象国情况和语言的了解，通过专业知识分析和解决实际问题。专业教师在教育教学过程中应落实好“立德树人”根本任务，在外语课堂浸润式融入《习近平谈治国理政》相关内容时要注意在原有教学大纲基础上进行合理延伸，避免每节课机械性融入造成学生思想疲乏，通过优化课程设计的方式推动非通用语专业“三进”工作落地见效。本文以《习近平谈治国理政》融入“初级波兰语”课程教学为例，就教学内容及融入手段提出了几点思考，具体教学成效还需要通过长期的教学实践及跟踪反馈来进行进一步论证，希望可以为国内非通用语课程思政教学改革提供一些参考和借鉴。

参考文献

李小霞，2021. 新时期高校外语教师“课程思政”教学能力提升路径研究［J］. 湖北经济学院学报（人文社会科学版）（3）：153–156.

---

① 王丹：《高校非通用语专业学生综合素质能力培养策略研究——基于〈外国语言文学类教学质量国家标准〉的思考》，载《语言教育》，2020年第1期，第2–7、39页。

② 文秋芳、王建卿、赵彩然等：《构建我国外语类大学生思辨能力量具的理论框架》，载《外语界》，2009年第1期，第37–43页。

王丹，2020. 高校非通用语专业学生综合素质能力培养策略研究——基于《外国语言文学类教学质量国家标准》的思考［J］. 语言教育（1）：2–7+39.

文秋芳，王建卿，赵彩然等，2009. 构建我国外语类大学生思辨能力量具的理论框架［J］. 外语界（1）：37–43.

向银华，2010. 试析朗读对外语学习的促进作用［J］. 重庆交通大学学报（社会科学版）（2）：127–130.

“理解当代中国”《葡萄牙语读写教程》课程思政教学案例设计与探索

——以第八单元“文明走向何方”为例

卢佳琦①

摘要： 本文旨在探讨如何将思想政治教育（简称“思政”）融入“理解当代中国”《葡萄牙语读写教程》的教学之中，特别是针对第八单元“文明走向何方”的教学实践。本文首先分析当代中国主题在外语教学中的重要性，然后设计具体的教学案例，并在实践中检验其有效性，以期为葡萄牙语教育提供创新的思政教学方法，增强学生对中国文化和社会发展的理解。

关键词： 思想政治教育；当代中国；葡萄牙语教学；案例设计

一、前言

在全球化的背景下，语言教育不仅仅是传授语言知识，更是文化交流与意识形态传播的重要途径。随着中国在国际舞台上的影响力不断增强，对汉语和中国文化的兴趣在全球范围内显著提升。

“理解当代中国”系列教材旨在将习近平新时代中国特色社会主义思想系统融入外语类专业听说读写译等核心课程，帮助学生夯实外语基本功，在提高读写、演讲与翻译能力的同时，掌握中国特色话语体系，提高用外语讲好中国故事、用中国理论解读中国实践的能力，成为有家国情怀、有全球视野、有专业本领的高素质国际化外语人才，落实好育人育才根本任务。②

本文以“理解当代中国”《葡萄牙语读写教程》第八单元“文明走向何方”为案

① 卢佳琦，女，1990年生，硕士，上海外国语大学西方语系葡萄牙语讲师。主要研究方向：葡萄牙语教学法、区域国别研究。

② 张辰琳、傅菡钰、薛燕：《葡萄牙语读写教程》，外语教学与研究出版社，2022年，第Ⅲ页。

例，探讨课程思政教学案例的设计及其应用，以期为葡萄牙语教育领域提供新的视角和方法。

二、外语学习中思政教学的理论背景

思想政治教育，通常称为“思政教育”，是中国教育系统的一个重要组成部分。其核心目的在于培养具有正确价值观和世界观的公民。在高等教育层面，思政教育着重于培养学生的批判性思维能力、价值判断能力以及社会责任感，应贯穿于学生的所有学习活动，包括外语学习。

语言不仅是沟通的工具，也是文化传递的媒介。语言学习不能脱离文化学习独立进行，将语言置于其文化语境中进行教学是极其重要的。学习外语要注重思政教育，这是因为了解中国的社会文化背景和政治思想对外语学习者具有重要意义。外国语言文学学科在传播社会主义文化、展示中国形象方面发挥着特殊作用。通过注重思政教育和了解中国的社会文化背景及政治思想，外语学习者可以更全面地提升自己的跨文化交际能力，成为能够在国际舞台上有效沟通和展现中国文化魅力的高端人才。

随着中国的全球影响力日益增强，国际社会对中国文化、历史和社会的兴趣亦随之上升。在此背景下，以中国为主题的外语教学内容不仅能满足学习者了解中国的需求，还能促进文化交流和相互理解。通过“理解当代中国”系列教材的学习，学生不仅能提升语言水平，还能加深对中国当代发展和国际地位的认识。因此，在“理解当代中国”《葡萄牙语读写教程》的教学过程中融入思政元素，对于培养学生的全面能力和深化对中国的理解具有重要意义。

三、“理解当代中国”《葡萄牙语读写教程》概览

（一）教材设置与教学目标

高等学校外国语言文学类专业“理解当代中国”系列教材中，葡萄牙语系列教材共四册，其中《葡萄牙语读写教程》为普通高等学校葡萄牙语本科专业及葡萄牙语二外课程教材。该系列教材旨在将习近平新时代中国特色社会主义思想的学习与葡萄牙语读写、演讲和翻译能力的培养有机融合，引导学生系统学习、深入领会习近平新时代中国特色社会主义思想的核心要义，学会用中国理论观察和分析当代中国的发展与成就，从跨文化视角阐释中国道路和中国智慧，坚定“四个自信”；在内容学习的过程中进一步夯实葡萄牙语基本功，向高级葡萄牙语听说读写译能力进阶，重点掌握时政话语特别是中国特色时政文献的语篇特点与规律，培养时政文献阅读与翻译能力，提高思辨能力、跨文化能力和国际传播能力，成为有家国情怀、有全球视野、有专业

本领的社会主义建设者和接班人。[①]

根据编写组的建议，《葡萄牙语读写教程》可作为高级葡萄牙语课程教材，也可作为葡萄牙语阅读课程的平行教材，适用于葡萄牙语本科专业三、四年级。本教材引导学生细读习近平新时代中国特色社会主义思想的重要选篇，在精确把握文本深层含义的前提下，进行深入分析、实际应用、批判性评价以及创新性思考等进阶认知过程；鼓励学生在课文学习与拓展阅读中，深刻领会习近平新时代中国特色社会主义思想的关键精神和逻辑结构，进一步深化对中国的理论与实际行动的了解，并在此过程中锻炼理论推理及问题分析与解决的技巧；鼓励学生积极探究国际社会如何认识并解读中国的理论框架和实际行动，培育学生的跨文化批判性思维，同时增强其使用葡萄牙语有效传达中国故事的技巧；强调教导学生自主预习教材内容，查找相关资料，开展广泛阅读，并通过多种课堂内外、线上线下小组学习形式，指导学生在独立思考与研究的基础上进行团队合作探索，持续增强批判性思维、研究技能、创新能力及协作精神等综合素养。

（二）第八单元“文明走向何方”内容介绍

“理解当代中国”《葡萄牙语读写教程》第八单元“文明走向何方”节选自2017年1月18日《习近平总书记在联合国日内瓦总部发表的主旨演讲》，课文题为“共同构建人类命运共同体”。本单元具体内容包括：

（1）导语。

导语部分提供了与本单元中心主题紧密相关的阅读材料，旨在引领学生学习并反思该单元课文所涉及的背景信息。

（2）课前预习。

课前预习部分设置了两个与本单元课文内容相关的问题，要求学生在上课前根据对课文的初步学习和相应的文献搜索来作答，以便为课堂上的深入分析和理解做好充分准备。

（3）课文。

课文紧扣单元中心议题，旨在引领学生深入探讨核心主题，并锻炼学生的说明、分析、解释、推理、评判和应用等批判性思维能力，同时培育学生的思辨素养。

（4）阅读练习。

阅读练习包括课文理解、语法练习、翻译练习和思辨题四个部分，目的在于帮助学生精确把握课文的主旨，熟练运用关键词汇、短语及具有中国特色的政治语汇，深刻领会原文的思想内涵，并通过对思辨性问题的探讨加深对单元主题的理解，从而增强使用具有中国特色的表达方式的能力。

（5）拓展阅读。

设置拓展阅读的目标是鼓励学生从多角度了解中国的理论框架和实际行动，加深

---

① 张辰琳、傅菡钰、薛燕：《葡萄牙语读写教程》，外语教学与研究出版社，2022年，第V页。

对国家的情感认同，同时拓宽他们的国际视野。

（6）讲好中国故事。

讲好中国故事部分设置了写作及以写作为基础的发言任务，鼓励学生综合利用本单元提供的课文内容和多种学习资源，围绕与单元主题相关的话题，向国际听众介绍中国改革与发展的历程，从而增强跨文化写作和口头表达能力。

（7）中国智慧。

中国智慧部分精选了与单元主题相关、蕴含古老中国智慧的格言和警句，供学生反思并内化，旨在增强其对本国文化的自信并提升人文修养。

（8）延展阅读。

延展阅读部分为学生提供了更多关于单元主题的自主阅读材料和研究资源，包括葡萄牙语版文献和其他相关参考资料，以便学生在课外时间进行更深入的探索。

（三）第八单元“文明走向何方”教学重点分析

在本单元的学习中，学生需要理解构建人类命运共同体这一概念的深层含义，包括它对全球治理、国际合作与和平发展的影响。这要求学生不仅要掌握理论知识，还要能够联系实际，理解人类命运共同体这一概念在国际关系中的具体应用。学生需要了解全球化背景下的国际环境，以及中国在这一背景下提出的构建人类命运共同体的理念。这涉及中国的外交政策、国际地位的变化以及国际社会的期望和挑战。学生需要认识到个人与集体的责任感，以及作为青年一代在全球事务中可以扮演的角色。这要求学生进行自我反思，并探讨如何通过自己的行动促进全球和谐。学生需要了解中国在推动全球互联网发展和网络基础设施建设方面的具体举措，如“一带一路”倡议中的网络建设等。学生需要掌握相关政治、外交和网络安全领域的专业词汇，并能够在葡萄牙语环境中准确、流畅地表达这些概念。

四、第八单元“文明走向何方”教学案例设计

（一）案例设计原则

本教材建议每单元安排4课时。本单元可分为两部分，各2课时，共计4课时。第一部分2课时包括课前准备（0.5课时）、课堂讲解（1课时）、课堂练习（0.5课时）、课后作业，第二部分2课时包括课堂点评（1课时）、分组展示（1课时）、课后建议。

（二）具体案例设计

（1）课前准备（0.5课时）。

课前准备部分包括金句、导语和课前预习。教师可以布置学生在上课之前阅读或记忆与单元主题紧密相关的金句，以便深入理解背景知识。在导语部分，学生需要在课前预习相关材料，对单元的主题背景有所了解，并掌握关键词汇的葡萄牙语表达方式。在本单元导语部分出现的与背景知识相关的关键词包括《威斯特伐利亚和约》、日内瓦公约、《联合国宪章》、和平共处五项原则、万隆会议等。

课前预习部分，学生需要在课前自主学习并完成课前预习题1。本单元的课前预习题1提出了当今世界面临的各种问题和严重挑战，包括核武器、难民问题、粮食危机等。课前预习题2可以锻炼学生的资料检索能力和思辨能力。学生可以在课前预习课文并进行资料检索，在课堂上分组讨论交流，就当今世界如何应对各种问题和严重挑战、中国如何切实回应世界的共同关切和普遍担忧等问题开展讨论。

（2）课堂讲解（1课时）。

课堂讲解部分包括课文理解、语言点讲解、知识点讲解。教师在授课之前应深入研读相关原文。本单元的课文题为“共同构建人类命运共同体”，节选自2017年1月18日《习近平总书记在联合国日内瓦总部发表的主旨演讲》。在文章中，习近平总书记以中国智慧、中国方案为人类社会发展进步描绘新蓝图，以铿锵有力的话语回应世界对中国的期待。习近平总书记系统阐述构建人类命运共同体思想，深刻回答了“人类社会何去何从”“文明走向何方”这两个根本性问题，在世界范围产生了持续而强烈的积极反响。

本单元选篇共分为两个部分。第一部分，习近平总书记指出构建人类命运共同体关键在于行动，并提出国际社会应当从伙伴关系、安全格局、经济发展、文明交流、生态建设等五个方面做出努力。第二部分，习近平总书记以铿锵有力的话语回应世界对中国的期待。课文理解部分的第一题，对应本单元选篇的两个部分，考查学生对文章整体结构的把握。

课文理解的第2题阅读理解，有助于提高学生的语言能力，通过阅读理解题，学生可以更好地理解和掌握文章中的词汇、语法和句型结构，从而提高自己的语言表达能力。同时，阅读理解题要求学生在理解文章内容的基础上进行分析、推理和判断，也可以帮助学生培养逻辑思维能力。

语言点讲解部分，教师应依据学生的语言能力，结合课文理解第2题问答环节的内容，同时利用语法练习里提供的常用表述，对课文中出现的长难句和重点词汇进行分析，以促进学生对文本的深刻理解。

除语言点外，教师还应对课文中涉及的核心概念作进一步阐释，引导学生深入领会习近平新时代中国特色社会主义思想的核心要义。本单元课文相关的核心概念包括构建人类命运共同体、正确义利观等。此外，文中出现的一些其他的重要知识还包括伯罗奔尼撒战争、两次世界大战、冷战、贸易保护主义、互利共赢的开放战略、“一带一路”倡议、多边主义等。

（3）课堂练习（0.5课时）。

课堂练习包括课后练习第二部分葡语语言能力和第三部分汉葡、葡汉互译能力。综合来看，在各个单元的客观题练习中，第二部分葡语语言能力的题目对学生而言具有一定的挑战。这道大题综合性强，融合了词语辨析、语法、单句理解以及语篇理解等多元化的考查内容，旨在全面检测学生的语言知识水平。

在完成第一部分2个课时的教学内容之后，教师可向学生布置以下课后作业，包括思辨题，考查学生的写作和思辨能力；补充阅读，锻炼学生的口头表达能力；讲好中国故事，提升学生的团队协作能力。

（4）课堂点评（1课时）。

本单元的思辨题要求学生思考，作为一名中国青年，可以为构建人类命运共同体做出怎样的贡献？课堂点评前，教师需要全面阅读学生的写作作业或观看他们的课堂展示，以了解学生的主要观点、论据以及表达方式。教师需要从内容、结构、语言等方面进行分析评价并提供具体的反馈，给出改进的建议。每个学生的学习情况都是不同的，因此，教师在进行点评时，需要根据学生的实际情况，灵活运用各种评价方法和技巧。

本单元的拓展阅读《共同努力创造健康的网络空间》节选自2015年12月16日习近平总书记在第二届世界互联网大会开幕式上的讲话。习近平总书记在讲话中指出，网络空间是人类共同的活动空间，网络空间的前途命运应由世界各国共同掌握。各国应该加强沟通、深化合作，共同构建网络空间命运共同体。

拓展阅读部分建议学生在课前自主学习，完成文章阅读与总结。课上可请 2～3 名学生用葡语进行口头汇报，之后开展学生互评，最后由教师进行总结。在学生互评及教师点评时，可引导学生思考当代大学生在构建网络空间命运共同体中应该扮演怎样的角色。

（5）分组展示（1课时）。

分组展示包括讲好中国故事和中国智慧。本单元的任务是以小组为单位，调研中国在建设全球网络基础设施方面所做的努力，并撰写500字左右的报告。教师可请各小组自行分工，调研中国在建设全球网络基础设施方面所做的努力；各小组根据调研结果，合作准备报告、撰写演讲稿和制作演讲PPT等任务；课堂上完成小组演讲任务，每组演讲完后进行学生互评，最终由教师进行总结和反馈。考虑到课堂时间有限，教师也可在课后组织学生以线上形式进行展示。

五、教学案例设计反思

（一）教学案例的创新点与局限性

本文对“理解当代中国”《葡萄牙语读写教程》第八单元“文明走向何方”的教学案例设计具有一定的创新，具体包括：

（1）跨文化内容整合。

案例中融入了丰富的中国文化元素，并有效地将这些元素与葡萄牙语教学结合起来，在外语教学中加入了思政教育，具有多方面的益处，有助于培养学生的语言能力、文化理解和全球视野。教学案例为学生提供了更多实际使用葡萄牙语的机会，帮助他们更好地理解和运用语言。

（2）互动式学习。

案例中采用口头汇报、小组调研等方法提高学生的参与度和兴趣，从而增加学习动力。互动式学习是一种多维度的教育策略，通常能够引发更多的讨论和互动，有助于建立更加活跃和参与感强的课堂氛围。互动式学习鼓励学生主动探索和理解知识，而不仅仅是被动接受，这有助于深化对语言和文化的理解。通过讨论和实践，学生更可能记住学到的知识，因为这种学习方式增加了信息的重复和联系，从而加深长期记忆。

（3）任务型教学法。

案例中设计与真实生活场景相关的任务，让学生在完成任务的同时提升语言能力，这种方法能够增强学生的语言实际应用能力，还有助于培养他们的自主学习能力、合作精神、问题解决技巧以及责任感等多方面的能力，这些都是在当今社会中十分重要的技能。当学习内容与学生的实际经验和未来需求相关联时，学生更有可能感到学习是有意义的，从而提高他们的内在动机。

（4）自主学习引导。

案例鼓励学生通过项目作业、研究任务等方式进行自主学习，培养他们的独立思考和解决问题的能力，不仅可以促进学术成就，还为学生的个人成长和未来的职业发展奠定了坚实的基础。在自主学习中，学生需要独立寻找信息、分析问题和构建知识体系，这可以加深学生对知识的理解和掌握，并增强其内在学习动机。

诚然，本文中的教学案例也存在一定的局限性，例如，学生的文化背景、学习风格和语言水平等方面存在差异，可能需要额外的调整和个性化支持，以确保所有学生都能从中受益。此外，在紧凑的课程计划中融入较多互动活动可能会对教师的课堂时间管理构成挑战，教师需要寻找方法来优化时间管理。再者，对于习惯被动接受知识的学习者来说，转变到更加主动的学习方式可能需要一定的时间和指导，教师可以通过逐步引入新活动、提供明确的指导和支持、以及建立积极的反馈机制来帮助学生适应新的学习环境。

（二）对外语教育领域的启示

本文的教学案例展现了一种全面且现代化的语言教学理念，强调了学生中心、文化融合、实践导向和技能培养，这些都是当前外语教育领域的重要趋势。

提供多样化的教学活动可以满足不同学生的学习需求，并增加他们的参与度和兴趣。通过设计与真实生活场景相关的任务，使学生在完成具体的、有意义的活动中提升语言能力。鼓励学生进行自主学习，不仅有助于提高他们的语言技能，还能培养其自我管理和终身学习的能力。教师不再仅是知识的传递者，而成为引导者、协调者和促进者。

在全球化背景下，外语教育不应局限于传统的语言技能训练，而应拓宽至培养学生的全球视野和文化敏感性。有效的语言教学应考虑语言知识、文化背景、沟通能力等多方面因素，形成综合性的课程设计。外语教师应致力于持续的专业发展，不断更新教学理念和方法，以应对不断变化的教育需求和挑战。

六、结语

本文深入分析“理解当代中国”《葡萄牙语读写教程》第八单元“文明走向何方”教学案例，将丰富的思政教育与葡萄牙语教学相结合，设计出一系列创新的教学活动，旨在提高学生的语言技能并同时加深他们对中国文化和社会的理解，以期为外语教育领域思政教学提供新的视角和启示。

“理解当代中国”系列教材不仅是一个语言学习平台，更是一个深入了解当代中国社会、文化和国际地位的桥梁。本研究展现了该课程融合思政教育的潜力，期望帮助学生建立对中国更加全面和客观的认识。这种深入的文化洞察对于在全球化背景下培养具有国际视野和文化敏感度的人才至关重要。

在外语教育中融入思政元素是对传统教学模式的重要补充。本研究所采用的教学策略和活动不仅可以帮助提升学生的语言能力，还能够加强其社会责任感和批判性思维。这种教育方式有助于培育具有全球公民意识的学生，对他们成为未来社会中积极、有见识和负责任的成员具有重要意义。

在未来，我们期待进一步研究和探索这一领域的更多可能性，以促进外语教育的创新与发展，并为中外文化交流做出更大贡献。

参考文献

范益民，2023. 新媒体时代大学生思政教育实效性研究：基于社会主义核心价值观视角［M］. 北京：中国经济出版社.

李钢，2024. 新时代高校思政教育的创新之路［M］. 北京：人民日报出版社.

李娟，2020. 全媒体环境下高校思政教育改革创新研究［M］. 北京：北京工业大学出版社.

李欣，2018. 网络环境下学校思政教育的改革与发展［M］. 长春：东北师范大学出版社.

王胜利，2023. 中华优秀传统文化认同和高校外语教育［M］. 郑州：黄河水利出版社.

王雅，2023. 高校外语课程思政教育和人才培养［M］. 北京：中央编译出版社.

张辰琳，傅菡钰，薛燕，2022. 葡萄牙语读写教程［M］. 北京：外语教学与研究出版社.

翻译硕士专业（MTI）人才培养质量提升策略研究[①]

王礼亮[②]

摘要：自2007年设立翻译硕士专业学位以来，翻译硕士专业（MTI）教育取得了显著进展，为社会培养了大量优秀的翻译人才。通过深入调查，我们注意到各MTI人才培养院校的培养目标存在着一定的相似性，导致人才培养模式的同质化。面对当前市场对翻译人才需求的多样化和专业化趋势，这种同质化现象使得MTI人才培养与市场需求之间产生了某种割裂，这在某种程度上偏离了翻译硕士专业设立的初衷。为提高MTI人才培养质量，本文建议首先要明确翻译硕士专业教育的培养理念，进而优化人才培养体系，改革考评聘政策，构建高水平师资队伍，整合、利用校内跨专业教学资源，促进MTI课程职业化建设，构建多元化翻译实践体系，明确翻译硕士专业毕业论文的基本要求等，结合地域优势等确立相对个性化的人才培养目标和人才培养模式，进一步推动翻译专业教育的高质量发展。

关键词：翻译硕士专业（MTI）；同质化现象；培养理念；培养模式

一、引言

《国家中长期教育改革和发展规划纲要（2010—2020年）》明确指出，“发挥政策指导和资源配置的作用，引导大学合理定位，克服同质化倾向，形成各自的办学理念和风格，在不同层次、不同领域办出特色，争创一流”。为了推动我国改革开放和社会主义现代化建设，促进中外交流，并培养具有高水平实践能力的高级翻译专业人才，国务院学位委员会于2007年决定设立翻译硕士专业学位，即翻译硕士（Master of Translation & Interpreting，简称 MTI）。随着中国步入新的时代，各行各业对高层次翻

① 本文系2022 年四川外国语大学研究生教育教学改革研究项目（项目编号：yjsjg202214）的研究成果。

② 王礼亮，男，1977年生，博士，四川外国语大学东方语言文化学院教授。主要研究方向：对比语言学、汉韩互译、外语教学与研究等。

译人才的需求日益迫切。自2007年启动翻译硕士专业学位（MTI）以来，教育界为此付出了巨大努力，培养了大量的翻译人才，但同时也面临一些挑战。由于该专业设置时间相对较短，加之人才培养经验有限，在设定人才培养目标时，各个培养院校都有一定程度的重复，人才培养模式同质化特征明显。具体表现在各院校的人才培养方案和课程设置上存在较大相似性，在教学实践中过于侧重知识传授，忽略了实践环节的重要性，形成了重视理论、忽视实践，重视结果、忽略过程，以及重视数量、轻视质量的教学倾向。学生在几乎相同的教育模式下接受教育，导致他们形成了类似的思维方式和行为习惯，从而丧失了创造力。学生缺乏专业领域的背景知识，导致翻译人才的独特性不够突出。与之相反的是，当前市场对翻译人才的需求却日益多元化和精细化。这种供需间的错位导致了人才培养与市场需求之间产生了一定程度的脱节，这在某种程度上违背了翻译硕士专业设立的初衷。

正如上文所述，MTI教育取得了显著进展，为社会输送了大量的翻译人才，但在发展过程中也存在一些亟待解决的问题，比如MTI人才培养目标的雷同性，人才培养模式的同质化现象等。就这些问题已有一些学者进行了探讨。李开勤（2010）对构建“双师型”教师队伍进行了深入探讨；韩洪文、田汉族和袁东（2012）则针对中国大学教学模式的同质化现象及其背后的原因进行了分析，并提出了相应的对策建议；佟敏强（2018）从跨学科人才培养的角度探讨了MTI人才的培养；陈月红和伍钢（2019）从政策支持的角度对MTI专业学位研究生教育的质量进行了深入分析；此外，平洪（2018），李明秋（2020），刘彬、杨欣桦（2020），王莉（2022），张慧玉、崔启亮、徐开（2022）等也就MTI人才质量的提升提出了各自的见解，其中不乏值得借鉴、行之有效的建议，但以上相关研究大多没有结合各自地方特色且不够全面。

鉴于此，本研究通过线上线下等方式，对西南地区乃至全国朝鲜语翻译硕士专业的教育现状进行调研，并对调研结果进行评价和分析，全面深挖当前MTI教育的同质化现象的表征及原因。同时以四川外国语大学朝鲜语专业MTI人才培养过程中出现的“同质化”等系列问题为研究主体，尝试提出解决相关问题的方案，确立相对个性化的人才培养目标和培养模式，以提升MTI人才质量，进而满足社会各界对翻译人才的需求。

二、专业发展现状及实践基础

截至目前，四川外国语大学是西南地区唯一的朝鲜语专业本硕教育体系完备的高校。我校朝鲜语专业于2006年获批建设，2009年招收亚非语言文学朝鲜语方向研究生，2012年开始招收MTI口笔译研究生，2017年获批重庆市“三特行动计划”特色专业，2019年获批重庆市一流本科专业立项建设项目。自2012年起，我校朝鲜语专业已培养并向社会各界输送了近三百名高水平的专业翻译人才。人才培养定位于服务中韩文化交流，推动地方经济社会发展，建设立足西部、服务全国、面向世界的朝鲜语专业人才培养高地，发挥学术研究、决策咨询、国际交流等多方面功能和作用。

在重庆市相关部门及学校的大力扶持下，我校朝鲜语专业MTI人才培养坚持理论与实践相结合的理念，切实提升朝鲜语MTI研究生的实践能力和水平，与包括“大韩民国临时政府陈列馆”“韩国中小企业振兴公团”在内的多家企事业单位签署校企共建合作协议，为翻译硕士研究生提供实习实践平台。同时，我们积极探索翻译硕士人才培养模式的变革，在人才培养方案、课程教学等方面展开了持续的变革尝试，为本研究积累了一定经验和基础。

此外，我校朝鲜语专业教师都是多年从事翻译教学及翻译实践的教授、副教授及具有博士学位的高学历人才，职称结构、年龄结构合理，研究能力强，且学术成果及翻译实践经验丰富。同时，我校拥有充足的相关专业图书期刊资料，所在学院拥有省级朝鲜语研究中心，为本研究提供了重要的学术平台支撑，这为本研究的顺利开展提供了基础保障。

自翻译硕士专业建设以来，在人才培养方面出现了某种程度的“同质化”。针对这一问题，本文结合地域特色，深入挖掘翻译硕士教育的本质，改革人才培养体系，充分利用和整合校内外跨专业的教育资源。我们致力于推进MTI课程的职业化发展，打造一流的教师团队，并构建多元化的翻译实践平台。这些举措旨在培养具有独特个性的专业人才，同时为本校、西南地区乃至全国的MTI教育提供宝贵的经验和范例。

三、翻译硕士专业人才培养质量提升策略

研究生教育位于我国国民教育体系的最高层次，是培养高层次精英人才的重要途径，也是国家人才竞争和科技竞争的重要支柱，对于实施创新驱动发展战略和建设创新型国家具有核心作用。[①] 经过十多年的不懈发展，MTI教育在专业建设方面取得了显著成就，教学理念日渐成熟，教学团队也已初步形成规模。人才培养模式的多样性日益丰富，培养质量亦在持续提高。这些进步为国家的经济和社会建设，以及中外文化交流搭建了坚实的桥梁，输送了大量关键的人才支持。虽然取得了斐然的成绩，但翻译硕士教育在培养理念、培养方案、师资队伍、教学方法、实习实践基地、教学管理、国际交流、培养质量等方面仍存在一定程度的同质化问题。同时，翻译硕士专业教育应该防止过度学术化，并与研究型硕士的培养模式区分开来。考虑到地域特色等优势，建立相对独特且符合特定需求的人才培养目标和模式显得尤为重要。

（一）深入界定翻译硕士教育的核心要素，同时优化更新人才培养的框架和流程

高素质翻译人才的培养是MTI教育的核心使命。为了达成这一目标，持续的创新和改革培养模式是必不可少的。为了推动翻译硕士教育的内涵式发展，我们需要清晰地界定翻译专业学位研究生教育与学术型研究生教育以及其他外语教学阶段之间的理念

① 参考国务院学位委员会发布的《学位与研究生教育发展“十三五”规划》，2017年。

差异。这涉及确立明确的培养目标、完善课程结构、更新教学内容和方法、优化师资配置、精选教材（包括开发自编教材）以及强化与专业翻译资格考试（如CATTI）的联系。通过这些措施，我们将突出翻译专业硕士研究生教育的特色，响应行业实际需求，培养出能够满足语言服务行业高标准要求的优秀翻译人才。同时，根据社会发展需要，开展社会服务工作，探索并实施与人才培养方案紧密对接的教学发展模式。这一切都将以"满足服务需求，提升教学质量"为核心，努力形成一套切实可行的个性化人才培养模式。

（二）改革考评聘政策，构建高水平师资队伍

强大的师资力量是孕育顶尖翻译人才的关键所在，它不仅是教育成功的基本保证，也是学校教育不可或缺的重要支柱。根据国务院学位委员会公布的相关要求[①]，翻译硕士专业专任教师需要具备较强的目标外语能力及翻译实践能力，同时，还要具备一定的翻译理论与实践等方面的科研能力。通过调研发现，西南地区乃至全国大部分院校的翻译专业教师都是由外语教师直接转任（或兼任），科研水平及能力毋庸置疑，但翻译实践的经验及能力有待商榷。对此，翻译教指委和中国译协（2011a）共同制定的"全国翻译专业学位研究生教育兼职教师认证规范"中对兼任教师的任职资格、专业资质要求和认证管理做出了明确的规定。为解决翻译专业兼任教师翻译经验及能力不足的问题，建议翻译专业的教师积极主动参加各种形式的翻译师资培训项目，同时，鼓励翻译专业教师走出去，到地方企事业挂职锻炼，了解企事业单位对翻译人才的需求，这将为翻译专业教师在如何培养翻译人才的方向和方法上提供一定的帮助。

作为翻译硕士专业的教师，我们应勇于创新，构建"双师"结构的教师队伍。抓住"双师"队伍建设的核心，我们需兼顾专职和兼职教师的专业教学团队建设，聘请各行业精英来校任职。为每位MTI学生配备经验丰富的校外导师后，我们还应建立持续的校企合作机制，深化校企融合教学，全面培养高水平的翻译人才。考虑到中国高校普遍存在学术导向突出的情况，校内导师与校外导师的互补合作指导有助于在MTI教育中实现学术与实践的平衡。[②]目前，我校相关翻译专业已经开始聘请校外企事业单位的人才担任翻译专业硕士研究生的校外导师，校外导师多为具有相当丰富翻译实践的高端翻译从业者，精通各行业状况的企事业高层管理者，以及其他如信息、媒体、金融、制造、教育、出版等行业的佼佼者。双导师制度能够为学生提供丰富的学术和实践资源，与MTI项目的实践导向相一致。校外实践导师凭借其独特的经历、经验和能力，一方面指导学生在翻译技能和翻译能力培养方面，另一方面为他们提供翻译职场

---

① 国务院学位委员会，《国务院学位委员会关于开展2017年博士硕士学位授权审核工作的通知》（学位［2017］12号），2017年。

② 张慧玉、崔启亮、徐开：《实践导向的MTI人才培养模式——以对外经济贸易大学为例》，载《天津外国语大学学报》，2022年第1期，第64-72、112页。

素养和职业发展规划的指导。[①] 目前，我校朝鲜语翻译硕士专业已经在“双师”结构教师队伍的建设上取得了初步进展，不仅在制度制定方面有所突破，而且在校外导师的选聘上也迈出了坚实的步伐。

（三）充分整合并利用校内的跨专业教育资源，推进MTI课程向职业化方向不断发展

翻译作为一种技能，必然需要与某些专业或学科相结合，这种结合体现在语言知识、语言能力与专业知识的整合，同时也包括对专业领域思维的培养。在学习过程中，学生应具备跨学科整合的精神，在研究培养过程中，跨学科意识的培养不可或缺。跨学科的MTI人才培养促进了学科间的创新融合，强化了译者的核心能力，确保译员专业素养的提升，进而塑造译者的核心竞争力，为各专业领域提供更优质的语言服务。[②]通过职业化的MTI课程，可以全面提升研究生的实际翻译技能和职场竞争力。MTI课程设置需要包括一系列符合培养目标且具有特色的职业化翻译课程，主要涵盖计算机辅助翻译（CAT）、本地化翻译技术与实践、翻译项目管理、技术写作以及法律翻译、模拟会议传译等。在课程设置中，积极探索《习近平谈治国理政》相关内容“进高校、进教材、进课堂”的途径与方式。

（四）构建多元化翻译实践体系

为MTI专业学生创造实践机会，应采用多种手段并行不悖，建立持久的实践参与体系。教育机构应主动与社会需求接轨，为学生提供更多参与实践的机会，将专业学习与真实的社会环境相结合。通过与企业的合作建立社会实践基地，推动翻译实践活动成为日常运作的一部分。加强与优秀企业的合作，优化过程导向的翻译实践指导，切实增强学生的综合翻译能力。教学部门应举办或支持学生参与各类竞赛活动，以此激发和提升实践氛围。同时，鼓励学生将思考和想法转化为研究课题，不仅能提高他们发现问题和解决问题的能力，还能巩固实践成果。

至今，在重庆市各相关部门和学校的鼎力支持下，我校朝鲜语专业翻译硕士人才培养始终秉持理论与实践相结合的原则。为了实质性地提高研究生的翻译实践能力和技巧，我们已与多个知名企事业单位，如大韩民国临时政府陈列馆、韩国中小企业振兴公团、湖广会馆等签署了校企合作共建协议，为学生们搭建了宝贵的实践平台。同时，我专业组织学生参加各类各级别相关赛事并取得优良成绩，提升学生的翻译实践能力，进一步巩固了翻译实践成果。

---

① 张慧玉、崔启亮、徐开：《实践导向的MTI人才培养模式——以对外经济贸易大学为例》，载《天津外国语大学学报》，2022年第1期，第64–72、112页。

② 佟敏强：《翻译硕士专业（MTI）跨学科人才培养的创新研究》，载《黑龙江教育（理论与实践）》，2018年第12期，第16–17页。

（五）明确翻译硕士专业毕业论文基本要求

翻译硕士专业教指委发布的《翻译硕士专业学位研究生教育指导性培养方案》中明确指出，翻译专业学位论文可以采用四种形式：翻译实习报告、翻译实践报告、翻译实验报告和翻译研究论文。[①]后来，《翻译硕士学位基本要求》中增加了第五种形式：翻译调研报告。通过调研，我们发现包括我校在内的国内大部分院校的翻译专业毕业论文采取的形式多为"翻译实践报告"，极个别院校有选择"翻译研究论文"，根据我们在中国知网上检索的结果发现，翻译研究论文数量极少，几乎可以忽略不计。我们观察到，翻译硕士专业学生倾向于选择翻译实践报告而非翻译研究论文。我们认为，这种现象可能主要源于翻译研究论文与翻译硕士专业的培养目标不够契合。

翻译硕士专业学位论文是对高层次应用型翻译人才能力的重要考量标准，必须与其培养要求紧密相连。写作这类论文的目的是为了让研究生对翻译实践中遇到的各种问题进行归纳和总结，运用翻译理论及语言学等领域的知识进行深入分析，提炼出实践过程中遇到的难题，从而为今后的翻译实践提供实用的指导，进一步提升翻译技能。

正如之前提到的，翻译专业人才培养模式存在一定程度的同质化问题，尤其是在翻译实践报告方面，这一现象表现得尤为明显。通过对近五年（2019—2023年）以来的翻译专业毕业论文情况的抽查，全国各高校翻译专业的毕业论文同质化现象严重，翻译专业口译与笔译方向的毕业论文同质化现象更为明显。这种不区分方向的毕业论文同质化现象主要表现在，无论是口译还是笔译方向，他们的翻译实践报告都是选择外文原著进行汉译，少数学生选择中文原著进行外译，没有凸显口译与笔译在翻译操作上的本质差别。

自2012年启动招生以来，我校朝鲜语翻译硕士专业所培养的翻译人才普遍选择了翻译实践报告作为学位论文。这些实践报告主要涉及韩汉双向翻译，即把韩文原著翻译成中文，或者把中文原著翻译成韩文。尽管如此，正如前面讨论过的，口译与笔译在翻译实践报告中的区分并不明显，仅从报告本身往往难以判断作者的主研方向是口译还是笔译。这表明翻译实践报告的同质化现象确实存在。针对该问题，我们专业近三年以来，在校相关部门的指导下，朝鲜语翻译专业做出了改革，从2023级翻译专业研究生开始，翻译实践报告一定要区分口译和笔译方向。笔译方向的学生可以延续之前的做法，继续就中外文原著进行翻译实践，口译方向的学生一定要就口译实践撰写翻译实践报告，这样才符合翻译硕士专业的培养要求和目标。

同时，关于翻译实践报告（毕业论文），我们建议多给学生一些自主选择权，即可以让学生选择中文或外文撰写翻译实践报告。毕竟学生的外语水平不尽相同，例如，朝鲜语翻译专业的学生，有的擅长汉译韩，有的擅长韩译汉，选择自己擅长的语言撰写翻译实践报告也是提高毕业论文质量的一个重要手段，毕竟毕业论文质量是研

① 全国翻译专业学位研究生教育指导委员会，《翻译硕士专业学位研究生教育指导性培养方案》，2011年。

究生培养质量中重点考察的一个指标。

四、结语

历经十数载的耕耘，翻译硕士专业从零起步，逐渐壮大，为各行各业培育了众多优秀的高层次翻译人才，其贡献不容忽视。然而，通过深入调研，我们也注意到在这个成长的过程中出现了一些挑战，其中人才培养的同质化现象尤为凸显。要改变这一现状，必须采取针对性措施，综合施策，这不仅需要国家层面和教指委加强监督和指导，还需要学校层面及专业层面积极做出调整，不逃避问题，积极面对，勇于变革，这样才能更有利于推动翻译硕士专业教育的高质量发展。

参考文献

陈庭来，朱潢涛，2009. 对我国高等教育同质化现象的思考［J］. 太原大学教育学院学报，27（1）：1-3.

陈月红，伍钢，2019. 夯实MTI专业学位研究生教育质量的政策保障分析［J］. 三峡论坛（三峡文学·理论版）（6）：96-100.

崔启亮，汪春雨，2019. 面向语言服务的MTI教育模式创新与变革研究［J］. 外语教育研究，7（1）：8-15.

翻译教指委和中国译协，2011. 全国翻译专业学位研究生教育实习基地（企业）认证规范［EB/OL］.（2011-7-26）［2024-4-26］. http：//www. tac-online. org. cn/index. php?m=content&c=index&a=show&catid=707&id=4063.

国务院学位委员会，2017a. 国务院学位委员会关于开展 2017 年博士硕士学位授权审核工作的通知（学位［2017］12 号）［EB/OL］.（2017-04-10）［2024-4-27］. http：//www. moe. gov. cn/srcsite/A15/moe_778/s3114/201704/t20170421_303012. html.

国务院学位委员会，2017b. 学位与研究生教育发展“十三五”规划（教研［2017］1号）［EB/OL］.（2017-01-17）［2024-04-27］. http：//www. moe. gov. cn/srcsite/A22/s7065/201701/t20170120_295344. html.

韩洪文，田汉族，袁东，2012. 我国大学教学模式同质化的表征、原因与对策［J］. 教育研究，33（9）：67-72.

李开勤，2010. “双师型”教师队伍建设的探索与实践［J］. 中国大学教学（12）：73-75.

李明秋，2020. 翻译硕士专业学位研究生质量提升策略［J］. 沈阳农业大学学报（社会科学版），22（2）：167-171.

刘彬，杨欣桦，2020. 专业学位硕士研究生教育的实践性及其实现路径——以翻译硕士专业学位研究生教育为例［J］. 大学教育科学（4）：79-85.

平洪，2018. 服务需求，内涵发展，提高翻译硕士教育办学水平——全国翻译专业学位研究生教育2018年年会综述［J］. 东方翻译（4）：94-95.

全国翻译专业学位研究生教育指导委员会，2015. 翻译硕士专业学位研究生教育指导性培养方案［EB/

OL］.（2015-12-23）［2024-4-27］. http：//www. tac-online. org. cn/index. php?m=content&c=index&a=show&catid=413&id=126.

全国翻译专业学位研究生教育指导委员会，2022. 翻译硕士学位基本要求［EB/OL］.（2022-06-13）［2024-04-27］. https：//cnti. shisu. edu. cn/55/32/c13641a152882/page. htm.

饶武元，刘华，2021. 地方高校研究生教育教学改革发展研究——以近五届高等教育国家教学成果奖获奖项目为例［J］. 当代教育理论与实践，13（3）：116-122.

汤玲玲，2022. 安徽省高校商务英语专业建设同质化现象根源及消解策略［J］. 新疆职业教育研究，13（1）：15-20.

佟敏强，2018. 翻译硕士专业（MTI）跨学科人才培养的创新研究［J］. 黑龙江教育（理论与实践）（12）：16-17.

王莉，2022. MTI中外合作办学人才培养模式研究［D］. 南京：南京邮电大学.

奚丽萍，2009. 教育同质化现象论［J］. 教育研究与实验（5）：20-23.

严杰，2016. 浅议地方高校MTI特色培养方案的构建策略［J］. 湖北函授大学学报，29（24）：23-24.

张慧玉，崔启亮，徐开，2022. 实践导向的MTI人才培养模式——以对外经济贸易大学为例［J］. 天津外国语大学学报，29（1）：64-72+112.

赵军峰，许艺，2017. 十载风雨砥砺，未来任重道远——全国翻译专业学位研究生教育2017年会综述［J］. 中国翻译，38（3）：15-17.

曾福龄，2018. 大陆MTI与台湾地区翻译硕士人才培养模式对比研究［D］. 南京：南京邮电大学.

钟秉林，2013. 人才培养模式改革是高等学校内涵建设的核心［J］. 高等教育研究，34（11）：71-75.

仲伟合，2017. 十年扬帆，蓄势远航：MTI教育十年回顾与展望［J］. 中国翻译，38（3）：7-9.

广西地方高校越南语国际型会展翻译人才培养路径研究[①]

卢锦缨　刘滢滢[②]

摘要：随着国家“一带一路”倡议的深入推进，国际会展业蓬勃发展，非通用语种人才为广西参与“一带一路”对外开放战略注入了强有力的人才智力支撑。本文分析广西地方高校越南语国际型会展翻译人才的需求与培养现状，提出加快培养一批具有国际视角、熟知国际规范，并能有效参与国际交流与合作的应用型、复合型越南语国际型会展翻译人才的培养策略。

关键词：越南语；会展翻译人才；培养路径

一、引言

广西在丝绸之路经济带与21世纪海上丝绸之路的宏伟布局中占据着举足轻重的地位，其独特的地理优势为区域发展孕育了巨大的潜力。语言互通是“五通”（政策沟通、设施联通、贸易畅通、资金融通、民心相通）的基本保障，也是“一带一路”建设顺利实施的前提。教育部针对当前国家对非通用语种人才的迫切需求，出台了《关于加强外语非通用语种人才培养工作的实施意见》，明确要求各高校加快创新步伐，积极培养非通用语种人才，以服务国家对外开放战略，特别是“一带一路”倡议。越南是最早响应并积极参与“一带一路”建设的国家之一，2023年中越双方同意，推动两国发展战略对接，落实《中华人民共和国政府与越南社会主义共和国政府推进共建“一带一路”倡议和“两廊一圈”框架对接的合作规划》，未来中越在“一带一路”框架下的合作将进一步走向深入。翻译是沟通中外文化的桥梁。广西南宁是中国-东盟博览会的永久举办地，全年举办会展活动场次密集，参展规模大，面对会展翻译人

① 本项目系2020年度广西高等教育本科教学改革工程“服务‘一带一路’倡议的广西地方性高校越南语国际型会展翻译人才培养研究与实践”研究成果，项目编号：2020JGB116。

② 卢锦缨，女，1978年生，博士，广西大学外国语学院讲师，主要研究方向：越南文学与文化。刘滢滢，女，1998年生，广西大学外国语学院硕士研究生，主要研究方向：越南文学与文化。

才的市场需求，广西地方高校如何探索科学有效的越南语国际型会展翻译人才培养模式，精准服务国家对外战略，是亟待解决的问题。

二、广西越南语会展翻译人才需求分析

作为我国面向东盟合作开放的前沿和窗口，广西积极推动并深度参与中国–东盟战略合作，加快双向联通扩大开放，力推中国–东盟跨境产业融合发展，为服务建设中国–东盟共同体积累了优越条件和良好基础。近年来，会展业逐渐崭露头角，成为我国的新兴产业，发展潜力巨大。广西依托独特的地理位置和资源优势，各类国际展会如中国–东盟博览会、各市展销会、文艺展览，以及汽车、纺织、学生用品等各行业的交易及展览会蓬勃发展。据官方数据，仅2023年举办的第20届中国–东盟博览会，就组织了包括中越经贸论坛暨越南专场对接会、投资合作圆桌会等在内的70多场中越投资贸易促进活动。在参展规模上，2023年第20届东博会，越南展区共有120家企业参加，共设200个展位。越南官方也认为“越南持续参加东博会，一直是东盟国家中参展企业和展位数量最多的国家”。因此，越南语成为中国–东盟博览会翻译需求量最大的语种之一。袁卓喜认为，只有满足持续增长的展会翻译人才需求，才能办好博览会和发展广西社会经济。[①]据统计，目前区内举办的各类国际型展会上的译员主要有三类：涉外单位或各大企业的专职翻译人员，区内各高校从事外语或翻译教学的教师，以及区内各高校外语专业的学生志愿者。可见，当前区内仍存在专业性越南语翻译人才稀缺、越南语会展翻译人才不足、翻译人才良莠不齐、本土化会展译员稀少等局限性。因此，区内高校培养的翻译人才，特别是越南语会展翻译人才远不能满足社会需求。

三、广西地方高校越南语会展翻译人才培养现状和问题

目前广西区内共有8所高校开设了越南语本科专业，但高层次越南语翻译人才的培养滞后，开展研究生层次培养的高校和每年招生数量有限，仅有广西大学和广西民族大学两所高校每年招收15名越南语MTI硕士。据了解，这两所高校的越南语MTI都不区分研究方向。广西大学侧重培养“德智体美全面发展，功底深厚，英语应用能力强，具有创新精神、实践能力和国际视野的复合型高素质人才”；广西民族大学强调“重点培养能服务国家‘一带一路’倡议，服务中国–东盟经贸合作、文化交往、科技交流，服务广西对外开放开发的高层次、应用型、专业性口笔译人才和语言服务人才”。两校的人才培养定位侧面反映了广西高层次越南语翻译人才仍然是通识型，培养的翻译人才没有着重专门用途，目前区内还未有高校把越南语翻译人才培养具体定

① 袁卓喜：《中国–东盟博览会会展翻译人才的培养对策——基于预制语块理论的思考》，载《东南亚纵横》，2009年第8期，第47页。

位到会展行业人才。章昌平等认为，人才培养要以市场为导向，培养出来的人才要达市场预期需求，这样才不会造成外语人才多、实用人才少的浪费现象。[①]目前广西地方高校中越南语会展翻译人才的培养主要存在以下两个问题。

（一）课程设置重理论轻实践

越南语在广西各地方高校是零起点的语种，越南语教育主要以单一的纯语言教学的培养模式为主。在教学内容上，应用文本翻译的教学比重远低于文学翻译；在教材素材选择上，多局限在名家名作，会展行业的材料鲜有涉及，限制了学生对实际应用场景的理解和掌握；总体体现教学方法单一，课程设置重理论轻实践，导致高校课程与社会、市场对会展翻译人才需求的脱节现象。

（二）专业化高质量的师资力量薄弱

通过区内各高校的共同努力，广西越南语教学已有十分成熟的教学体系和丰富的教学经验，培养了一批强有力高质量的教学科研师资队伍。但目前区内高校仍缺乏既有深厚的越南语基础，又具有丰富会展翻译经验的教师。任课教师缺乏会展翻译实践的经验往往使得会展翻译课程流于形式，不能真正发挥传授经验的作用。部分学校聘请了具备丰富实践经验和扎实专业知识的专业会展译员来担任会展翻译课程的教师，但他们的越南语水平和授课能力仍然远远不及专业教师，这在一定程度上影响了课堂参与性。这些因素严重制约人才培养质量和课堂教学效果的提升，阻碍了教学科研改革的深入发展。

四、越南语国际型会展翻译人才的专业素质和关键能力

会展翻译是指在会展活动中为不同语言需求方进行语言传译，促进彼此沟通交流的过程。基于会展活动本身的繁杂性和商务性特点，译员在执行此类任务时，不仅需要熟练掌握翻译技巧，还必须具备深厚的商贸专业知识素养和跨文化沟通技巧，如会展行业涵盖的领域包罗万象，译员必须掌握专业术语和固定表达方式才能及时准确传达信息，因此会展翻译人才的一个重要专业素质就是不断学习和积累会展相关行业的知识，丰富自身的知识储备。会展活动交流商务互动性的特点要求译员必须拥有良好的听力能力和流利的语言表达，越南北、中、南部三个地区口音差异较大，还要求译员有对不同口音的敏感性。因此，灵活的语言应变能力是译员能够迅速、准确表达语言需求双方的信息，促成双方合作的另一重要专业素养。中国与越南在文化、传统习

---

① 章昌平、陈雯：《广西高校会展口译人才培养调查研究》，载《广西广播电视大学学报》，2017年第2期，第85页。

惯等方面的不同容易引起文化误会，因此译员还须具备良好的跨文化交际能力、一定的文化背景知识以及对两个国家民族文化与传统习俗的了解。此外，会展活动通常持续时间长、工作强度大，译员需要在极大的干扰下保持高度集中和准确传译。这要求译员具备强大的心理抗压能力与韧性，以及非凡的记忆力。在面对复杂多变的会展环境时，译员需要保持冷静和专注，确保翻译的准确性和流畅性。

五、越南语国际型会展翻译人才的培养路径

陈雯认为，由于中国会展教育起步较晚，尚未形成完整体系，整个会展产业链对高端人才的全面培养还远未实现。[①]面对区内高校普遍缺乏“专业化会展翻译”人才培养理念的问题，通过学习国内会展行业发展较成熟地区的翻译人才培养模式，结合广西地方高校自身特色，就广西地方高校的越南语国际型会展翻译人才培养，笔者提出如下几点建议。

（一）创新教学内容，改革教学模式

会展翻译具有很强的商务互动性，教学内容应侧重于对学生的商务沟通能力的培养。因此会展翻译教学应以学生为中心，旨在培养其语言交际能力和综合运用能力。目前区内各高校越南语专业采用的教材普遍统一和成熟，但会展翻译方面仍缺乏统一的教材，主要还是教师自编教材或者是笔译、口译教材中存在的一些相对过时的语篇，导致学生难以增强会展翻译能力，大学教育培养的人才无法与发展迅速的社会人才需求接轨。区内高校应以“外语+专业+技能”为培养模式，结合本专业自身教学目标、专业特色，根据地区学生水平开发本土越南语会展翻译统一教材，同时更新已有教材内容，选择具有时代性、代表性的素材作为教学内容，增强学生对会展翻译领域的了解。教育部颁布的《关于全面提高高等教育质量的若干意见》中，积极倡导实施“启发式、探究式、讨论式、参与式”等多样化的教学模式，高校在实际教学过程中，应摒弃传统的“重理论轻实践”单一教学模式，结合教学经验，积极探索新的教学模式，创新教育教学方法，提高学生的参与度和兴趣度。[②]教学时应适度减少理论教学的比例，增加模拟会展翻译、课堂讨论等实践教学，使学生有更多的时间去了解会展行业的最新资讯。在“互联网+”背景下，会展翻译教学还可以利用网络信息技术及多媒体功能，激发学生的学习兴趣与潜能。利用中国大学MOOC、微课等资源共享平台提高学生的积极性，培养学生自主学习的能力。利用Trados、Sketchengine、memoQ等机辅翻译软件，联合各高校搭建越南语会展翻译语料库，丰富区内会展翻译资源。通

① 陈雯：《会展经济发展背景下广西口译人才培养的思考》，载《海南广播电视大学学报》，2015年第1期，第9页。

② 黄显德、刘亚娟：《基于互联网+的新教学模式研究》，载《中国教育技术装备》，2022年第8期，第127页。

过创新教学模式、教学内容，把学生培养成既有扎实专业知识又掌握行业知识和技能的复合型人才。

（二）推出职业化培训，统一资格认证

中国外文局在2023年推出了中越翻译能力等级考试，是目前中越唯一由官方组织的中文与越文互译能力考试，填补了此前无统一越南语等级考试的空白。尽管会展业近年来迅猛发展，但目前仍无相关越南语会展翻译考试与认证体系，暴露出越南语会展翻译教育与培训滞后、译者职业能力欠缺等问题，造成区内市场需求与翻译人才供给之间的矛盾。等级考试与资格认证一方面可以检验教学质量和学生的学习成果，以考促学，以考促教，这种双向促进的机制能够总体提升高校教学和学生自身的综合水平，增强学生自身竞争力；另一方面，通过组织越南语会展翻译能力等级考试，一定程度上能够抵御国外测评标准形成行业话语权后可能对我国越南语教学导向的冲击。为满足广西的经济发展要求，满足当前的社会对越南语会展翻译人才的需要，地区高校应积极呼吁并督促相关部门根据区内市场需求及实际情况推出越南语会展翻译培训、等级考试及资格认证项目，构建适用于越南语会展翻译人才的评估体系，助力搭建广西会展翻译人才信息库。

（三）深化校企合作，共谋高质量发展

在传统的教学模式下，越南语会展翻译人才的培养往往局限于课堂理论教学，缺乏与实际市场需求的有效对接，导致培养出来的人才难以适应快速变化的市场需求。因此，为了弥补这一不足，区内高校应主动加强与行业协会、外事办、博览局、政府单位以及外向型企业等单位的合作与交流，从而掌握其人才需求，以便调整教学内容和计划实施。一方面，高校通过与单位或企业签订协议，为越南语专业师生搭建翻译实践平台，定期派教师与学生到企业中观摩、见习和实习，参与并了解会展各个环节的流程与操作，将课堂所学理论与实践相结合，从而锻炼学生的商务谈判能力和会展能力，提升职业技能。另一方面，创新人才培养模式，开展企业指导人员进校培训。校企联合制定相关课题，增加场景模拟实训，增强学生的专业性，为学生提供会展行业就业岗位的职业信息指导，拓宽学生对会展翻译市场动态及专业知识的获取渠道。深化校企合作，有利于促进高校与企业“资源共享”，提高教育资源的利用效率，增强高质量人才培养能力，更好地满足市场需求。

（四）强化师资力量，建设双师型队伍

会展翻译课程的教师不仅需要具有较高专业性理论知识，还要具备广博的会展知识和熟练的会展翻译实践技能。但现实中一些教师往往没有参加过系统的会展翻译培训，还缺乏会展翻译实践经验，这在很大程度上限制了会展翻译教学在高校中的顺利

开展，导致教学效果不尽如人意，难以培养出符合市场需求的高质量会展翻译人才。因此，高校应建设“有理论知识、有实践经验”的双师型教师队伍，加强现有师资力量的专业规划和培养，制订定期的专业培训计划，组织行业沙龙、论坛等活动，邀请业内专家、学者以及具有丰富经验的企业家，共同探讨会展翻译领域的最新动态和发展趋势，分享实践经验，以促进教师专业能力的提升。此外，区内相关部门可联合各高校在假期组织青年教师培训班，通过集中学习和实践锻炼，进一步增强师资队伍的实力。在会展活动期间，高校可选派优秀教师前往现场，进行实地考察和实践，以此提升师资队伍的能力，并有效提高实践教学的质量。

六、结语

“一带一路”倡议为广西经济发展带来了新契机和挑战。随着中国与东盟国家贸易往来日益密切，区域经济一体化不断加深，广西会展行业迅速发展，市场需要大量会展服务高级翻译人才。当前，非通用语高端翻译人才的短缺，其中越南语高端翻译人才的培养，是广西地方高校亟待解决的问题。为了更好更快地向市场输送高质量翻译人才，广西地方高校应依托区位优势，立足区内经济，结合自身的办学特色，通过教学模式、教材内容、师资队伍等方面的革新，结合产学合作，人才资格认证等途径，整合优质资源，构建广西会展翻译人才库，提高越南语专业学生跨文化交际的翻译能力和实际应用能力，助力广西建设，推动“一带一路”高质量发展。

参考文献

陈雯，2015. 会展经济发展背景下广西口译人才培养的思考［J］. 海南广播电视大学学报，16（1）：7-10.

黄显德，刘亚娟，2022. 基于互联网+的新教学模式研究［J］. 中国教育技术装备（8）：127-128.

袁卓喜，2009. 中国-东盟博览会会展翻译人才的培养对策——基于预制语块理论的思考［J］. 东南亚纵横（8）：47-51.

章昌平，陈雯，2017. 广西高校会展口译人才培养调查研究［J］. 广西广播电视大学学报，28（2）：82-91.

虚拟现实技术在马来语口语课程中的应用研究[①]

周雅慧[②]

摘要：马来西亚是东盟中首个与中国建交的国家，两国友好关系源远流长。为了促进双边合作和交流，迫切需要大量精通马来语的复合型人才。近年来，中国高校在马来语人才培养方面取得了长足进展。然而，在教学实践中如何有效提升学生的马来语口语交际水平成为亟需攻克的难题。当前传统课堂教学存在单一情境和实际操练机会有限的问题，难以有效提升口语运用能力。虚拟现实（VR）技术为语言教育提供了创新契机。本文基于多模态教学理论和虚拟现实技术应用状况，构建创新型的马来语口语交际教学模式。该模式利用沉浸体验和交互性，创造真实语境，有机结合情境教学法和交际法。促使学习者在虚拟环境中自主学习、互动练习、进行口语评测。模式的实施路径包括构建一体化技术平台，包括软硬件系统、交互性虚拟场景、智能评测反馈。文中深入分析了模式的理论支撑、创新价值和挑战，并提出了促进该技术在马来语口语领域应用的策略建议，希望可以为语言教学改革和教育信息化建设提供有价值的参考。

关键词：虚拟现实技术；马来语；口语交际；课程应用

一、引言

马来语作为东南亚地区使用的重要语言之一，在政治、经济、文化等诸多领域的交流中扮演着不可或缺的作用。近年来，随着中国与东盟国家交流互动日渐频繁，对培养促进双方沟通合作的语言通才需求日益增加。然而，在针对中国学生的马来语课程中，口语表达作为一大难点，“哑巴语言学习”的现象仍然普遍存在，学习者存在

① 本文系2022年度海南师范大学教育教学改革一般项目“海南自贸港建设背景下的大学东南亚语教学改革研究”（项目编号：hsjg2022-09）的研究成果。

② 作者简介：周雅慧，女，1986年生，博士在读，海南师范大学外国语学院讲师。主要研究方向：马来西亚历史文化、东南亚语言教育改革。

畏难情绪，害怕交流，如何有效提升其口语水平一直是一大挑战。

当前马来语传统课堂教学环境单一，实践机会少之又少，难以为学习者营造沉浸式的语言交际情景。即便配备外教，也由于人力、精力有限，难以在有限的课堂时间内为学生提供个性化的一对一演练，口语训练效果往往事与愿违。与此同时，信息技术在语言教育领域的创新应用有待进一步拓展，亟需探索融合先进技术手段的新型教学模式。虚拟现实技术近年来驶入快车道，其无边无际的虚拟模拟能力、高度身临其境的沉浸式体验以及良好的交互性，为语言教学带来了全新契机。借助虚拟现实技术，教师可为学习者精心营造逼真的虚拟语言环境，实现情景化和交际化教学，从而提升学生的学习动力和语言实践能力。

有鉴于此，本文旨在将虚拟现实技术创新性地应用于马来语口语交际课程教学，致力于构建一种全新的教学模式框架。该模式主要设计了多种模拟真实场景的虚拟情境，旨在充分发挥虚拟现实技术优势，为学习者营造身临其境的语言实践环境。在理论层面，该教学方式有助于推动语言教学理论创新，探索新技术与教育教学的深度融合；在实践层面，该教学模式框架的构建将为马来语口语交际教学改革提供全新的模式选择，契合当前外语教育数智化的发展大势，推动教育信息化进程向前迈进。

二、虚拟现实技术外语教学应用与马来语教学现状分析

虚拟现实技术（VR）早在20世纪60年代就被用于美国空军训练进行飞行模拟，并逐步应用到现代教学中，其中包括语言教育、动手实操和情景演练等，应用目的是让学习者沉浸在数码创建的环境中，开展感官运动和认知活动。[①]当前关于虚拟现实技术运用于语言学习的研究主要强调了主动学习和基于场景的学习对于提供实用“现实世界”技能教育的重要性，认为虚拟现实模拟实际教育的能力可帮助促进学习方法的实践。[②]虚拟现实技术针对外语教育的关键因素是促使学习者增加接触语言频率，达到沉浸式学习的目的。

在外语教学中，培养和促进学生的口语运用能力，是教学重难点之一。随着人工智能的进一步发展，教师如何利用最新技术提升课堂效果显得至关重要。当前虚拟现实技术在外语研究中的运用聚焦于基于建构主义的各类认知和学习理论，肖俊敏和王春辉探究了VR技术的教学效果、接受程度以及对学习动机、心理情感和行为方式的影响[③]；郑春萍等人基于情境教学理论，收集问卷调查探究虚拟现实环境中英语学习观与学习投入的构成要素和结构，并得出虚拟现实环境对增强英语学习动机的积极作用是

① Fuchs P. Virtual Reality：Concepts and Technologies. CRC Press，2011.

② Chandramouli，M.，Zahraee，M.，& Winer，C. “A Fun-learning Approach to Programming：An Adaptive Virtual Reality（VR）Platform to Teach Programming to Engineering Students” .In IEEE International Conference on Electro/Information Technology. IEEE. 2014，pp.581-586.

③ 肖俊敏、王春辉：《虚拟现实技术在语言教育中的应用——研究现状、作用机制与发展愿景》，载《首都师范大学学报》（社会科学版），2023年第5期，第91-105页。

预测大学生学习投入最主要的因素①；Kaplan-Rakowski 等人通过实证调查收集的互动定性分析，使用虚拟现实的社交应用软件，促进师生对话，为提高外语口语技能发展提供更高效的教学环境②。虚拟现实技术为提高学生口语表达能力开辟了新的可能性。在沉浸式环境中进行角色扮演、引导讨论和辩论赛等活动有助于激发学生的学习兴趣，从而达到提高口语流利度的目的。

马来语在我国作为非通用语，针对大学生均以零起点开始讲授，至今相关教学发展已有62年的历史③，发展态势良好。现今国内外针对马来语教学的研究中，主要聚焦在评估和预测国际马来语教学与研究的发展趋势④；在马来西亚高校教学背景下分析外国学生在学习马来语语法时遇到的问题以及解决方案⑤；以“产出导向法”（POA）理念为指导，以驱动环节的设计为重点，对原教材中的课文进行改编⑥。尚无虚拟现实技术在马来语教学尤其是口语教育方面的应用研究，有必要在虚拟现实技术支撑之下设计马来语口语交际的模式并尽早投入实践，促进教学相长。

三、虚拟现实技术应用于马来语口语教学模式设计

利用虚拟现实技术达到较好的马来语口语教学效果，需要明确遵循的要点包括利用虚拟现实技术创造出高度沉浸和互动的语言学习环境；设置情境化语言输入，模拟出各种生活和工作等真实情境，为马来语的口语学习提供丰富的语言输入；创建个性化的学习路径以满足不同的学习需求；融入游戏化设计元素的挑战关卡，激发学习者的好奇心和成就感；刺激多感官学习，将视觉呈现与听觉和触觉等相结合，使口语学习更加立体多元化。

（一）马来语口语课设计理念和目标

多模态教育模式强调在语言、图像、动作和声音等不同模态相互影响下，教师

---

① 郑春萍、卢志鸿、刘涵泳等：《虚拟现实环境中大学生英语学习观与学习投入研究》，载《外语电化教学》，2021年第2期，第85–101页。

② Kaplan-Rakowski R.，& Gruber，A. “One-on-one Foreign Language Speaking Practice in High-immersion Virtual Reality”. In Contextual Language Learning：Real Language Learning on the Continuum from Virtuality to Reality. 2021，pp.187–202.

③ 北京外国语大学亚洲学院马来语专业创建于1962年，是中国高校的首个马来语专业。

④ 蔡金城：《论国际马来语教学与研究的发展趋势》，载《东南亚研究》，2001年第4期，第62–67页。

⑤ Zeckqualine Melai，Dayang Nurlisa Abang Zainal Abidin. “Pengajaran Bahasa Melayu Dalam Kalangan Pelajar Asing：Analisis pola Kesalahan Tatabahasa Dalam Penulisan”. Issues in Language Studies，Issue 9，pp.86–106.

⑥ 邵颖：《基于“产出导向法”的马来语教材改编：驱动环节设计》，载《外语与外语教学》，2019年第1期，第25–32页。

与学生之间的有效互动和沟通。在人工智能快速发展的时代，结合马来语口语教学具体实施场景，学习者不再被动接受知识输入，而是在教师的指导下与虚拟系统（虚拟场景、虚拟角色等）进行主动互动。在多模态背景下开展师生互动，可改变学习者的行为，使学习者逐步达成教学目标。系统会根据学习者的语音输入做出智能反馈和响应，模拟真实的语言交互过程。虚拟现实教学不是替代教师，而是将教师的作用重新定位。教师可以远程登入虚拟教室，与学习者进行实时的语音/视频交流互动，及时解答疑问、点评学习表现等。还可以促进同伴学习者之间的协作互动，表现在虚拟环境中可以模拟多人同场景，学习者可以在虚拟场景内与其他同伴进行分组讨论、角色扮演等协作性口语实践活动，增强互动性和多样性。通过人机交互、人人交互、智能化交互反馈等多种形式，打造全方位和多维度的语言交互实践环境，提高学习者的参与度和主动性，更有利于语言技能的有效习得。

基于虚拟现实的马来语口语课设计理念是为学生提供更多语言实践机会；培养学生跨文化交际意识，通过模拟不同的文化场景，使学生了解马来文化习俗并增强他们对马来西亚文化的理解和尊重；激发学生学习动机与兴趣，提高学生参与度，培养持续的学习兴趣；发展学生自主学习能力，为学生提供个性化、自主探索式的语言学习体验；教师可以随时调控学生的学习进度，并获得他们的学习数据，实时跟踪学生学习过程，精准教学；促进学习迁移和泛化，将所学的知识技能迁移到真实生活中。

（二）虚拟现实技术下的马来语口语教学活动和课程流程设计举例

如何在虚拟现实创设的情景中有效训练口语技能，并无缝衔接运用到现实操练中，需要做好人机互动。为了更好地对相关教学活动和流程设计进行说明，笔者选取“介绍特色节日——马来西亚开斋节庆祝”（Memperkenalkan hari raya-Hari Puasa di Malaysia）这一主题进行举例并深入探讨，具体实施的流程见表1。

表1　使用虚拟现实技术开展的马来语口语教学实例流程

阶段	虚拟现实系统设置功能	教师配合事项
第一阶段：文化导入	1. 构建马来西亚开斋节虚拟场景 2. 介绍开斋节的起源和习俗	1. 审核相关场景是否符合真实情况 2. 补充文化知识细节
第二阶段：情境对话	1. 设置马来人家庭聚餐的开斋节场景 2. 提供人工智能对话系统 3. 语音交互反馈和纠正	1. 设计对话情节 2. 提供对话范例
第三阶段：微课学习	1. 根据学生实际水平设置和演练相关微课 2. 提供开斋节祝福语等带读跟读	1. 审核和补充微课教学内容 2. 分析学生练习中存在的问题，查漏补缺

续表

阶段	虚拟现实系统设置功能	教师配合事项
第四阶段：扩展任务	1. 要求学生录制开斋节习俗的介绍视频 2. 设计相关虚拟场景的对话	1. 明确拓展任务 2. 检查并给予学生评价
第五阶段：文化交流	1. 设置马来语开斋节文化的讨论平台 2. 收集教学问题以及改进建议	1. 组织并主持讨论 2. 提出教学反思

（三）学习评价体系和反馈机制

在虚拟现实辅助下的马来语教学模式中，评价体系和反馈机制是确保教学质量和促进学习效果的关键环节。具体可通过如下几个方面进行评价和反馈。

1. 过程性评价

利用虚拟现实系统和人工智能技术，可以对学生在情境对话、任务实践等各个环节的表现进行实时评分和反馈，包括发音、词汇、语法等多个维度。这种过程性评价能帮助学生了解自身薄弱环节，及时加强训练。在开斋节家庭团聚场景对话练习环节，当学生与虚拟角色进行马来语交流时，系统会实时评分并给出反馈。比如学生说“Selamat Hari Raya Aidilfitri”（开斋节快乐），若发音不准确，系统会显示纠正：“注意发‘r’这个音的舌位。”如果语法有误，比如说成“Selamat Anda Hari Raya Aidilfitri”，系统会提示“不需要加‘Anda’这个主语”，并且记录下来做好课后的总结和反馈。

2. 智能化评测

通过语音识别、自然语言处理等技术，系统可以对学生的口语输出进行智能化评测，全面分析发音、流利度、内容连贯性等，为学生和教师提供客观、精准的数据分析报告，从而制定个性化的学习方案。学生在完成对开斋节庆祝庆典的作业后上传，系统会通过语音识别和自然语言处理技术，对发音、音调、词汇、句型、内容连贯性等方面进行智能评分并生成报告。报告可以直观展示学生在不同维度的得分和排名，并指出需要加强的地方，如“存在一些马来语双元音，以及特殊辅音ny和ng的发音问题，需要多练习”。

3. 多维度评价

除了语言技能评价，系统还可以对学习者的文化理解能力、跨文化交际能力、自主学习能力等进行评价，体现教学目标的多维性，例如在文化讨论环节通过学生的表现给予相应评分。在开斋节文化习俗分享环节，学生需要录制一个视频，介绍自己家乡独特的过节风俗。这个环节考查学生的马来语表达能力和对跨文化理解的程度。教学系统和教师可以从内容全面性、文化透视度、视频制作水平等角度给予综合评价。

4. 学习分析

系统可以全程跟踪和分析学生的学习行为数据，如学习时长、进度、作业完成情况等，提供学情分析报告，帮助教师了解每位学生的学习状态，及时调整教学策略。

5. 多元反馈

系统可以根据评价结果，通过多种方式为学生提供反馈，如语音反馈、文字反馈、视频点评等，满足不同学习者的需求。教师可以基于反馈情况了解学生的学习动态和困难点，及时调整授课重难点和教学方式，使教学设计和实施过程更加个性化、差异化、精准化。针对学生的马来语发音和用词还有待提高的问题，系统不仅会以文字形式给出反馈建议，如“多听多模仿”，还会发送一段马来语发音范例视频和语流训练材料，甚至可以请虚拟语音教师以语音形式为其进行点评和示范纠正。

6. 激励机制

在评价和反馈过程中，可以设置一些激励性的环节，如虚拟奖励、解锁新场景等，让学生在完成评价任务后获得正向激励，保持高涨的学习热情。假设学生在本单元的综合测评中取得优异成绩，系统就会授予“开斋节介绍专家”的称号和徽章。同时，虚拟现实场景会为学生解锁一个特别的开斋节街景，增强学生对马来语文化学习的热情。

四、结论与展望

本文探讨了一种新型的利用虚拟现实技术辅助马来语教学模式，旨在打造使学生身临其境的语言学习环境，提升马来语交际教学效果。该模式整合情景化、交互式、个性化和游戏化的教学理念，通过虚拟现实技术模拟真实场景，为学习者提供丰富的语言实践机会。同时，系统可以构建多维度的评价反馈体系，实现对学习过程的持续监测和个性化指导，促进教学优化。这一创新模式具有重要的理论意义和现实价值。从理论层面看，它拓展了语言学习的时空维度，为语言习得动机理论提供新视角，也为教育人工智能等新兴技术在教育领域的应用提供了有益借鉴。在实践层面，它突破了传统单一语料库和课堂实践的局限，为马来语教学注入现代科技动力，对推动语言教育现代化具有重要意义。

随着人工智能时代的到来，虚拟现实技术在语言教育领域的应用应该朝着人机协作、优势互补的方向发展。在这一新型“教”与“学”的过程中，人工智能系统可以发挥建模、评估、反馈等优势，而教师则可以侧重于情感辅导、个性化指导等仍需人力的环节，人机共同发力，相得益彰。

未来的研究需要深入探讨虚拟现实等人工智能前沿技术如何与语言教育更好地

融合：一方面需优化相关算法模型，提升场景建模、语音识别等技术性能；另一方面需聚焦学习者的认知特点，探索更佳的人机交互方式，实现技术与教育的精准无缝对接。另外，还需注重教育公平性，推动虚拟现实技术在非通用语教学普及应用，促进优质教育资源均衡发展；加强产学研协同，完善相关政策法规，为新技术在教育领域的规范化、智能化奠定基础。只有协同发力、系统性建设，才能让新型虚拟现实辅助语言教学模式真正释放潜能，造福更广大的师生群体。

参考文献

蔡金城，2001. 论国际马来语教学与研究的发展趋势［J］. 东南亚研究（4）：62–67.

邵颖，2019. 基于“产出导向法”的马来语教材改编：驱动环节设计［J］. 外语与外语教学（1）：25–32.

肖俊敏，王春辉，2023. 虚拟现实技术在语言教育中的应用——研究现状、作用机制与发展愿景［J］. 首都师范大学学报（社会科学版）（5）：91–105.

郑春萍，卢志鸿，刘涵泳，等，2021. 虚拟现实环境中大学生英语学习观与学习投入研究［J］. 外语电化教学（2）：85–101.

CHANDRAMOULI M，ZAHRAEE M，WINER C，2014. A fun-learning approach to programming：an adaptive Virtual Reality（VR）platform to teach programming to engineering students［C］//IEEE international conference on electro/information technology. IEEE：581–586.

FUCHS P，MOREAU G，GUITTON P，2011. Virtual reality：concepts and technologies［M］. London：CRC Press.

KAPLAN-RAKOWSKI R，GRUBER A，2021. One-on-one foreign language speaking practice in high-immersion virtual reality［M］//Contextual language learning：Real language learning on the continuum from virtuality to reality. Berlin：Springer，187–202.

MELAI Z，ABIDIN D N A Z，2020. Pengajaran bahasa Melayu dalam kalangan pelajar asing：Analisis pola kesalahan tatabahasa dalam penulisan.［J］Issues in Language Studies，9（1）：86–106.

中韩终身教育政策比较研究[①]

黄进财　张子洋[②]

摘要：本文通过对中韩两国终身教育政策的对比分析，揭示了两者政策背景、目标、实施与管理、内容与特色及效果评估的异同。韩国在终身教育政策上强调系统性和前瞻性，而我国则展现出内容的多样性。两国教育虽均取得显著成效，但在政策实施、内容创新及国际交流方面仍有提升空间。我国终身教育政策应借鉴韩国在系统性规划和前瞻性布局上的经验，同时保持自身在内容多样性上的优势，进一步探索高效的实施机制，以满足多元化的教育需求，并积极开展国际交流与合作，共同推动终身教育事业向前发展。

关键词：终身教育；中韩对比；政策协同；内容创新；国际交流

一、引言

随着全球化和信息化时代的到来，终身教育已成为各国教育改革的重要方向。终身教育旨在为人们提供持续的学习机会，以满足他们终身发展的需求。中韩两国作为亚洲的重要国家，在终身教育领域均进行了积极的探索和实践。本文旨在通过比较分析两国在终身教育政策方面的异同点，为我国的终身教育改革和发展提供有益的借鉴和参考。

① 本论文系重庆市教育委员会2024年职业教育教学改革研究项目（Z2241122X）研究成果，中国成人教育协会成人继续教育科研规划课题研究成果。

② 作者简介：黄进财，四川外国语大学朝鲜语专业教授、硕士生导师，网络与继续教育学院院长兼书记，主要研究方向：韩国语言、文化教育、中韩互译、中韩语言、文化比较。张子洋，四川外国语大学东方语言文化学院朝鲜语笔译专业硕士在读，主要研究方向：中韩翻译、中韩文化教育。

二、文献综述

（一）终身教育概念与理论

终身教育，作为一种全球性的教育理念，其核心观点在于教育不应局限于某一特定阶段或形式，而应贯穿于人的一生，以适应个人和社会的持续发展。自法国教育学家保罗·朗格朗在1965年首次提出“终身教育”的概念以来，该理念已在全球范围内得到了广泛的关注和研究。

国内外学者对终身教育的概念进行了深入的探讨。他们认为，终身教育不仅涵盖了个体在生命过程中接受的各种正式和非正式教育，还涉及教育内容的广泛性、教育方式的多样性以及教育目的的个性化。在理论框架上，终身教育被看作一个综合性的系统，它涉及教育政策、教育资源、教育环境等多个方面。

（二）中韩终身教育政策研究现状

我国学者有关终身教育政策领域的研究主要集中在以下几个方面：一是终身教育体系的确立，包括教育资源的整合、教育模式的创新以及教育制度的完善等；二是政策实施与评估，关注政策执行过程中的问题与挑战，以及政策效果的评估与反馈；三是国际比较与借鉴，通过分析其他国家的成功经验，为我国终身教育政策的制定提供参考。

在构建终身教育体系的探讨中，我国学术界普遍倾向于构建一个具备多元性和开放性的框架，旨在满足各类社会群体的多样化学习需求。在谈到政策的具体实施和成效评估时，学者们倾向于聚焦执行过程中的挑战和阻碍，并寻求针对性的策略以克服这些困难。此外，为了推动我国终身教育政策的持续进步，学者们还积极从国际视角出发，借鉴先进的教育理念和实践经验，以丰富和完善国内的相关政策体系。

韩国学者在终身教育政策领域的研究独具特色。在法律保障层面，韩国学者特别强调完善立法，政府出台了一系列法规来支撑终身教育的顺利实施。从管理体制来看，韩国构建了全面的终身教育管理架构，确保了对终身教育事务的统筹规划与协调管理。此外，韩国在国际交流方面亦展现出积极姿态，不仅参与国际终身教育的合作与对话，还积极引进国际前沿理念与技术，以推动韩国终身教育事业的持续进步。

除了中韩两国，全球范围内也有许多其他国家的学者在终身教育领域进行了深入的研究。美国学者在终身教育政策上聚焦教育的普及与公平性，力求提升国民整体素养；而欧洲国家则更为关注教育的个性化和创新，鼓励个体在终身学习的道路上实现自我成长与发展。这些研究成果为我们提供了丰富的经验和启示，值得我们深入学习和借鉴。

终身教育作为当代教育的重要理念和实施模式，在全球范围内引发了广泛关注和研究。各个国家在终身教育政策方面的独特研究，为我们提供了宝贵的经验和深刻的启示。

三、中韩终身教育政策背景与目标

（一）我国终身教育政策背景与目标

我国政府自20世纪90年代起便提出了构建终身教育体系的理念，并将其作为教育改革和发展的重要方向。随着经济的快速发展和科技的日新月异，终身教育在我国的重要性日益凸显。我国政府致力于在2010年及之后基本建立起终身学习体系，为公民提供终身学习的机会和条件，促进社会成员的全面发展。

（二）韩国终身教育政策背景与目标

自20世纪80年代初，韩国便在《宪法》中正式确认了终身教育的价值，并持续推动相关政策的深化。韩国政府坚信，终身教育对提升国民素质和生活品质至关重要，同时也是推动国家持续发展和创新的核心力量。因此，韩国政府全力推进终身教育政策，旨在为每位国民提供终身学习的机会，确保他们能够在生活中持续学习和成长。

四、中韩终身教育政策实施与管理

（一）我国终身教育政策实施与管理

我国政府设立了中国教育发展战略学会终身教育工作委员会等专门机构，负责全面规划和协调终身教育工作。同时，政府制定了一系列法律法规和政策文件，如《中华人民共和国教育法》《中国教育改革与发展纲要》等，为终身教育的发展确立了法律基础和政策保障。此外，我国还大力推动学习型城市、社区和组织的构建，旨在为公民提供多样化的学习平台和资源，助力终身学习的深入发展。

（二）韩国终身教育政策实施与管理

韩国在教育部下设立了“终身教育振兴委员会”，并在各级行政区划中配套相应机构，构建了全面的终身教育管理体系。韩国政府通过《终身教育法》和每五年更新的《终身教育振兴基本计划》，为终身教育提供了法律支撑和规划蓝图。此外，韩国还建立了终身教育综合信息系统和学分银行制度，为公民提供了灵活多变的学习途径和认证机制，进一步推动了终身教育的发展。

五、中韩终身教育政策内容与特色

（一）我国终身教育政策内容与特色

我国终身教育政策聚焦于完善基础设施和制度建设。政府积极打造学习型城市、社区和组织，为公民提供多元学习机会和资源。同时，政策强调培养学习者的自主性，提升自我组织和自我教育能力。政府鼓励公民根据自身发展目标进行终身学习，并提供必要的支持和指导。

（二）韩国终身教育政策内容与特色

1. 政策引领与协同合作

政府引领：韩国政府通过颁布《终身教育法》确立终身教育基调，旨在为国民提供终身学习机会，以提升国民素质和生活品质。此外，韩国政府还定期制定《终身教育振兴基本计划》，为终身教育的持续发展提供明确指导。

社会协同：韩国政府鼓励社会多元力量参与终身教育，形成了涵盖学校、培训机构、企业、社区及非政府组织的全面教育供给体系，共同为公民提供多样化的教育服务。

跨部门联动：韩国建立了跨部门协作的终身教育推进机制，如“终身教育振兴委员会”，负责审议和推动终身教育政策，确保各部门间的紧密合作，共同促进终身教育事业的蓬勃发展。

2. 完善的推进体制与治理体系

财政投入：韩国政府通过财政拨款等方式，对终身教育给予稳定的资金支持。例如，在2013至2017年间，政府投资了3778亿韩元，旨在建立以大学为核心的终身教育体制，确保教育资源的优化配置。

资源整合：韩国注重整合各类教育资源，如学校、社区和企业等，提供丰富多样的教育服务。政府统筹规划各类资源，构建终身学习型城市，以满足不同人群的学习需求。

监督评估：韩国建立了健全的监管与评估体系，对终身教育政策的执行情况进行严格监督和科学评估。通过有效的评估机制和方法，对政策效果进行客观评价，确保政策的有效实施和预期目标的达成。

3. 注重内容创新与实践性

教育内容多元化：韩国终身教育的内容广泛多样，包含职业技能教育、文化素养提升教育、生活技能提升教育等多个领域，以满足不同人群的个性化学习需求。其中，“非学历专家课程”模式尤为突出，针对中年职场人士提供职业培训和资格证书课程，强调课程的实用性和可操作性。

实践导向：韩国在终身教育课程中强调实践和应用，鼓励学习者将所学知识转化为实际能力。政府要求高校在课程开发时充分考虑产业需求和企业要求，同时结合成人和地方社会的实际需求，确保教育内容与实际应用紧密结合。

数字化学习平台：韩国积极利用数字化技术推动终身教育发展，通过构建终身教育综合信息系统，为学习者提供便捷、灵活的在线学习平台。同时，韩国还运营了成熟的学分银行制度，为学习者的学习成果提供认证和积累机制，进一步推动终身学习体系的建设。

4. 国际交流与合作

国际合作与交流：韩国致力于在终身教育领域与其他国家建立合作机制，积极开展国际交流与合作。这不仅有助于韩国引进国外先进的终身教育理念和成功经验，还能推动本国终身教育事业的持续发展。

理念引进与创新：韩国重视吸收国外先进的终身教育理念，并结合本国实际进行创新。通过与国际伙伴的深入交流与合作，韩国不断完善和发展自身的终身教育政策，以适应时代的需求和挑战。

5. 特色政策与项目

一站式学习服务：韩国构建了终身教育综合信息系统，为学习者提供便捷的一站式服务。该系统整合了课程查询、学习进度追踪、证书获取等功能，极大地方便了学习者的学习路径规划。

学分灵活转移：韩国实施学分银行制度，实现了学习者在不同教育机构间学分的无缝转移。这一制度赋予学习者更多学习选择权，让他们能够根据自身兴趣和需求灵活规划学习路径。

创新试点项目：韩国还启动了如“Neulbom School”等创新试点项目，这些项目旨在探索新型教育模式和方法，为终身教育的发展提供实践经验和创新思路。

六、中韩终身教育政策效果与评估

（一）我国终身教育政策效果与评估

近年来，我国的终身教育体系取得了显著进展，政策法规逐渐完善，学习和教育资源日益丰富，为公民提供了更广泛的学习机会。随着社会对终身学习的认识不断加深，公民参与终身教育的积极性也日益提高，营造了浓厚的终身学习氛围。然而，在终身教育政策实施和监管方面，仍面临一些挑战。

具体而言，政策执行力度有待加强，以确保各项政策能够得到有效落实。同时，监管机制也需进一步完善，以实现对终身教育活动的全面监督和管理。这些问题不仅影响终身教育的普及率，还可能制约其质量的提高。

展望未来，我国需要继续加大政策落实和监管力度，确保终身教育政策能够真正惠及广大公民。通过加强政策宣传和推广，提高公民对终身教育的认识和理解，激发他们参与终身学习的热情。同时，还需要建立健全的监管机制，对终身教育活动进行定期监督和评价，确保其质量和效果。

总之，我国的终身教育事业正迎来新的发展机遇。通过不断完善政策法规、丰富学习和教育资源、加强政策落实和监管力度，我国将进一步提高终身教育的普及率和质量，为公民提供更加优质、便捷的终身学习服务。

（二）韩国终身教育政策效果与评估

韩国的终身教育政策取得了显著成效，不仅国民素质和生活质量得到了显著提升，而且终身教育体制也日趋完善。这一政策在促进国民终身学习能力、推动社会持续进步等方面发挥了举足轻重的作用。然而，韩国在推进终身教育政策过程中，仍面临着一些不容忽视的挑战。资源分配不均、地区发展差异较大等问题，都在一定程度上制约了终身教育政策的全面实施。

因此，韩国需要进一步优化政策资源的配置，确保各地区都能获得足够的支持，以推动终身教育事业的均衡发展。同时，加强地区间的合作与交流也至关重要，这有助于共享资源、经验，缩小发展差距，实现终身教育政策的全面覆盖和深入发展。

七、中韩终身教育政策比较分析

（一）共同之处

中韩两国在终身教育政策方面均高度重视政府的主导作用，通过精心策划与实施相关政策及计划，共同致力于推动终身教育事业的蓬勃发展。两国不仅注重完善终身教育的基础设施和基本制度建设，为公民提供丰富多样的学习机会和资源，还特别强调培养学习者的自主性，鼓励他们提升自我组织和自我教育的能力，以更好地适应终身学习的需求。

（二）差异之处

1. 管理体系与组织架构

中国：为了推动终身教育事业的发展，我国设立了中国教育发展战略学会终身教育工作委员会等专门机构，负责全面规划、管理并协调终身教育工作。这种管理体系彰显了我国政府对终身教育事业的统一领导和全面规划，确保政策的有效部署和顺畅推进。

韩国：韩国在教育部下成立了“终身教育振兴委员会”，并在市、郡、自治区等地方层面设立相应机构，构建了一个较为完善的管理体系。这一体系强调了地方层面的参与和协作，使政策更加贴近地方实际情况和民众需求，有助于实现终身教育政策的精准落地和有效执行。

2. 法律保障与制度建设

中国：尽管《中华人民共和国教育法》和《中国教育改革和发展纲要》等法律法规为终身教育的实施提供了法律地位和政策支持，但与韩国相比，我国在终身教育领域的法律法规建设尚待完善，尚未出台专门的终身教育法律，以进一步巩固和推动终身教育事业的全面发展。

韩国：早在20世纪80年代，韩国就将“终身教育”纳入了宪法之中，随后在2000年制定了专门的《终身教育法》。这一法律为韩国的终身教育事业提供了坚实的法律基础和制度保障，确保了韩国终身教育政策的稳定性和持续性，为终身教育事业的蓬勃发展奠定了坚实基础。

3. 内容特色与推进方式

中国：我国的终身教育政策致力于完善基础设施和基本制度建设，着重培养学习者的自主性。政府积极推动学习型城市、社区和组织的构建，为广大公民提供多样化的学习机会和资源。这种策略旨在通过基础设施建设和资源普及，为终身学习的推进奠定坚实基础。

韩国：韩国的终身教育政策则侧重于政府与社会各界的协同合作，形成了完善的推进体制和治理体系。政府通过精心策划的政策和计划，积极引导社会各界参与终身教育事业。此外，韩国还构建了终身教育综合信息系统和学分银行制度，为公民提供灵活多样的学习路径和认证机制。这种推进模式注重多方合作与学习成果的认定，有效激励了公民参与终身学习的积极性。

4. 效果评估与监管机制

我国：我国在终身教育政策实施和监管方面已有所建树，但监管机制仍有待加强。展望未来，需进一步加大政策落实和监管力度，以确保终身教育的普及率和质量得到显著提升。

韩国：韩国的终身教育政策在国民终身学习能力的增强和社会发展的推动方面成效显著。其政府对政策实施情况的监管与评估体系相对成熟完善，有效保障了政策的高效执行和预期目标的达成。

综上所述，中韩两国在终身教育政策上的差异主要体现在管理体系、组织架构、法律保障、制度建设、内容特色、推进方式以及效果评估与监管机制等多个维度。这些差异不仅彰显了两国在终身教育领域独特的发展轨迹，也体现了各自在策略选择上的不同考量。

八、韩国终身教育政策对我国终身教育政策的启示

（一）完善立法保障，明确法律地位

韩国在终身教育领域先行一步，其《终身教育法》为相关政策提供了坚实的法律基础和制度支撑。相较之下，尽管我国在教育法和教育改革纲要等文件中提及了终身教育，但尚未制定专门的法律。鉴于此，我国可借鉴韩国的成功经验，加速推进专门的终身教育立法工作，确立终身教育的法律地位，进而为政策实施提供坚实的法律保障。

（二）构建完善的终身教育管理体制

韩国在教育部下设置“终身教育振兴委员会”，并在各级设立相应机构，形成了较为完善的终身教育管理体制。这种管理体制确保了政策的有效实施和资源的合理分配。我国可以学习韩国的做法，构建从国家到地方各级的终身教育管理机构，明确各级机构的职责和权限，形成高效、协调的终身教育管理体制。

（三）强化内容创新与发展

韩国在终身教育内容上独具匠心，其创新的综合信息系统和学分银行制度为公民打造了灵活且多样的学习途径与认证机制。我国可借鉴此模式，结合数字化与信息技术的飞速发展，推动终身教育内容的革新与升级。例如，通过构建在线学习平台，开发多元化的学习资源，我国能够满足不同群体的个性化学习需求，进一步丰富终身教育的内容与形式。

（四）加大投入与支持力度

韩国政府在2013至2017年间对终身教育事业的投入高达3778亿韩元，主要用于构建以大学为核心的终身教育体制，这充分展现了韩国政府对终身教育的高度重视和坚定承诺。我国可以学习相关经验，进一步加大对终身教育事业的投入与支持，特别是在偏远和资源匮乏地区，应加大政策倾斜和财政扶持力度，确保终身教育政策能够均衡、全面地惠及每一个角落。

九、结语

综上所述，韩国在终身教育政策领域的深厚经验和独特做法，无疑为我国提供

了宝贵的启示和借鉴。我国可以深入学习韩国的成功经验，通过完善立法保障来稳固终身教育的法律地位，构建更为完善的管理体制以确保政策的高效实施。同时，加强社会各界的协同合作，共同推动终身教育事业的全面发展。在内容创新与发展方面，我们应紧跟时代步伐，利用数字化和信息技术，为公民提供更丰富、更灵活的学习资源和路径。此外，加大投入与支持力度，特别是针对偏远和资源匮乏地区，确保终身教育政策能够惠及更广泛的群体。通过这些举措，推动我国终身教育事业的繁荣与进步。

参考文献

邓毅，张蕾，2017. 韩国终身教育立法及其对我国的启示［J］. 中国成人教育（23）：115–117.

李之文，李秀珍，孙钰，2014. 韩国高校终身教育及其对中国的启示［J］. 教育学术月刊（12）：32–37.

王星炎，2024. 中国终身教育体系建构的时代理路［J］. 继续教育研究（6）：23–28.

于亦璇，2019. 韩国终身教育发展研究及对我国构建学习型社会的启示［J］. 中国成人教育（23）：60–63.

袁雯，刘雅婷，马颂歌，2023. 教育即终身教育——面向中国式现代化的终身教育变革［J］. 教育研究，44（6）：138–146.

"互联网+"背景下对分课堂教学模式新探索

——以葡萄牙语口译课堂为例①

刘梦茹②

摘要：对分课堂是发挥讲授式教学优势，贯彻参与式教学理念，结合讨论式教学的一种创新教学模式。其创新之处在于内化吸收环节的"教学留白"，给予学生充分发挥自主学习能力的空间与时间。该模式的开展不仅依赖于师生主体，还可依据课程特点与外部环境不断探索与调整。本文以葡萄牙口译课程为研究对象，通过课程前期分析、现有问题探讨、对分方案设计、投入课程实践与师生反馈评价五个环节，探讨互联网背景下利用资源和技术优势开展对分课堂的可行方案。研究结果显示，所探索的对分方案有效提升了课堂的活跃度，将内化吸收环节辅以实践任务驱动，把互动讨论环节与雨课堂相结合，提升了学生的课堂参与度和积极性，锻炼了学生从发现问题、到讨论问题，再到解决问题的能力，实现学有所用、学能所用，有效促成教学平衡的理想局面。

关键词：对分课堂；葡萄牙语口译；互联网+；教学模式

一、引言

高等教育的课堂改革是实现新时代高质量人才培养的关键。随着互联网技术的发展，高等教育已然发生了显著变化。大规模开放式在线课程迅速兴起，解决了优质教育资源分布不均的问题，不仅打破了教学过程中学生自主学习与个性化学习的资源困

① 本项目系四川外国语大学校级教改项目"'互联网＋'背景下对分课堂教学模式新探索——以葡萄牙语口译课程为例"的研究成果，重庆市高等教育教学改革研究项目"'理解当代中国'系列教材融入高校葡萄牙语口译课程的教学实践探究——以四川外国语大学为例"的阶段性成果。

② 作者简介：刘梦茹，女，1989年生，葡萄牙语语言学博士，四川外国语大学葡萄牙语专业讲师。主要研究方向为葡萄牙语语言与教学、跨文化交流、葡萄牙语研究生国家研究。

局，也为丰富教学手段提供了多样化的工具。在“互联网+”背景下，要思考如何抓住高等教育课堂改革的机遇，先要明确当前高等教育教学存在的亟待解决的问题。

目前，以教师为主导的“重教轻学”课堂模式仍较为普遍，使大学课堂教学面临师生关系难以和谐发展、教学效果难以保障、人才培养难以实现的困境（杨淑萍、王德伟、张丽杰，2015），需要解决学生参与度不高、能动性不强、惰性思辨习惯等问题。因此，转变教师主导课堂的局面、改变以讲授为主的课堂模式、营造师生良性互动的和谐氛围，已成为高等教育课堂改革的主要方向。参与式教学理念的提出，正是基于这一尝试，旨在加强师生互动与交流（陈华，2001），但在具体的参与方式、方法、程度及阶段等方面，仍需进一步探讨和明确。同时，引导式与开放式讨论教学方法也是解决学生参与度不高问题的路径（周剑雄、苏辉、石志广，2008）。不过，开展讨论式课堂的前提是学生需具有足够的知识储备和思辨能力，否则就会变成为了讨论而讨论，使得交流的内容过于分散，或偏离教学内容，导致教学目标无法实现。因此，讨论式教学需要建立在学生理解教学内容、知晓教学目标的基础上才能开展。

对分课堂作为一种创新的教学模式，利用传统讲授式教学的优势，充分结合参与式教学理念和讨论式课堂的互动特点，激发学生的主观能动性。不过，需要承认的是，对分课堂的开展也面临多方面的挑战，要实现不同学科课程上对分课堂的有效应用，需要基于课程特点、环境条件与时代背景来思考和解决。因此，本文选取课堂互动性需求较强的葡萄牙语口译课程作为研究对象，通过对分课堂模式的前期设计、具体实践与后期反馈，探索互联网背景下对分课堂教学的开展模式，以期为这一创新教学模式在相关学科中的实践提供可借鉴的方案。

二、对分课堂的概念界定与研究现状

对分课堂始于讲授式教学。传统讲授式教学是以教师为主角的单向单维教学，现在仍较多用于高等教育教学。这一教学方式注重的是从教师到学生的显性知识传递，教师是知识的主动传递者，学生则是知识的被动接收者，两者角色区分明显。事实上，传统讲授式教学是学生较为习惯且舒适度较高的教学模式，但也是限制学生发展的关键原因。这是由于知识的被动接收对学生思维能力和探索精神的培养存在明显的局限性（张学新，2014），长此以往，这种以教师为主体的教学模式就会阻碍师生关系的良性发展，导致学生习惯于被动接受知识，形成惰性思维（杨淑萍、王德伟、张丽杰，2015）。因此，如何提高学生参与度是高等教育改革需要思考的问题。

对分课堂基于参与式理念。参与式教学理念的提出，不仅提升了学生的参与度，还推动了师生角色的转变，形成了一种师生协作的教学模式（陈华，2001），认为教学的本质是师生共同参与的交往活动与学习活动，旨在是实现“共生发展”与“教学相长”（陈时见，2014）。值得肯定的是，这一理念引发了高等教育关于师生共同体构建的思考，也为提升学生学习积极性与解决问题的能力提供了新的路径，实现了学生从知识的被动接收者向参与者，乃至合作者的转变。不过，如何将参与式教学贯彻到高等教育教学改革中，还面临诸多挑战与难题。

对分课堂有利于讨论式教学。讨论式教学的本质是启发学生积极主动地思考问题，形成良好的师生互动与交流氛围，目的是在完成教学目标的基础上，提高学生的综合能力，让学生形成批判性思维（周剑雄、苏辉、石志广，2008），且有利于学生创造能力的培养（张金学、张宝歌，2011）。讨论式教学将课堂置于讨论与交流中，显然实现了师生角色的调整，能够实现师生互动、生生互动。不过，确保有效讨论的前提是学生具有丰富的知识储备与完善的知识架构来支撑课堂所要讨论的内容，而事实上，由于个性化差异，学生对知识的理解程度与思考方式往往各不相同，这会直接导致讨论式教学无法按照既定要求开展，甚至无法达到教学目标。

因此，“对分课堂”（PAD Class）融合了传统课堂与讨论式课堂的优势，通过“教师讲授”与“交互式讨论”合理分配的方式明确了参与形式，并配合内化吸收环节的结构化安排，把教学在时间层面清晰地分为三个过程：讲授（Presentation）、内化吸收（Assimilation）和讨论（Discussion）（张学新，2014）。对分课堂的基本思路是给予学生主导课堂的空间，调动学生主动参与课堂的积极性，实现讲授式教学、个性化内化吸收与交互式学习相结合的教学过程（张学新，2014）。具体而言，讲授环节中教师发挥的是传统讲授式课堂的优势，通过教师的讲解帮助学生形成知识体系构建，明确学习的目标与重难点；内化吸收环节关注的是学生学习与思考的过程，通过布置任务的方式引导和帮助学生将所学知识内化为个人经验，课堂讨论则关注的是学生自学和思考后的效果（杜艳飞、张学新，2016）。

对分课堂这一模式提出后，在微生物学、中医外科学、外语教学等学科领域均得到了成功的运用。不仅如此，近年来，有关对分课堂教学模式的讨论范围也越来越广，其研究涵盖了包括语言在内的五十多门学科的上千门课程（薛建平，2021）。从现有研究来看，对分课堂本身以及对分课堂与其他课堂模式的融合成为研究的热点问题，比如对分课堂与翻转课堂的整合（宁建花，2016）、基于微课的对分课堂（魏春梅，2016）等。不过，虽然不少学者开展了外语教学领域的对分课堂研究，但这些研究大部分集中于英语这门语言，并未针对非通用语开展研究。不同于英语的是，非通用语教学中学生往往不具备前期语言知识架构，且由于缺乏外部语言环境的刺激，需要大幅依赖于讲授环节为学生提供必要的语言知识输入。

事实上，教师讲授本就是实现内化吸收的前提条件，交互式讨论是评估内化吸收的方式，对分课堂的关键则是处于中间环节的内化吸收阶段。因此，高等教育课堂教学的本质也应当是学生实现知识的内化吸收，形成显性知识的转化与综合运用的能力。此外，有效实现对分课堂的关键还在于如何调动学生在讨论环节的积极性。如若学生对于讨论持消极态度，那么会直接影响内化吸收时的主动性。由此可见，对分课堂仍然有很多值得探讨的地方，教师在采用对分课堂教学模式时，应当充分考虑课程本身的特点、课程要求、既定目标等多方面因素，谨慎思考如何实现对内化吸收环节的把控，如何调动讨论环节的积极性等。观之可见，对分课堂的创新点在于其在多种教学模式下的“分”理念，但它不单单是讲授与讨论的结合，也不应视作时间对半分的简单思路。

三、研究方法

为探索互联网背景下对分课堂的教学模式，本文选取了四川外国语大学葡萄牙语口译课程作为研究案例。原因在于葡萄牙语系非通用语，且国内有葡萄牙语专业的院校较多，对该课程教学改革的研究不仅具有广泛的实践价值，还能够产生一定的外溢效应，为其他非通用语语种的口译课程改革提供参考意义。再者，师生互动性强、理论与实践结合、学生参与度高是口译课程区别于其他课程的特点，这些特点恰好与对分课堂三环节（讲授、内化吸收与讨论）高度契合。因此，择取葡萄牙语口译课程作为研究代表案例具有一定的价值。

从培养方案上看，四川外国语大学葡萄牙语口译课程系本科限选课程，分两个学期开设，分别在葡萄牙语本科专业大三第二学期与大四第一学期进行。本文的研究对象选取的是大四第一学期的葡萄牙语口译（2）课程，主要考虑到这一学期的课程受试人数较为充足，能够确保研究结果相对客观。受试学生均为四川外国语大学葡萄牙语专业全日制本科生，葡萄牙语语言基本在B2水平，符合口译课堂对学生语言水平的基本要求。

本文采用了以下几种研究方法：前期分析、问题探讨、对分方案设计、投入实践与反馈评价。前期分析包含互联网背景对口译课堂的潜在影响、学生对于对分课堂的基本态度和对分课堂在口译课程中的可行性。问题探讨分为课程教学大纲的分析，并向口译课程任课教师与学生分发调查问卷，通过调查问卷的数据分析，了解口译课堂现有问题，明确葡萄牙语口语课程目前所面临的挑战，思考改革与创新方向中需要注意的方面。依托前期分析与问题探讨，基于对分课堂的基本模式，结合口译课程的特点与互联网提供的多样化工具，设计口译课堂对分方案。在对分设计方案成型后，投入口译课程中，经过专题循环后，观察课堂效果并通过调查问卷搜集反馈意见。通过对收集数据的统计与分析，展开对分课堂模式结果讨论。

四、口译课堂的对分模式探索与实践

（一）前期分析与问题探讨

“互联网+教学”模式是指利用信息通信技术与互联网平台，让互联网融入高校课程的各个教学环节，以创造新的教学模式与教学环境。在互联网技术的支持下，高等教育课堂不仅能够实现内外部资源的高度整合，还能为有效串联教学各环节提供可视化平台，让学生能够更加直观地体会和感受到信息化时代下外语人才所面临的挑战。

通过任课教师与学生现场交流的方式，了解到学生并不太熟悉对分课堂的教学模式，但经过解释后，学生均认为这一课堂改革方式可以被理解与接受，未表现出明显的排斥态度，具备对分课堂理念融入口译课堂的前提条件。同时，学生也表示，口译课堂借助互联网背景下的资源优势进行改革，或许更加容易适应时代需求，提升自己对课堂的参与度和兴趣。

对分课堂的实施分为讲授式教学、个性化内化吸收与交互式讨论三个基本环节。从口译课程的特点分析可知：（1）口译课程是不完全实践类课程，具备理论与实践相结合的客观条件；（2）学生具备一定的语言技能和前期知识积累，不完全依赖于教师讲授，具备自主学习的能力；（3）教学环境能够为实现交互式讨论提供设备与条件支持。综上所述，对分课堂在口译课程中的应用具备一定的客观可行性。

依据以上前期分析，结合葡萄牙语口译课程的教学大纲可知，该门课程设计有理论讲解、示例展示与实战演练，理论结合实践的过程中表现出较强的策略性。教学安排中，设有文化、体育、社会、经贸、外交与科技等专题课堂，围绕专题安排课堂教学是为了提升学生对口译课程的兴趣，培养他们持续提高口译水平的能力。从教学方式上看，理论讲解呈现的是以教师为主导的课堂模式，而材料解析、示例展示和实战演练仍有较大的改革空间。尽管材料解析和示例展示通常需要教师讲解，但其中仍然存在师生互动空间。与此同时，实战演练环节结合互联网技术优势，也能呈现出更加丰富与多样的实践模式。

（二）课程改革前师生调查问卷

为更加明确改革方向，我们在课程改革前期设计了两份调查问卷，分别发放至四川外国语大学具有葡萄牙语口译课程任课经验的教师和即将参与葡萄牙语口译（2）课程的本科大四年级学生。

教师调查问卷设计有9个问题，其中6个为李克特量表形式的单选题，3个为含开放式填空的多选题。因上述受访者条件限制，教师问卷回收数量仅有4份，但并不影响对口译课堂现阶段状态的评估。从教师调查问卷的回收数据分析结果来看，任课教师认为葡萄牙语口译课程的活跃度不尽理想，学生在课堂上的表现不够主动。多数教师（3位）认为，学生所表现出的对口译课堂的兴趣程度一般，仅有1位教师认为学生比较有兴趣。不过，教师普遍认为学生在口译课堂实战演练环节中有一定的参与意愿。

从教师所选择的与学生的互动方式上看，课堂上虽然包含提问环节，但仍以传统的教师提问、点名学生回答为主，互动方式较为被动。通过分析统计数据可知，教师课堂教学所采用的教学方式多以课堂PPT、音频和视频资源为主，配合传统教学的纸质教材展开授课。由此可见，口译课堂在发挥互联网背景下的教育资源优势方面还具有明显的改善空间。不仅如此，教师还认为葡萄牙语口译课程存在教材资源、教学方式与教学环境的多重挑战，包括但不限于教材资源不够充分、教学手段不够丰富、师生课堂互动性不强、教学效果不够理想、课堂活动较为单一等问题，且普遍认为葡萄牙语口译课堂需要调整与改革。

学生调查问卷设计有10个问题，其中9个为单选题，1个为含开放式填空的多选题。单选题采用李克特量表形式，多选题则为半开放式填空，共回收有效问卷19份。

从回收数据分析来看，约半数学生（10位，52.63%①）认为口译课堂活跃程度一般，且多数学生（12位，63.16%②）在对课堂表现的自我评价中认为自己积极程度一般，有待提高。值得强调的是，绝大多数学生（16位，84.21%③）对参与葡萄牙语口译实战演练环节表现出一定的意愿，这项结果与教师评价学生参与意愿的结果大致相符，为优化实践环节建立了良好基础。此外，尽管学生对于口译课堂的兴趣程度存在差异，但多数学生（13位，68.42%④）仍表现出较为强烈的兴趣，这也为改善互动方式提供了有力支持。

口译课程的课外学习手段相关数据显示，学生在课外普遍选择复习课堂材料来进行课外学习，占比高达89.47%（17位），可见学生对课堂材料的重视程度极高。与此同时，数据还显示，57.89%的学生（11位）选择通过网络资源进行学习，42.11%的学生（8位）使用学习软件，而52.63%的学生（10位）通过与同学的讨论来开展课外学习。这表明学生在自主学习的过程中不仅充分利用了互联网资源与技术的便利性，还形成了交流协作式学习的习惯。尽管如此，从课堂互动情况来看，多数学生仍不太愿意积极主动地提出问题或回答教师提出的问题。虽然学生自我评价学习效果较好，但他们对口译课堂所授内容的掌握和吸收情况并不理想，认为仍有较大的提升空间。综合评价显示，大多数学生还认为自己在口译课堂上的表现需要进一步调整和改进。

综上所述，开展口译课堂对分设计时，需要考虑以下四个方面的问题：（1）如何提升口译课堂的学生活跃度？（2）如何改善传统师生互动中以教师提问、学生回答为主，且学生不太愿意主动回答的互动模式？（3）如何解决学生内化吸收情况不理想的问题？（4）如何更好地发挥互联网优势，解决教学资源不够充分和教学手段不够丰富的问题？

（三）对分方案设计与实践

口译课程是根据高水平应用型外语人才的培养需要，结合时代特点，注重口译实践能力培养的外语类专业课程。该门课程的教学内容通过专题化的设计，加之理论与实践的结合，强调策略性训练与实际场景挑战，从而提升学生的语言运用能力。对分有“隔堂对分”与“当堂对分”两种典型方式（王洪涛、杨虹、吴莹，2019），前者注重的是学生课下的内化吸收过程，后者注重的是学生对知识的自主快速整合过程。

“当堂对分”这一模式类似但有别于传统讨论式课堂的设计，尤其体现在内化吸收环节，这一环节的设计可有效避免课堂讨论无法开展的困境。不过，在“当堂对分”模式下，课堂时间应相对充足，课堂知识的难易程度需合理把握，同时对学生接

---

① 这项数据对应的是对口译课堂上的课堂氛围评价中选择“一般活跃”的学生人数。

② 这项数据对应的是对葡萄牙语口译课堂表现的自我评价中选择“一般积极”的学生人数。

③ 这项数据对应的是对主动参与课堂上的葡萄牙语口译实战演练环节的意愿中选择“一般愿意、比较愿意与非常愿意参与”的学生人数。

④ 这项数据对应的是“对葡萄牙语口译课堂是否有兴趣”中选择“比较有兴趣、非常有兴趣”的学生人数。

受知识的能力要求较高。此外，还要考虑课程的具体特点，如对于创新创业这类实践性较强的课程，开展当堂对分课堂模式可能是较为合适的选择。

相比之下，隔堂对分能够给予内化吸收环节充分的自主安排时间，适用性更强，更加容易保证讨论环节的可行性，且不易受到知识难易程度的影响。只不过，内化吸收环节的方式方法需要结合讲授环节的教学内容予以安排和设计。如若讲授环节的内容过于复杂、难度过大，学生内化吸收所需时间可适当延长，同时以任务教学法为驱动，结合互联网资源的线上平台，给予充是的自主学习时间，确保学生在讨论环节开展前有充分的准备。

通过教学大纲的研读可见，葡萄牙语口译课程一般以专题的模式安排课堂教学，因此，对分课堂三个环节的开展也可按照固定周期的方式进行设计（见图1）。

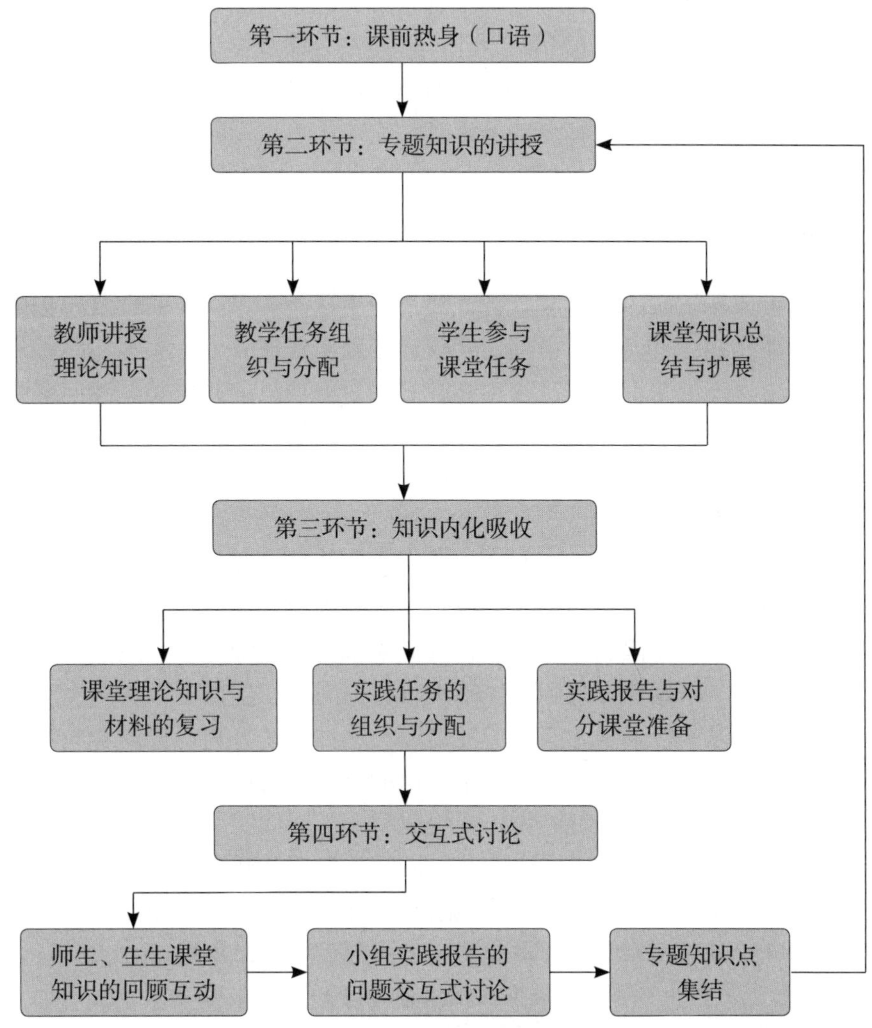

图1　葡萄牙语口译课程对分课堂模式设计方案

如图1所示，第一个环节是课前热身，用以活跃课堂氛围、增强课堂趣味性，调动学生参与课堂的积极性，为提升口译课堂的学生活跃度奠定基础。这一个环节大约

10～15分钟，可通过多样化的活动，如歌词传译猜歌名、热点新闻交流、话题分享互动等，要求学生在活动中运用葡萄牙语进行表达。该环节的重点在于打破传统课堂中的师生角色界限，帮助学生形成“主动参与课堂”的意识。事实上，口译课堂的开设前提是学生具备良好的听力理解和口语表达能力，因此也可视作高阶的口语应用类课程。从这个角度来看，该环节的重要性与必要性不言而喻。

第二个环节是专题知识讲授，围绕参与式课堂的理念进行设计，打破传统讲授式课堂中学生被动接受知识的局面。该环节设计有四个板块：教师讲授理论知识、课堂任务组织与分配、学生参与课堂任务、课堂知识总结与扩展。口译课堂的理论知识一般与口译技巧相关，如视译的基本步骤与原则、常见情况与注意事项，配合示例展示讲解实际运用，同时安排课堂任务，如进行材料标记、术语对照学习等，要求学生当堂完成并参与互动，促进学生对理论知识的理解，便于表层问题的解决。在材料解析过程中，还会融入材料背景知识介绍。此外，还设有课堂知识总结与扩展板块，提供扩展材料与课下学习资源，为学生内化吸收过程提供明确的指导方向。

前两个环节计划将在两堂45分钟的课堂中完成，以“动静结合”的方式实施对分课堂的第一步：教师讲授。

第三个环节是知识内化吸收，包括三个部分：理论知识与课堂材料的回顾与复习、扩展任务的准备与实施、实践报告的撰写与问题分析。扩展任务是教师基于专题选择，给予学生课外学习的材料或资源，要求学生通过小组协作的方式模拟真实口译场景、开展口译实践，将课堂所学理论知识运用到实践任务中，撰写实践报告并进行问题分析，总结出理论知识运用过程中存在的问题与挑战，并思考这些问题是否能够解决，以什么样的方式解决，为开展交互式讨论提供素材。这一个环节也是对分课堂的第二步：内化吸收，该环节于专题知识讲授环节布置，在下一阶段交互式讨论课堂开始前完成。

第四个环节是交互式讨论，在实践任务完成后开展。该环节分为三个流程：以师生和生生互动的方式回顾课堂知识、对小组实践报告中所述问题展开交互式讨论、对专题知识点进行总结。知识点互动环节，我们采取的是教师提问、鼓励学生回答或学生提问、学生回答，以改善传统师生互动中教师提问、学生被动回答的互动模式。此外，还通过问题接龙，在学生之间形成互动圈，这种互动方式是提问者与回答者之间的双向锻炼环节，需要学生具有整合理论知识的能力。之后，教师对于内化吸收环节所提交的实践报告做出当堂评价，再由小组之间交互阅读实践报告，通过交互式讨论来为实践报告中提出的问题提供解决方案。同时，发挥互联网优势，以雨课堂作为线上讨论平台，系统地呈现课堂上交互式讨论梳理后的意见，产生可视化互动体验。

葡萄牙语口译课堂对分设计方案成型后，该方案于2022年9月至2023年1月投入葡萄牙语口译（2）课程中，授课对象为2019级葡萄牙语专业本科大四年级学生，经过专题循环后，观察课堂效果并搜集反馈意见。

五、对分反馈评价与结果讨论

对分方案的反馈评价由两部分构成：任课教师的课堂感受与学生的调查问卷反馈。

从任课教师的感受来看，对分方案设计中的课前热身环节具有一定的效果，能够活跃课堂氛围。课堂讲授环节配合任务驱动，有效帮助学生提高了对课堂的专注度。知识内化吸收环节的实践活动，让学生更好地感受到了理论与实践相结合的口译课程学习价值。小组实践活动的开展锻炼了学生团队协作能力与意识，实践报告的撰写让学生学会梳理问题、提出问题与尝试解决问题。同时，教师还发现随着实践报告的不断撰写，学生在发现问题和解决问题上的思路更加清晰。学生不仅通过雨课堂线上平台开展课堂教学内容的学习，还借助互联网技术优势，通过发帖等方式开展可持续的交互式讨论。

发放给学生的反馈调查问卷设计有11个问题，包括8道单选题（基于李克特五级量表）、2道含填空的多选题与1道填空题。发放至参与对分方案实践课堂的葡萄牙语本科大四年级学生，共回收有效问卷28份。

从收集的数据来看，学生对本学期口译课堂对分设计的总体评价较好。其中，7位学生（25%）认为对分方案设计得很好，16位学生（57.14%）认为设计较好，5位学生（17.86%）认为设计一般。

从各项数据统计情况来看，学生对于葡萄牙语口译课堂的表现自我评价整体较好[①]，与对分课堂交互式讨论环节的自我评价情况趋同[②]。从对分课堂各个环节的参与情况来看，学生在实操环节参与度最高，达到100%（28位），互评讨论环节与雨课堂发帖互动次之，分别达到92.86%（26位）和82.14%（23位），而提问环节的参与程度不太理想。

在对分课堂各个环节的开展过程中，数据显示学生的参与主动性总体较好。其中，7.14%的学生（2位）认为非常主动参与，42.86%的学生（12位）认为自己比较主动参与，39.29%的学生（11位）认为主动性一般。同时，多数学生（17位，60.71%[③]）认为对分课堂对于课程的学习帮助较大，表示对分课堂的设计较好地丰富了口译第二课堂的形式，一定程度上提供了口头表达能力的锻炼机会，拉近了同学之间的距离（见图2）。

---

① 对于口译课堂表现的自我评价中，16位（占比57.14%）选择表现良好，1位（3.57%）选择表现优秀。

② 对分课堂环节表现的自我评价中，16位（占比57.14%）选择表现良好，2位（7.14%）选择表现优秀。

③ 这项数据对应的是选择认为比较有帮助的学生（12位，占比42.86%）和认为非常有帮助的学生（5位，占比17.86%）人数与比例。此外，还有9位学生（32.14%）认为有一些帮助。

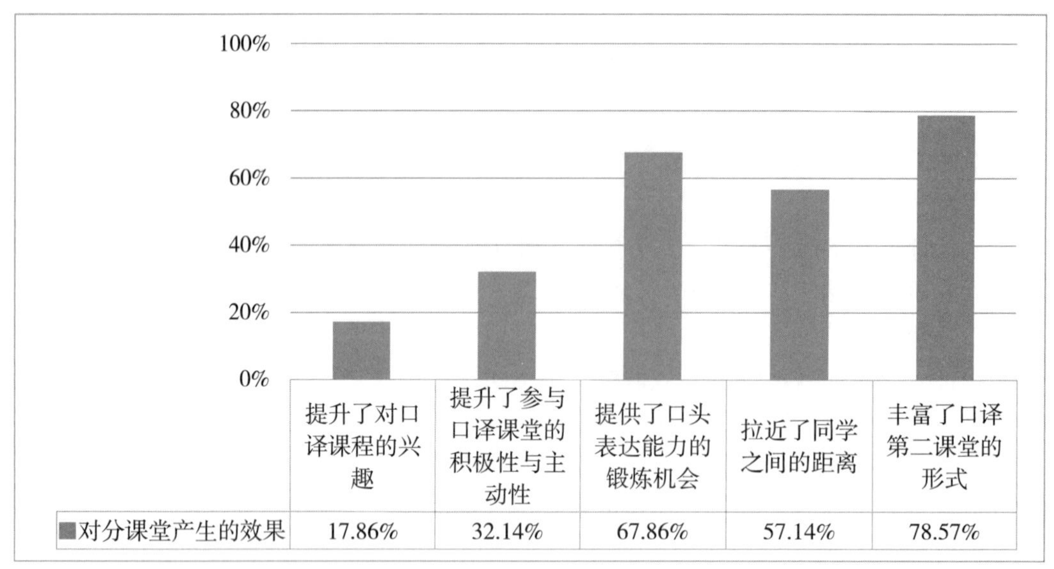

图2　口译课程的对分课堂效果

统计数据显示，虽然学生认为自己对课堂内容的掌握情况有待提升①，但绝大多数学生（25位，89.29%）认为对分课堂的设计对口译课堂知识内容的吸收有一定的帮助②。学生表示，对分课堂的设计对于口译课堂专业术语知识的内化吸收帮助最大，语言运用、材料解析与理论知识分别次之，对于背景知识的吸收帮助不明显（见图3）。

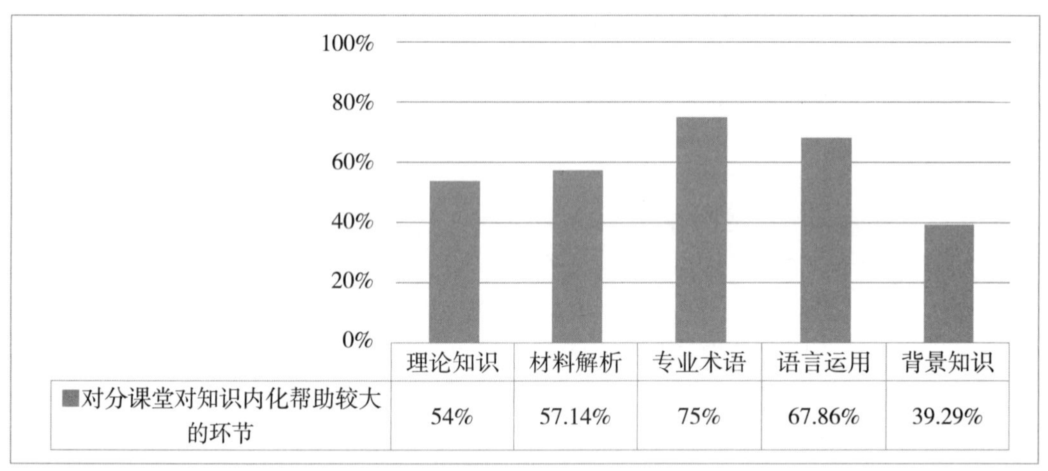

图3　对分课堂在知识内化中的作用

研究发现，投入对分方案的葡萄牙语口译课堂出现了明显的变化。一方面，课堂

① 1位学生（3.57%）认为对课堂内容的掌握情况非常好，9位（32.14%）认为掌握情况较好，16位（57.14%）认为掌握情况一般。

② 这项数据对应的是认为对分课堂的设计对口译课堂知识内容的吸收非常有帮助的学生（1位，占比3.57%）与比较有帮助的学生（15位，53.57%）人数与比例。此外，还有9位学生（32.14%）认为有一些帮助。

活跃度有所提升，课堂的趣味性有所增强，丰富了第二课堂的形式，学生通过参与课堂活动和课下实践任务、撰写实践报告的方式提高了学习效率与能动性。另一方面，对分方案显著促进了口译课堂知识的内化与吸收，让学生更好地体会将理论与实践相结合的过程。同时，围绕“发现问题、讨论问题、解决问题”的方式开展实践与交互讨论，充分利用互联网背景下的资源与技术优势实现有效互动。由此可知，对分模式的融入不仅促进了学以致用，还不断提升了学生的自主学习能力，形成了良好的“教学平衡”局面。

六、结语

对分课堂教学模式始于新时代中国高等教育转型之时，产生于高校教育课堂质量不理想之背景下，基于高校教学亟待解决的问题需求，为中国高等教育未来的发展模式提供了一种可能性。对分模式的创新点在于内化吸收环节，该环节需充分考虑课程的特点与外部环境的变化，通过结合讲授与交互式讨论进行设计与实施。因此，本文选取葡萄牙语口译课程作为研究对象，通过对分设计、方案实践与反馈评价，探索互联网背景下对分课堂教学的开展模式。

口译课程的实践性较强，理论知识需围绕实践才能体现其价值。一方面，在对分课堂模式的启发下，将实践融入内化吸收环节，将理论知识的讲授视为开展实践的前期基础，把任务驱动实践视作知识内化吸收的实现方式，将雨课堂配合下的交互讨论视作实践的效果检验。由此可见，实践是贯穿整个口译课程对分设计的核心。另一方面，口译课上的理论知识、材料解析与示例讲解往往与真实的口译场景之间存在显著差异，通过内化吸收环节中实践任务的开展与落实，学生能够真正发现知识内化、理论结合实践时所面临的困难与挑战，进而提高他们的自主学习效率和解决问题的能力，从而实现语言能力的持续发展。

参考文献

陈华，2001. 参与式教学法的原理、形式与应用［J］. 中山大学学报论丛（6）：159–161.

陈时见，2014. 参与式教学的内涵特征［J］. 教师教育学报，1（4）：108–111+124.

杜艳飞，张学新，2016. “对分课堂”：高校课堂教学模式改革实践与思考［J］. 继续教育研究（3）：116–118.

宁建花，2016. 网络环境中对分课堂教学模式与翻转课堂的整合［J］. 宁波教育学院学报18（5）：5–8.

邱爱梅，2016. “对分课堂”教学模式的理念及其实践［J］. 广东外语外贸大学学报，27（3）：140–144.

魏春梅，2016. “微课+对分”教学模式在大学英语教学中的运用研究［J］. 语文学刊（外语教育教学）（3）：92–93+113.

王洪涛，杨虹，吴莹，2019. 高校外语对分课堂［J］. 教育与教学研究，33（8）：89–129.

薛建平，2021. “对分课堂”教学模式研究综述［J］. 教育理论与实践，41（12）：56–60.

杨淑萍，王德伟，张丽杰，2015. 对分课堂教学模式及其师生角色分析［J］. 辽宁师范大学学报（社会科学版），38（5）：653–658.

周剑雄，苏辉，石志广，2008. 讨论式教学方法在大学课堂中的运用研究［J］. 高等教育研究学报，31（4）：55–57.

张金学，张宝歌，2011. 构建探究讨论式教学 提升课堂教学质量［J］. 中国高等教育（23）：32–34.

张学新，2014. 对分课堂：大学课堂教学改革的新探索［J］. 复旦教育论坛，12（5）：5–10.